ALTDEUTSCHE TEXTBIBLIOTHEK

Begründet von Hermann Paul · Fortgeführt von G. Baesecke
Herausgegeben von Hugo Kuhn

Nr. 87

Die Werke Notkers des Deutschen

Neue Ausgabe

Begonnen von Edward H. Sehrt und Taylor Starck
Fortgesetzt von James C. King und Petrus W. Tax

Band 4

Notker der Deutsche

Martianus Capella, »De nuptiis Philologiae et Mercurii«

Herausgegeben von James C. King

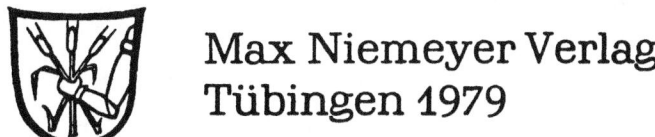

Max Niemeyer Verlag
Tübingen 1979

CIP-Kurztitelaufnahme der Deutschen Bibliothek

Notker ⟨Labeo⟩:
[Sammlung]
Die Werke Notkers des Deutschen / begonnen von Edward H. Sehrt u. Taylor Starck.
Fortges. von James C. King u. Petrus W. Tax. – Neue Ausg. – Tübingen : Niemeyer.
  (Altdeutsche Textbibliothek ; ...)
Bd. 4. → Notker ⟨Labeo⟩: Martianus Capella,
De nuptiis philologiae et Mercurii

Notker ⟨Labeo⟩:
Martianus Capella, De nuptiis philologiae et Mercurii / Notker der Deutsche. Hrsg. von
James C. King. – Tübingen : Niemeyer, 1979.
  (Die Werke Notkers des Deutschen ; Bd. 4)
  (Altdeutsche Textbibliothek ; Nr. 87)
  ISBN 3-484-20103-7 kart.;
  ISBN 3-484-20102-9 Lw.

NE: Martianus ⟨Capella⟩: De nuptiis philologiae et Mercurii

Geb. Ausgabe ISBN 3-484-20102-9
Kart. Ausgabe ISBN 3-484-20103-7

© Max Niemeyer Verlag Tübingen 1979
 Alle Rechte vorbehalten. Ohne ausdrückliche Genehmigung des Verlages ist es auch
 nicht gestattet, dieses Buch oder Teile daraus auf photomechanischem Wege zu vervielfältigen. Printed in Germany. Druck: Sulzberg-Druck GmbH, Sulzberg im Allgäu
 Einband: Heinr. Koch, Tübingen

VORWORT

Diese Ausgabe von Notkers Martianus Capella, ein modifiziert diplomatischer Abdruck auf dem Hintergrund der neuesten Forschungen, erscheint 44 Jahre nach der von den Professoren Sehrt und Starck betreuten, stark normalisierten, die die 1911 von Karl Schulte veröffentlichten Auszüge aus dem Kommentar Remigius' von Auxerre unter dem Text der *Nuptiae* wiedergab. Der *Notker latinus* zur vorliegenden Ausgabe, also die Sammlung der von Notker benutzten Quellen einschließlich der Auslegung des Remigius, wird später als selbständiger Begleitband herauskommen.

Im Frühsommer 1976 habe ich die einschlägigen Handschriften an Ort und Stelle benutzen können, und zwar unter dem großzügigen Entgegenkommen der Herren Doktoren Johannes Duft (Vorsteher der Stiftsbibliothek St. Gallen und Honorarprofessor für Geistes- und Bildungsgeschichte des Mittelalters an der Universität Innsbruck), Max Burckhardt (Konservator der Handschriften an der Öffentlichen Bibliothek der Universität Basel), Martin Steinmann (dessen Adjunkt und designierter Nachfolger), Chr. v. Steiger (Burgerbibliothekar in Bern), Karl Dachs (Leiter der Handschriftenabteilung der Bayerischen Staatsbibliothek München) und Jan Deschamps (wissenschaftlicher Rat in der Handschriftenabteilung der Bibliothèque Royale Albert Ier in Brüssel). Ich habe mich im Mai und Juni 1978 nochmals mit dem Codex Sangallensis 872 im schönen Lesesaal der Stiftsbibliothek befaßt. Sämtliche Bibliotheken haben mir auch Mikrofilme der Handschriften verschafft.

Mein besonderer Dank gilt Frau Dr. Marlyn Korin, die mir bei der Herstellung dieses Buchmanuskripts half, und Frau Dr. Ingeborg Schleier, die die Einleitung stilistisch durchsah. Nach wie vor fördert der Max Niemeyer Verlag die neue Ausgabe der Werke Notkers des Deutschen in dankenswerter Weise.

Es sei schließlich der beiden Urheber der neuen Ausgabe liebevoll gedacht - des vor einem Jahr *nonagenarius* gewordenen Edward Henry Sehrt und des 1974 verstorbenen Taylor Starck.

Washington, D.C., im Juni 1979   James C. King

EINLEITUNG

Entstehung, Aufnahme und Überlieferung einer spätantiken Dichtung

Der Karthager Martianus Capella verfaßte ca. 410 (*terminus post quem*) bis 439 (*terminus ante quem*) n.Chr. die zweiteilige Allegorie *De nuptiis Philologiae et Mercurii* und das damit verbundene Kompendium *De septem liberalibus artibus septem libri*. Dieses schwülstige Werk, dessen ausschweifende Phantasie unter dem Einfluß der *Metamorphoses* vom Landsmann Lucius Apuleius († ca. 180) steht, bereitet dem an den hochklassischen Dichtungen geschulten Leser Schwierigkeiten, denn es weist zahlreiche ἄπαξ λεγόμενα sowie dunkle Satzteile auf. Das Ganze strotzt von griechischen und lateinischen Zitaten und Anspielungen.[1]

In den Klosterschulen bildete der Martianus Capella die Grundlage des Unterrichts im Trivium und Quadrivium das ganze Mittelalter hindurch. Die Fabel der beiden ersten Bücher war es aber, was die Lehrer und Schüler besonders anzog. Obwohl die *libri III-IX* auch Erdichtung und Verse darbieten, gelten sie in erster Linie einer trockenen Zusammenfassung der sieben freien Künste; Martianus Capella hatte dabei aus den uns sonst nicht erhaltenen *Disciplinarum libri novem* von Julius Caesars Zeitgenossen Marcus Terentius Varro († 27 v.Chr.) geschöpft, der Medizin und Architektur zu den üblichen *artes* treten ließ.[2]

Sprache und Inhalt der Dichtung forderten unwiderstehlich zur Auslegung heraus. So geschah es, daß im neunten Jahrhundert allein sich drei Kommentatoren im Wirkungsbereich Frankreich an die Arbeit machten, und zwar Johannes Scot(t)us bzw. Eriugena († ca. 877), Martinus von Laon († 875; bei Lutz und Manitius = Dunchad) und Remigius von Auxerre († ca. 908), von denen Remigius für Notker unentbehrlich wurde.[3]

Die Eigentümlichkeit des Werks hatte zur Folge, daß Ausleger und Abschreiber hie und da eine problematische Stelle verdarben, statt sie zu verbessern oder einfach getreu wiederzugeben. Seit der Erfindung des Buchdrucks sind die Herausgeber auch mehr oder weniger erfolgreich verfahren, vom ersten - Fran-

---

[1] Stahl S. 102-104; Stahl/Johnson/Burge 1, S. 9-40; Weßner Sp. 2003-8. Le Moine hat den Aufbau und Inhalt der *Nuptiae* neu bewertet.
[2] Stahl S. 102; Stahl/Johnson/Burge 1, S. 41-54; Weßner Sp. 2008.
[3] Brunhölzl S. 468, 475/476, 488, 568, 570, 573/574; Lutz I II III; Manitius 1, S. 323-332, 335-337, 504-506, 513-515, 525/526; Préaux I; Stahl S. 106-110, 113; Stahl/Johnson/Burge 1, S. 55-71; Weßner Sp. 2012/13.

ciscus Vitalis Bodianus (Vicenza 1499) - über Bonaventura Vulcanius (Basel 1577), Hugo Grotius (Leiden 1599), Ulrich Friedrich Kopp (Frankfurt/M. 1836) und Franz Eyßenhardt (Leipzig 1866) bis zum jüngsten - Adolf Dick (Leipzig 1925) -, zu dessen Ausgabe Jean-G. Préaux (Stuttgart 1969) und James Alfred Willis (Leiden 1971) Berichtigungen und Nachträge geliefert haben. Heute harrt manche Stelle noch einer endgültigen Lösung.[4]

Der Martianus Capella und der Kommentar Remigius' von Auxerre in St. Gallen

Als Abt Hartmut 883 zurücktrat, verordnete er, daß seine Privatsammlung nach seinem Tod (er starb um 896) an die St. Galler Stiftsbibliothek fallen sollte. Zu den von ihm geschenkten Handschriften zählten nach den *Casus sancti Galli*

    Martiani de nuptiis mercurii et philologię . libri .II.
    Item de .VII. liberalibus artibus . libri .VII.
                  C.Sg. 614, S. 127, Z. 14/15[5]

Schon der wegen seiner lateinischen Sequenzen und Gedichte bekannte Notker Balbulus (ca. 840-912) befaßte sich mit den *Nuptiae*. Er erklärte einmal einem Frater namens Lantpert, was mit den über vorzusingenden Versen stehenden Tonbuchstaben gemeint sei, wobei er das im neunten Jahrhundert vom römischen Musiker Romanus aufgestellte System mitteilte. Der Brief steht im C.Sg. 381, S. 6, Z. 3 bis S. 9, Z. 15.[6] Gleich darauf (S. 10, Z. 1 bis S. 12, Z. 4) folgt in diesem Zusammenhang ein Auszug aus dem Martianus Capella, *liber III* (*De grammatica*) mit der Überschrift *DE SONO SINGULARUM LITTERARUM MARTIANI*.[7] Ekkehart IV. berichtet über den Brief und die Systeme des Romanus und Martianus Capella in den *Casus sancti Galli*.

    In ipso [antiphonario] quoque primus ille [romanus]
                       literas alphabeti significa-
    tiuas . notulis quibus uisum est . aut su[r]sum . aut ius[t]um
    aut ante . aut retro . assignari excogitauit.
    Quas posttea cuidam amice quęrenti notker bal-
    bulus dilucidauit. Cum et martianus quem de nup-
    tiis miramur . uirtutes earum scribere molitus sit.
                C.Sg. 615, S. 143, Z. 13-18[8]

Die ohne Angabe des Verfassers im C.Sg. 817, S. 4a, Z. 2 bis S. 5b, Z. 20 befindlichen Verse mit der Überschrift *INCIPIVNT UERSICULI DE SEPTEM LI-*

---

[4]Dick/Préaux; Stahl S. 104/105, 110/111, 114; Stahl/Johnson/Burge 1, S. 75-79; Weßner Sp. 2013-16; Willis.
[5]Knonau I, S. 55 und Lehmann S. 87.
[6]Abgedruckt von Dümmler I, S. 223/224.
[7]Dick/Préaux 3, §261.
[8]Knonau II, S. 174/175.

B[E]RALIBUS ARTIBUS schrieb nach Winterfeld der Lehrer Notker Balbulus an den Schüler Salomo (* ca. 859, etwa 890-919 zugleich Bischof [Salomo III.] von Konstanz und Abt von St. Gallen), um den Jüngling zur Lektüre des Martian zu ermuntern. Der Dichter nennt diesen und läßt die sieben freien Künste im Laufe der 52 Verspaare auftreten.

. . . .
    Ne te suspendam tediosi syrmat[e] plectri
       Incipiam hinc aliquid utile ferre tibi
    Fabulę felicis conponunt fictę capellae
       Musas ter trinas maiugenę comites
    Quę dentur pariter ducendę phylologię
       Sub dotis speci[e] . artis honore datę
. . . .
                C.Sg. 817, S. 4a, Z. 16-21[9]

Menschlichkeit, Kirche, Dichtung und Kunstgewerbe vereinigt in entzückender Weise die Erzählung Ekkeharts IV. in den *Casus sancti Galli*, wonach die verwitwete Herzogin Hadwig von Schwaben gegen 980 dem damals als Hoflehrer bei ihr auf dem Hohentwiel tätigen Ekkehart II. (†990) Verschiedenes für den Gebrauch der Abtei zu St. Gallen, auch für seinen eigenen, geschenkt habe, darunter einmal eine zum Meßgewand des Priesters gehörige Alba, auf deren Besatz man Gestalten aus der Hochzeit der Philologie (Mütherich meint, es wären die sieben freien Künste[10]) durch Goldstickerei gebracht hätte. Vom Geschenkten habe sie bei später entstandenem Mißfallen einiges zurückgenommen.

    Domum [cum] ille [ekkehartus] aut festis . aut quando libet .
    uisere iret . opinabile erat . quantas homini im-
    pensas . nauibus steinaham pręmiserit. Nouum
    illi semper aliquid in paraturis . aut sibimet
    utendum . aut gallo offerendum . acutissima
    ipsa minerua pręstrui faciens. Inter quę pręter
    casulas sericas . cappas et stolas . alba est
    illa philologię nuptiis auro insignis. Prę-
    ter quę dalmaticam et subtile p[ę]ne aurea
    quę postmodum . ymmone abbate . sibi anti-
    phonarium quendam petitum denegante .
    acutia sua uersipelli resumpserat.
              C.Sg. 615, S. 216, Z. 17 bis S. 217, Z. 6[11]

Notker der Deutsche knüpfte also an eine längere Vertrautheit der St. Galler mit dem Martianus Capella an, als er um 1000 nach der *Consolatio Philosophiae* des Boethius u.a. die *Nuptiae Philologiae et Mercurii* verdeutschte. Er er-

---
[9]Winterfeld S. 339-343.
[10]Mütherich S. 199.
[11]Knonau II, S. 330/331.

klärte Bischof Hugo II. von Sitten (†1017) brieflich um 1015:

> Ad quos [ecclesiasticos libros] dum accessvm habere nostros
> uellem scolasticos au[sus] svm facere rem p[ę]ne in/usitatam . ut latine scripta in nostram conatus sim uertere et
> syllogystice aut/figurate aut suasorie dicta per aristotelem uel ciceronem uel alium artigraphum elu/cidare. . . .
> Mox et prosam et artes/temptare me uoluerunt et transtuli
> nuptias philologię et cathegorias aristo/tilis et pergermenias et principia ari[th]metic[ę].
> C.Brux. 10615-729, f. 58ra, Z. 9-12, 14-16[12]

Daß Notker nur die beiden ersten Bücher - die Rahmenerzählung - übersetzte, geht daraus hervor, daß er ausdrücklich die *nuptias philologię* nannte, wie auch schon das Verzeichnis der von Hartmut geschenkten Handschriften *Martiani de nuptiis mercurii et philologię . libri .II.* und *Item de .VII. liberalibus artibus . libri .VII.* deutlich unterscheidet.[13] Wenn die anderen sieben Bücher es auch nicht an Phantasie und Versen fehlen lassen, so besteht doch die überwältigende Masse des Stoffes aus nüchternen Ausführungen, die Notker zu übersetzen nicht geneigt war; noch war es angesichts des handlicheren Lateins nötig.

Von der fortdauernden Beschäftigung mit dem Martianus Capella in St. Gallen - erstens wegen der reizenden Fabel und zweitens wegen der keineswegs knappen Darstellung des Triviums und Quadriviums - zeugen auch die Beiträge Ekkeharts IV. (ca. 980-1060), aus dessen Fortsetzung der *Casus sancti Galli* oben auf S. VIII/IX zitiert wurde. Wenn wir bedenken, daß für Notker Teutonicus die Verdeutschung schwerverständlicher Texte nur ein Mittel zum Zweck war, daß er sonst lateinisch unterrichtete, so sollte es uns eigentlich nicht verwundern, daß sein hervorragender Schüler Ekkehart IV., dem er bekanntlich immer wieder die Abfassung lateinischer Gedichte aufgab, in kurzer Zeit die Zielsprache des Mittelalters - Latein - beherrschte. Vom dreizehnten leoninischen Hexameter des Gedichtes *De duodecim columbis ecclesię* im *Liber benedictionum* ausgehend,

> Effert septenas sapientia summa columnas.
> [Ekkehart interlinear dazu:
> Sapientia excidit sibi columnas septem . forte artes liberales.]
> C.Sg. 393, S. 40, Z. 10[14]

der seinerseits auf den Sprüchen Salomons 9,1 beruht,

> Sapientia/ędificauit sibi domum ./excidit columnas septem.
> C.Sg. 28, S. 18b, Z. 8-10

---

[12]Ehrismann S. 421/422; Piper I/1, S. 859-861; Sonderegger S. 81-86.
[13]Siehe S. VIII oben, auch Dolch S. 83/84.
[14]Egli S. 55.

dichtete Ekkehart, meines Erachtens noch als Schüler, sechs leoninische Hexameter, die von der Philologie und den sieben freien Künsten handeln.

> Astantes auidi uates populusque daui[di]
> Pulsant trifusam . flant . cantant . mystice musam.
> Phylolog[i]a [*interlinear:* uel Sapientia] cvm cvm .VII. lib[e]-
>   ralibus artibus catholice . in altera scut[ula] pingitur.
> Ô mirum morem . cęli terręque saporem
> Omnia complecti . plus septem . nolleque necti.
> Cerne dei rorem . sapiendi semper amorem
> In septem geminis . famularum dasse columnis.
>   C.Sg. 830, S. 490, Z. 1-7

Die dritte Zeile, die die Darstellung beschreibt, zählt nicht zu den Versen. In dem übriggebliebenen Raum der S. 490 entwarf Ekkehart mit der Überschrift *Nomina [s]eptem famularvm . cum nominibus columnarum* ein geeigneter zu zeichnendes Schema, worin er sich die freien Künste als biblische Frauen tragende, je mit einem Begriff versehene Säulen dachte. Mit Grammatik verbinden sich Eva und *sapientia*, mit Dialektik die Königin von Saba und *intellectus*, mit Rhetorik Judith und *consilium*, mit Arithmetik Anna (Frau des Tobias) und *fortitudo*, mit Musik Maria (Schwester des Moses) und *scientia*, mit Geometrie Axa (Tochter Kalebs und Frau Othoniels) und *pietas*, mit Astrologie bzw. Astronomie die heilige Jungfrau Maria und *timor domini*.[15]

Im *Liber benedictionum* unterwarf Ekkehart das Trivium der Kirche in drei für seinen Lehrer geschriebenen Gedichten - *Debitvm diei magistro. Confutatio Rhetoricę in facie ecclesię et Sanctorvm., Item Confutatio Dialecticę.* und *Confutatio Grammaticę.-*, in denen die von Ekkehart stammende interlineare Anweisung *lege martianum.* mehrmals vorkommt.[16] Der Lehrer hat dem Schüler die Allegorie zwar in deutscher Sprache beigebracht, aber für diesen gilt nunmehr als Hauptsache das lateinisch verfaßte Lehrbuch der freien Künste, von denen das Trivium in den Dienst der Kirche zu stellen ist.

Mit den ersten Worten der Vorrede läßt Notker den Schüler bzw. Leser wissen, daß er bei der Bearbeitung von Martianus Capellas Erzählung zum Kommentar des Remigius von Auxerre greift.

> Remigius lêret únsih . . . .
>   C.Sg. 872, S. 2, Z. 3

Schulte begründete diese Feststellung in seiner 1911 erschienenen Untersuchung. Seit 1962 sind wir dank Lutz' Ausgabe von *Remigii Autissiodorensis commentum in Martianum Capellam, libri I-II* in einer noch günstigeren Lage,

---

[15] Dümmler II, S. 30/31.
[16] C.Sg. 393, S. 142, Z. 2 bis S. 150, Z. 2 und Egli S. 206-217.

Notkers Abhängigkeit von Remigius zu verfolgen. Man sucht nun den Namen Remigius vergebens in den St. Galler Verzeichnissen. Nehmen wir an, daß Notker sich Remigius' Kommentar von einer anderen Klosterbibliothek auslieh. Wenn es die Zeit erlaubt hätte, so hätte er das Manuskript abgeschrieben bzw. es sich abschreiben lassen. Auf Grund seines Verfahrens mit den Schriften *Categoriae* und *De interpretatione* läßt sich vermuten, daß Notker die damals ihm vorliegende, heute in St. Gallen fehlende Zusammenstellung des Martianus Capella und des Remigius von Auxerre in die ihm eigenen Abschnitte aufgeteilt und diese mit von ihm formulierten Überschriften versehen hat.[17]

Der Katalog der St. Galler Stiftsbibliothek vom Jahre 1461 führt noch den Martianus Capella (wohl alle neun Bücher nach dem C.Sg. 614, S. 127, Z. 14/15[18]) und Notkers Bearbeitung (= C.Sg. 872, S. 2-170) auf.

 23
 K Liber Martiani Felicis Capelle.
 L Idem barbarice.
         C.Sg. 1399, S. 7a, Z. 32-34[19]

Seither verschwand der lateinische Text. Dieser, wie auch das Original von Notkers Werk, mag durch Ausleihen in eine fremde Bibliothek gewandert oder während des Humanismus in privaten Besitz befördert worden sein. Schieß verwies 1903 (Hertenstein 1975) auf einen Brief des St. Galler Juristen Schobinger vom 15. Juni 1602 nach Genf an den Philologen Goldast, dem zu entnehmen sei, Schobinger habe Goldast schriftlich um die Rückgabe eines von jenem nach Genf geschickten Martiancodex aus der Stiftsbibliothek St. Gallen gebeten, da der neue Bibliothekar darauf gedrungen hätte. Mit großem Schrecken habe er aus Goldasts Antwort und einem Schreiben von dessen Hausherrn Lectius (beide Briefe fehlen) erfahren, daß die Handschrift einem Dritten geliehen worden sei, der sie gar nicht zurückgeben wolle. Goldast soll vorgeschlagen haben, an Stelle des weggekommenen Manuskripts ein anderes zu unterschieben, was Schobinger aufs nachdrücklichste abgelehnt habe. Der erhaltene Briefwechsel schweigt über den Ausgang von Schobingers Bemühungen.[20]

Die Quellen

Da weder der lateinische Martianus Capella noch Remigius' Kommentar zu dem-

---

 [17]C.Sg. 817 enthält den lateinischen Text der *Categoriae* mit Notkers Vorarbeit auf S. 6-38; S. 203-220 gelten der Abhandlung *De interpretatione*, die auch Notkers Einteilung und Überschriften aufweist.
 [18]Siehe S. VIII oben.
 [19]Lehmann S. 118.
 [20]Hertenstein S. 121 und Schieß S. 274.

selben heute in der St. Galler Stiftsbibliothek vorhanden ist, mußten geeignete auswärtige Handschriften identifiziert und dieser Ausgabe zusammen mit dem später erscheinenden *Notker latinus* zugrunde gelegt werden. Es folgen die für diesen Zweck ausgewählten.

Der Codex Bruxellensis 9565/9566

Von höchstem Interesse für die nähere Bestimmung von Notkers lateinischer Textvorlage müßte der C.Brux. 9565/9566 (*Br*) sein, denn Préaux meint, daß diese Handschrift aus St. Gallen stammt.[21] Dies wäre mit anderen Worten der 883 und 1461 verzeichnete, um 1600 durch Goldast verlorengegangene Codex des Martianus Capella.[22] In der Tat erbringt der auf S. 2-170 dieser Ausgabe stehende zweite Apparat manche Beweise für die Annahme, daß Notker über diese Handschrift verfügte.

Das heute in der Brüsseler Bibliothèque Royale Albert Ier zu suchende Manuskript aus dem neunten Jahrhundert kam zu einer unbestimmten Zeit in die Bibliothek der Herzöge von Burgund. Die beiden ersten Bücher stehen auf ff. 13v,1-42v,17, während die Bücher 3-9 ff. 42v,17-196v,28 beanspruchen. Das Ganze, das aus 23 Lagen besteht, bricht mitten im neunten Buch *De musica* mit *Et simplices quidem dicuntur qui tem[poribus diuiduntur.]*[23] ab; die 24. Lage fehlt.[24] Eine Photographie des f. 13v steht in dieser Ausgabe gegenüber S. 4.

Jede Folioseite hat ein Format von ca. 23,5x17,5 cm (unter Voranstellung der Längenangabe); der Schriftspiegel mißt ca. 18x12,5 cm. Man begann einige Zeit nach Abfertigung des Martiantextes den Rand mit dem Remykommentar zu beschreiben, aber diese Randglossen hören mit wenigen Ausnahmen schon auf f. 14v,7 (in dieser Ausgabe S. 8, Z. 11 zu *diti*) auf; interlineare Glossen, von denen die meisten jünger sind als der Text, begegnen selten nach f. 16r,8 (in dieser Ausgabe S. 17, Z. 3 zu *excedere*). Die Vermutung liegt nahe, daß der geliehene Remigius-Codex, aus dem der Kommentar um 1000 in St. Gallen ansatzweise abgeschrieben worden sein dürfte, in aller Eile, also vorzeitig, zurückgegeben werden mußte.

Die Codices latini Monacenses 14271 und 14792

Schulte gründete seinen Vergleich von Notkers *Nuptiae* mit Remigius' Kommen-

---

[21] Préaux III, S. 221/222.
[22] Hertenstein S. 121.
[23] Dick/Préaux S. 520, Z. 4.
[24] Calcoen 2, S. 57/58; Leonardi S. 18/19; Préaux III.

tar zum Martianus Capella auf die Cclm. 14271 (N)[25] und 14792 (E), und das mit Recht, wie aus dem zweiten Apparat dieser Ausgabe und dem *Notker latinus* zu ersehen sein wird. Beide entstanden im elften Jahrhundert im Regensburger Kloster St. Emmeram, befinden sich aber heute in der Bayerischen Staatsbibliothek München.

Im Clm. 14271 steht der zweispaltige Text der *libri I/II* (N-T) mit Interlinear- und Randglossen auf ff. 2ra,1-11rb,11. Remigius' durchgehender Kommentar, zweimal ausgeführt und mit gelegentlichen Randglossen versehen, steht auf ff. 12ra,1-36vb,45 (N_1 zweispaltig) und 37r,1-54v,4 (N_2 einspaltig); Stichwörter, seltener vollständige Sätze aus dem Text, wechseln mit der Auslegung bzw. den Glossen ab. Das Format der Durchschnittsseite ist ca. 28x22,5 cm; der Schriftspiegel mißt ca. 23x17,5 cm.[26] Siehe die Aufnahme von f. 6v in dieser Ausgabe gegenüber S. 56.

Der einspaltige Text der *libri I/II* (E-T) steht mit Interlinear- und Randglossen im Clm. 14792 auf ff. 1r,1-39v,12. Der einspaltig geschriebene, durchgehende Kommentar (E_1) folgt auf ff. 40r,1-131v,11; wie bei $N_{1\,2}$ geht der Glosse jeweils eine Textanführung voran. Eine Seite hat im Durchschnitt das Format von ca. 14,5x12 cm, wobei der Schriftspiegel ca. 11,4x9,7 cm mißt.[27] Eine Photographie von f. 7r steht in dieser Ausgabe gegenüber S. 92.

Der Codex Bernensis B56

Naumann trat 1913 für eine Erweiterung von Schultes Untersuchung durch das Heranziehen des C.Bern. B56 (β) ein,[28] was in der vorliegenden Ausgabe und dem *Notker latinus* tatsächlich geschieht. Dieses Manuskript aus dem neunten bzw. zehnten Jahrhundert, das im zehnten Jahrhundert vielleicht dem Kloster Lorsch gehörte und im sechzehnten in privaten Besitz überging, befindet sich heute in der Burgerbibliothek Bern. Die *libri I/II* stehen auf ff. 7r,1-41v, 7, *III-IX* auf ff. 41v,7-176v. Der durchgehende Kommentar nach Remigius nimmt den linken und rechten Rand ein, gelegentlich auch den oberen und unteren; Interlinearglossen sind selten nach f. 24r (doch auf ff. 29r, 34v und 35r). Die Durchschnittsseite mißt ca. 31,5x28, der Schriftspiegel ca. 21,4x11,3

---

[25]Mit Sehrt/Starck habe ich Schultes *A* durch *N* ersetzt, denn nach Dick/Préaux bezeichnet die Sigle *A* den Codex Leidensis 36. Dick/Préaux S. XI-XIII, XXVIII; Schulte S. 2; Sehrt/Starck I/2, S. VIII.
[26]Dick/Préaux S. XXI und Leonardi S. 93/94.
[27]Dick/Préaux S. XXI und Leonardi S. 97/98.
[28]Naumann S. 30/31.

cm.²⁹ Siehe die Aufnahme von f. 25v in dieser Ausgabe gegenüber S. 5.

Den heute in der Öffentlichen Bibliothek der Universität Basel befindlichen Codex Basileensis F.V. 17 (O), der die *libri I/II* mit Interlinearglossen in den inneren Spalten von ff. 2r,1-38r,23 und Remigius' Kommentar in den äußeren Spalten enthält, habe ich eingesehen, ohne ihn zu verwerten.³⁰

Der lateinisch-althochdeutsche Martianus Capella

Der Notkersche Martianus Capella ist uns nur in einer Abschrift aus dem elften Jahrhundert überliefert, und zwar im Codex Sangallensis 872 (J) auf S. 2-170. Es folgt eine Abschrift zweier Kommentare zu den Evangelien aus dem zwölften bzw. dreizehnten Jahrhundert auf S. 171-410 (208 und 345 sind mitgezählt, doch unbeschrieben; 263 ist beschrieben, doch nicht mitgezählt, so daß die Folgeseite - eigentlich 264 - 263 numeriert ist; 410 sollte also eher 411 lauten).³¹ Der Martian ist durchgehend einspaltig geschrieben und weist 22 Zeilen pro Seite auf; der zweite Text dagegen ist durchgehend zweispaltig, mit 45 bis 49 Zeilen pro Seite. Die Durchschnittsseite des Martianus Capella sowie der biblischen Kommentare hat ein Format von ca. 23,5x16,5 cm; der Schriftspiegel mißt ca. 18,5x14 cm beim Martian, ca. 21x13 cm im zweiten Text.³²

---

²⁹Dick/Préaux S. X/XI, XXXV; Homburger S. 164-166, LX; Leonardi S. 11.
³⁰Dick/Préaux S. XVIII, XXXVI; Leonardi S. 8.
³¹Die Evangelienkommentare führen keine Überschriften. Der erste beginnt auf S. 171a, Z. 1-4: Dominus ac redemptor ad commendationem et con/firmationem [e]uangelicę fidei uoluit [e]uangelium/non solum hominibus prędicari . sed etiam contra hereticam praui/tatem scripto retineri. Er endet auf S. 344b, Z. 20-27: Nobis autem simplex/uidetur . et aperta responsio . sanctas feminas christi/absentiam non ferentes . per totam noctem . non semel/nec bis . sed crebro ad sepulcrum domini cucur/risse. Pr[ę]sertim cum terr[ę] motus . et saxa diruta ./et sol fugiens . et rerum natura turbata . et quod/maius est desiderium saluatoris somnum ruperit/feminarum.
Auf S. 346a, Z. 1-5 beginnt der zweite Kommentar wie folgt: EVANG[E]LIUM . grece . latine bonum nuntium interpretatur./ Eu . enim grece . latine bonum . angelium dicitur runtium./ Licet enim omnis scriptura bona nuntiet . magna tamen/distantia est . inter ea quę per seruos locuta [sunt] . et quę/ per dominum sunt gesta. Er endet auf S. 410b, Z. 34-40 mit folgender Stelle: Dice/bat namque iohannes illi . non licet tibi . et cętera. Pr[ę]ceptum namque/fuit in lege . ut si quis sine liberis mortuus fuisset ./frater aut propinqu[u]s illius acciperet mulierem eius . ad/suscitandum semen fratris sui . sed quia herodes acceperat/eam uiuente marito . et relicto semine . adeo/sanctus propheta . illicitas nuptias prohibebat.
³²Bruckner 3, S. 121ab und Tafel XLII (rechts oben Aufnahme von J29,5-17); Dick/Préaux S. XX; Graff II, S. VI; Hattemer 3, S. 259-262; Kelle I, S. 314-318, 326-328; Piper II, S. 316, 320-322; Scherrer S. 302; Sehrt/Starck I/2, S. V-VII; Steinmeyer S. 450; Zürcher S. 36-41.

Der aus dem fünfzehnten Jahrhundert stammende Ledereinband des Codex hat
drei Bünde und zwei Lederschließen mit Metallendchen. Die Aufschrift oben
auf dem Rücken des Bandes (im neunzehnten Jahrhundert der Breitseite nach
auf rot umränderter Papieretikette aufgeklebt) lautet: *Marciani de n[up]/
tiis philologiæ [et]/Mercurij Theot[is]/ce, ac latine*. Mitten am oberen
Rand des Vorderdeckels ist ein im fünfzehnten Jahrhundert angebrachter Pergamentstreifen
mit folgender Aufschrift: *Martianus de nuptiis philo[lo]/
gie et mercurii et sermones*.

Vorne im Band befindet sich ein Papierdoppelblatt, dessen erste Seite auf
der Innenseite des Vorderdeckels befestigt und dessen letzte Seite unbeschrieben
ist. Auf den zwei ungezählten Innenseiten dieses Blattes steht
folgende Beschreibung der Handschrift von Ildefons von Arx (1824-33 St.
Galler Stiftsbibliothekar, schon seit ca. 1774 in der Bibliothek tätig):

    [erste Seite]   <u>Codex Rescriptus.</u>

  Argumentum primae scripturae saeculo X exa-
    ratae erant regulae grammatices, ut ex titulis ca-
    pitalibus, quorum aliqua adhuc vestigia adparent,
    liquido patet. Eorum unus pag. 19 haec habet: EXPLICIT
    LIBER I. ille pag. 34 DE NOMINATIVO inscribitur, ille pag.
    24 DE NOMINE, pag. 66 DE ORATIONE et pag. 75 DE DICTIO-
    NE. Liber exiguus 4 digitis latus et 5 altus latis tamen
    marginibus. Nullius videtur fuisse valoris, alias non post an-
    nos centum jam foret discerptus, et membrana rescripta.
      Raro casu textus posterior et rescriptus priorem pretio
    multum superat, cum sit celebris Translatio Teutonica
    illius figmenti, quod Martianus Capella saeculo V
    de nuptiis philologiae cum Mercurio composuerat;
    quam ob aliquam affinitatem, quae ei cum psalmis abs Notke-
    ro labione teutonice redditis intercedit, huic viro
    erudito adscribendam esse periti falso existimavere.
    Non integra Martiani fabula, ut abs Hugone grotio edi-
    ta legitur, hic translata reperitur, sed tantum liber
    primus et secundus ejusdem.
      Huic translationi saeculi XI colligati sunt duo
    commentarii in Evangelia saeculo XIII scripti.
      Eadem Translatio, et illa Boetii in cod. 825
    abs eodem authore videntur adornatae, cum Vo-
    ces eaedem, in iisdem formis ubique recurrant,
    differunt autem a Notkeri labeonis translatio-
    ne psalmorum, et hinc neutiquam huic adscri-
    bi possunt, ni quis certum faciat, formas Notkeri
    per librarium immutatas fuisse.

    STIFTSBIBLIOTHEK
        872   *[jüngerer Zusatz]*
    ST. GALLEN

[zweite Seite]
>Ex iis, quae pagina 105, linea 4 dicuntur, elucet:
>ex Slavis aevo Carolingo in captivitatem redactis, ac
>in germaniam deductis, Hazchorum (Zechen) co-
>loniam in nostra vicinia consedisse, et pro
>Antropophagis habitos fuisse. Qua assertione
>abs Authore coaevo prolata in Bohemia docti viri
>his annis multum vexati fuere.[33]

Ist diese Ausführung auch in manchem überholt (z.B. der Unterscheidung von Notker Labeo und Notker Teutonicus), so enthält sie doch heute noch nützliche Angaben (z.B. die zu J105,3-7). Sie gehört jedenfalls zur Überlieferungsgeschichte des Manuskripts.

Auf der ersten Seite des Codex steht rechts oben die rote Signatur *872.*, von Arx und dessen Vorgänger bzw. Mitarbeiter Johann Nepomuk Hauntinger (Stiftsbibliothekar 1780-1823), gleich darunter die ältere, schwarze Signatur, *D.n.273.*, von Pius Kolb (Stiftsbibliothekar 1748-62). Der schwarze Bücherstempel des siebzehnten Jahrhunderts mit der Legende *SIG.MONAST.SANC. GALLI.* befindet sich mitten auf dieser unbeschriebenen Seite, auch hinten auf S. 411, die zum Schlußdoppelblatt des zweiten Teils der Handschrift gehört. S. 411/412 sind mitgezählt, doch unbeschrieben; die Rückseite von 412 ist auf dem Hinterdeckel des Einbands angebracht.

Der Martianus Capella umfaßt zehn Lagen (Quaternionen) zu je vier Doppelblättern bzw. sechzehn Seiten; zur elften Lage gehören nur zehn Seiten, d.h. zwei Doppelblätter und ein einfaches Blatt. Beim Neueinbinden im fünfzehnten Jahrhundert wurden zur Zählung der Lagen die gotischen Majuskeln *A* bis *L* als Kustoden je an den unteren Rand der letzten Seite der Lage (also 16 32 . . . 144 160 170) mit Rötel geschrieben; diese Buchstaben wurden dann später in der Regel anradiert. Der Codex ist paginiert, nicht etwa foliiert; die Seitenzahlen stammen von einer jüngeren Hand (so oben links 2., rechts 3.).

Um genug Pergament für diese Schreibarbeit zu gewinnen, mußte man im elften Jahrhundert die Schrift von mindestens ein Jahrhundert früher beschriebenen Blättern abschaben, so daß der Martianus Capella zum Teil ein Palimpsest oder Reskriptus ist.[34] Davon betroffen sind die S. 1/2, 7-10, 15-80, 133/ 134 und 139/140, mit anderen Worten 76 von 170 Seiten, 19 von 42,5 Doppel-

---

[33] Schon von Hattemer 3, S. 259/260 abgedruckt.
[34] Bischoff Sp. 382; Bruckner 3, S. 45; Zürcher S. 38.

blättern, 4,75 von 11 Lagen. Es wurde immerhin unbeschriebenes Pergament für die meisten (94) Seiten aufgetrieben; das sind 23,5 Doppelblätter bzw. 6,25 Lagen, von denen eine allerdings nur zehn Seiten beträgt. Bald wurde die ältere Schrift völlig ausgelöscht, bald wurde sie nur anradiert. In beiden Fällen konnte starke Interferenz mit der jüngeren Schrift erfolgen (z.B. S. 37/38); manchmal wurde das Pergament durch heftiges Radieren durchlöchert (z.B. S. 35/36).

Das Radierte ließe sich durch die Verwendung von chemischen Agenzien (ein Mittel, das ich nicht empfehlen würde) oder durch die bequemere, doch teure Palimpsestphotographie wiederherstellen; vor allem die S. 20, 29, 37, 40/41, 44, 53, 56/57 und 60 eigneten sich für letzteres Verfahren. Manches ist schon dem bloßen Auge mit Hilfe einer Lupe, viel Sitzfleiß und gewissen Anhaltspunkten lesbar. So stehen einige Überschriften noch mehr oder weniger deutlich dort: auf S. 19 EXPLICIT LIBER II., S. 24 DE NOMINE. N, S. 34 DE DENOMINATIUIS. D, S. 66 DE ORATIONE. O und S. 75 DE DICTIONE. D.[35]

Die Ahnung, daß es sich hier um einen zerschnittenen Prisciancodex handle, wurde zur Sicherheit, als ich im Juni 1978 fast restlos das Radierte von S. 29 und 20 feststellen konnte; vor der Faltung war nämlich die jetzige S. 29 die obere, 20 die untere Hälfte eines größeren Blattes, dessen Vorderseite die jetzigen S. 30 und 19 bilden. In der älteren Handschrift begann die Stelle mit einer Überschrift und dem darauffolgenden Anfangssatz.

> INCIPIT LIBER TERTIVS DE/COMPARATIONE./ COMPARATIVVM EST QVOD CVM POSITIUI/intellectu uel cum aliquo participe sensu positiui/magis aduerbium significat . ut fortior magis for/tis . sapientior magis sapiens. Ulterior magis ultra ./quam ille qui ultra est. Interior magis intra ./quam ille qui intus est.

Unten auf dem ursprünglichen Blatt stand der Satz

> Accidentia autem sunt quae/ex qualitate uel quantitate animi uel corporis . uel extrinsecus/forte euenientium trahuntur . quae possunt incrementa uel di/minutiones accipere per quae comparatio nascitur . sine quibus sub/stantia intellegi potest . ea uero nisi prior illa substantia intellegatur [esse non possunt.]

Diese Stelle aus den *Institutiones grammaticae* des im sechsten Jahrhundert n.Chr. lebenden und wirkenden Priscianus Caesariensis entspricht dem C.Sg. 903 (aus dem zehnten Jahrhundert), S. 44, Z. 16-20 und 32-36.[36]

---

[35] Meine Feststellungen entsprechen nicht völlig den oben auf S. XVI abgedruckten Angaben von Arx.
[36] Bruckner 3, Tafel XLII (rechts oben Photographie von J29,5-17); Hertz 1, S. 83; Scherrer S. 318/319. Der C.Sg. 904 aus dem neunten Jahrhundert umfaßt auch Priscians lateinische Grammatik; dazu Scherrer S. 319/320.

Im älteren Codex hatte das Blatt ein Format von ca. 33x23,5 cm; jede Seite des ursprünglichen Blattes wurde zu 28 Zeilen beschrieben, von denen durch die Faltung 15 von der oberen Hälfte auf eine Seite und 13 von der unteren Hälfte auf eine andere Seite kamen. Wie aus der Aufnahme der handschriftlichen S. 57 in dieser Ausgabe hervorgeht, verläuft die Schrift des Notkerschen Martian rechtwinklig zu der der ausradierten Grammatik. Der Leser stelle sich einen durch die zweimalige Zeilenlinierung mit dem Griffel gebildeten Gitterwirrwarr vor; in der jüngeren Handschrift hat man es auch mit je zwei vertikalen Begrenzungslinien links und rechts auf der Seite zu tun, neben den Zirkellöchern, die - wofern sie nicht abgeschnitten wurden - der Zeilenlinien wegen den äußeren Rand der Seite bezeichnen.[37]

Die Blätter aus dem aufgelösten Codex sind fest, wohingegen die früher unbeschriebenen meistens viel dünner sind; alte Löcher kommen ab und zu in diesen Seiten (z.B. 3/4) vor. Die frischen Seiten wurden oft am unteren Rand (u.a. 81-84, 93-96, 125-132, 147/148, 155-158, 163-166) unregelmäßig abgeschnitten, seltener am äußeren Rand (169/170). Es ist anzunehmen, daß die werdenden *scriptores* nicht gerade über die besten Schreibwaren verfügten, daß sie sich bei dieser Übung zu den ersten besten bequemen mußten. Besonders der erste Schreiber wird zunächst die ältere Schrift vom Gebrauchtmanuskript abzuschaben gehabt haben. Schon vor dem Neueinbinden im fünfzehnten Jahrhundert erlitt der Martianus Capella S. 1/2, 37-40, 99-102, 105-110 und 159-170 im Gegensatz zu den gut erhaltenen Evangelienkommentaren Wasserschaden. Die fehlende obere Ecke von S. 3/4 spricht auch nicht für eine sorgliche Behandlung.

Die *Nuptiae* sind in spätkarolingischer Minuskel geschrieben bis auf die Überschriften in Rusticamajuskeln.[38] Es wurde eine dunkelbraune Tinte sowohl für den Text als auch für die Überschriften benutzt, oder aber eine schwarze mag mit der Zeit bräunlich geworden sein.

Ein Beweis für die Nachlässigkeit, mit der man bei diesem Abschreiben verfuhr, sind die Textinitialen, eine am Anfang jedes Abschnitts. In 17 Fällen (im ersten Buch bei §§∅ 3 5/6 9-11 14 17/18 21 24-26 29 34 39) sind die alten roten Initialen rot geblieben; sie wurden 18mal (im ersten Buch bei §§1/2 4 7 12/13 15/16 19/20 22/23 27/28 30/31 33 35) bräunlich. Die Initiale wurde 5mal (im ersten Buch bei §§32 36-38 40) am linken Rand (bei §38 am linken und rechten) mit einer bräunlichen Minuskel vorgezeichnet; eine rote Ini-

---

[37] Zürcher S. 37.
[38] Bischoff Sp. 417-422; Bruckner 3, S. 47, 121a; Zürcher S. 38, 40.

tiale wurde dann im Text nachgetragen,³⁹ doch sind alle außer der bei §38 nur noch bräunlich. Obwohl die Initiale im ersten Buch in 15 weiteren Fällen (bei §§42-56), im zweiten Buch 3mal (bei §§1-3) am Rand vorgezeichnet wurde, kam sie an diesen Stellen nicht in den Text. Zweimal im ersten Buch (bei §§8 41) fehlt nicht nur die Ausführung im Text, sondern auch die Vorzeichnung am Rand. Kein Wunder, daß der zweite Schreiber seinerseits (im zweiten Buch 45mal bei §§4-48) die Textinitiale mit gewöhnlicher, dunkelbrauner Tinte schrieb, ohne sie am Rand vorgezeichnet zu haben.

Zwei Schreiber, auch ein oder mehrere Korrektoren und Rubrikatoren, beteiligten sich an dieser Abschrift. Der Schreiber α besorgte den Text vom Anfang bis zu 84,6 (fóne), auch 85,1-93,2 (díe bis suauiter.), β die Überschrift auf 40,21, 84,6-22 (egypto bis fálanza .) und 93,2 (Quippe) bis zum Schluß. Der jeweilige Schreiber betreute mit einer Ausnahme (im ersten Buch bei §25) auch die Überschriften; dasselbe gilt für alle ergänzten Textinitialen außer den roten, die der Rubrikator erledigte. Wer die Züge der beiden Schreiber vergleichen will, sei auf die Aufnahmen von S. 57 und 93 in dieser Ausgabe verwiesen. β schrieb fließender und genauer als α, was schon aus dem meistens kürzeren Apparat zu den von ihm abgeschriebenen Seiten ersichtlich wird. Der Schreibergegensatz kommt auch unten in dieser Einleitung zum Ausdruck.

Griff der gleiche Schreiber zu einem frisch gespitzten Rohr, so änderten sich die Züge (z.B. 81,1a bei [Uo]biscum und 101,18 bei multa).⁴⁰ Diese wurden manchmal zusammengedrängt, als ob es der knappe Pergamentvorrat erforderte; siehe die in dieser Ausgabe dadurch gesprengten Zeilen von S. 50/51, 94 und 135 u.a. Bald korrigierte der Schreiber einen soeben begangenen Fehler, bald verbesserte ein Korrektor nachher. Wenn die Korrektur eindeutig von einem anderen stammt, wird im Apparat darauf aufmerksam gemacht (wie z.B. bei 10,16 .in̊dustrię] in von anderer Hand und 123,5 be zéichen/lichemo von anderer Hand am rechten Rand). Sonst wird bei einer Berichtigung nichts über den Urheber angedeutet (2,8 dignitate] e aus o korr.; 93,4 ı̂st] i aus 1 korr.).

Beide Kopisten schrieben als Federprobe - vielleicht auch aus aufrichtiger Reue oder als Andachtsübung - mehr oder weniger vollständig (z.B. unten auf S. 23 anima, 112 anima mea turbata) den Vers Ps. 6,4:

---

³⁹Daher eine Anmerkung wie die zu 55,5a: tT.
⁴⁰Kelle I, S. 315; Piper II, S. 322; Sehrt/Starck I/2, S. VI; Zürcher S. 38-40.

>   Et anima mea turbata/est ualde.
>   C.Sg. 21, S. 19, Z. 19/20[41]

Sie könnten allerdings auch an den Ps. 41,7 gedacht haben:

>   Ad me ipsum anima mea conturbata est.
>   C.Sg. 21, S. 143, Z. 6[41]

Die älteren Ausgaben

Graff gab 1837 als erster den althochdeutsch-lateinischen Martianus Capella heraus, wobei er den lateinischen Text vom Ganzen schied und denselben u.a. bald nach Notker, bald nach Kopp abdruckte; Lesarten fehlen fast völlig. Zu Hattemers 1844-49 erschienener Ausgabe, die sich viel zuverlässiger zeigte, lieferte Steinmeyer 1874/75, Piper 1882 die Varianten. Piper gab dann 1882 selber den Martianus Capella heraus. 1935 erschien die stark normalisierte Ausgabe von Sehrt und Starck, die die 1911 von Schulte veröffentlichten Remigius-Belege wiedergab.

Die Richtlinien dieser Ausgabe

Die vorliegende Ausgabe ist ein modifiziert diplomatischer Abdruck. Die meisten Konjekturen, von denen sich auf den *textus restitutus* schließen läßt, sind in den beiden Apparaten untergebracht. Ausnahmen bilden Fälle wie 10,7 (ienę] *genę), 38,7 (hîlmelisken] *hîmelisken), 117,10 (merculiali] *mercuriali) und 135,1 (Ûnmîst] *Ûnnîst), in denen die Rekonstruktion doch die sinnwidrige Entstellung im Text ersetzte. Der erste Apparat gilt dem Text im allgemeinen, während der zweite nur den lateinischen Bestandteil betrifft.

Die erhaltene Fassung wurde aus einer verlorenen Vorlage abgeschrieben, die wohl auch nicht das Original gewesen sein wird. Das beweisen neben den soeben angeführten Belegen auch solche wie 14,22 (pysichen] *psychen), 22,19 (fárendiu] d aus t geändert), 112,8 (do] *dû) und 135,4a (sinnlose Wiederholung von de), die mangelhafte Akzentsetzung und fehlende Initialen. J vertritt also die schriftliche Gestalt von Notkers Sprache minder getreu als die *Consolatio Philosophiae*.

Die Seiten- und Zeileneinteilung der Handschrift wurde beibehalten. Eine zweiteilige Zeile ergab sich, wenn die Zeilenbreite durch Ergänzung des am

---

[41] Um mit Notker zu reden: Vnde mîn sêla ist harto in úngerechen. C.Sg. 21, S. 19, Z. 20 Ze mir selbemo ist mîn sêla getrûregot. C.Sg. 21, S. 143, Z. 7 Siehe auch Zürcher S. 39/40.

Rand oder zwischen den Zeilen Nachgetragenen (z.B. 38,18ab 141,15ab) oder auch durch dicht zusammengedrängte Schriftzüge (51 15mal, 94 4mal) gesprengt wurde.

Nur der lateinische Text der *Nuptiae* ist kursiviert; Notkers Übersetzung und Zusätze sind es nicht. Die Handschrift unterscheidet diese drei Textstufen in keiner Weise.

Im folgenden wird die Verwirklichung von Notkers Sprachgebrauch bzw. Schreibweise im Martianus Capella besprochen, woraus der Leser ersehen kann, inwieweit die Schreiber seinen Usus wiedergeben. Zur Orientierung stehen Photographien von J57 und 93 in dieser Ausgabe.

Zum Anlautgesetz[42]

Am Satzanfang erwartet man *P T K/C/Q*, was bei *P* und *K/C/Q* meistens der Fall ist, obwohl *B* 3mal (beim Schreiber α ein-, β 2mal) und *G* 2mal (bei α und β je einmal) nach einem auf einen Sonorlaut (Vokal, Diphthong, *l m n r*) auslautenden Wort steht. Der Wechsel von *T-D* im Satzanlaut ist besonders bei β nach dem Muster des Satzinnern geregelt; *D* kommt nämlich 150mal (bei α 38-, β 112mal) nach einem Sonorlaut vor, das gewöhnliche *T* aber 98mal (bei α 88-, β 10mal). Das 15mal auf einen Nichtsonoren (Verschluß- oder Reibelaut) folgende *D* (bei α 11-, β 4mal) gegenüber dem 170mal belegten *T* (bei α 77-, β 93mal) ist keineswegs zu vertreten.

Am Anfang eines nachgestellten Haupt- oder Nebensatzes kann nur das 30mal in stimmloser Lautumgebung vorkommende *d* (bei α 21-, β 9mal) als Verstoß aufgefaßt werden. Im Satzinnern folgt *p* 15mal (bei α 13-, β 2mal) und *k* 4mal (bei α) irrtümlich auf einen Sonorlaut, obwohl *b* und *g* häufiger auftreten. Nach einem Nichtsonoren begegnet ein unbegründetes *b* 2mal (bei α), *d* und *g* je 5mal (jeweils bei α 4-, β einmal). Nur e i n Verstoß ließ sich im Anlaut des zweiten Glieds einer Zusammensetzung verzeichnen, und zwar 8, 17 (bei α) árzatgôte (vgl. aber 8,20 ált cót).

Welche Verstöße die Schreiber verschuldet und welche schon in ihrer Vorlage gestanden haben, sei hier als reine Spekulation hintangestellt. *t* wurde übrigens 4mal zu *d* (bei α ein-, β 3mal), *d* 3mal zu *t* (bei α) und *b* einmal zu *p* (bei α) verbessert.

---

[42] Baesecke; Braune/Eggers §103; Ochs II; Penzl; Schatz II, §148; Sehrt/StarckI/1, S. VI-VIII, XVI/XVII; Weinberg; Zürcher S. 62/63, 111-114.

Es bleibt auch offen, ob *f* und *u*, gleichviel in welcher Stellung und Lautumgebung, überhaupt im Urtext gewechselt haben. Wenn schon, so wird der Gegensatz in einer Zwischenfassung zugunsten des *f* konsequent beseitigt worden sein, so daß α und β so gut wie keine Belege für konsonantisches *u* in ihrer Vorlage fanden. Allerdings steht *u* 8mal (bei α 6-, β 2mal) im Satzinnern (z.B. 2mal *uîlo* gegenüber 19mal *fîlo*), 17mal (bei α 5-, β 12mal) im Anlaut des zweiten Glieds einer Zusammensetzung oder Ableitung (u.a. 94, 7/8 *gedrîualtoter*, doch 98,8 *kedrîfaltotêr*) nach einem Sonorlaut. Hinzu kommen noch 27 Belege (bei α 16, β 11) für konsonantisches *u* im Silbenanlaut (z.B. 5mal *hóue* gegenüber 2mal *hóf* mit *f* im Silbenauslaut). Da die Urfassung den Wechsel von *f-u* nicht unbedingt aufgewiesen zu haben braucht, wurde dessen Regelung im ersten Apparat dieser Ausgabe nicht vorgenommen.

Zu den Gegensätzen *e/i*, *ze/zû(o)*, *ûo/ûe/û*, *û/îu*[43]

Obschon Notkers schwachtoniges *e* [ə] vorherrscht, steht *i* dafür 75mal bei α (darunter wohl zwei vom Korrektor stammende Belege), 41mal bei β. *e* wurde 21,2 und 73,7 bei α aus *i* geändert; 166,9 wurde bei β *i* aus *e* verbalhornt.

Bei α kommt *zû* 18mal vor, während bei β *zûo* und *zû* im Verhältnis 6 zu 5 stehen; 100,3b/4 wurde 2mal bei β das *o* von *zûo* radiert. *zû(o)* bildet 8mal (bei α 6-, β 2mal) mit *dár(a)* bzw. *tára* ein zusammengesetztes Adverb (z.B. 6,12 *dára zû*), gehört 11mal (bei α 5-, β 6mal) als trennbares Präfix zum Verb (113,8 *zûo légende*). 8mal (bei α 5-, β 3mal) regiert *zû* den Dativ, eine Funktion, die sonst *ze* ausübt (vgl. 66,9 *zû dîen fîer stérnon* gegenüber 66, 11 *ze dien lánchon*); 149,16 wurde bei β *ze* aus *zu* verbessert. *zû* verbindet sich 2mal bei α adverbial mit der Präposition *ze* (31,1 *zû ze îmo gesáztemo*; 83,21 *zû ze iouis rédo*).

141,15a ist *ûe* beim übergeschriebenen *chûeniga* entweder als verfrühtes mhd. *üe* oder als abgeschwächtes *ûo* zu betrachten. *ûo* wurde 30,17 (*stûnt*) bei α, 120,4 (*frûtheit*) und 169,14/15 (*gedûhtôn*) bei β zu *û* monophthongiert. Der *i*-Umlaut von *û* ist gesichert (78,6 *mît tero flúste* gegenüber *tiu fûst*] *fúst bei α), doch schwanken die Schreiber (etwa schon in der Vorlage) beim Plural von *chrût* (z.B. β bei 100,5 *chrûtero* gegenüber 103,4 *chrîutero*).

---

[43]Braune/Eggers §§40, 42, 60, 72, 74; Kelle II, S. 296, 299, 328; Schatz II, §§23/24, 26, 68/69, 80, 111; Sehrt I, S. 331-334.

Zu den Akzenten[44]

Ein Vergleich von S. 57 mit S. 93 (ab Z. 2 *Quippe*), von denen sich Photographien in dieser Ausgabe befinden, zeigt, daß der Schreiber β viel sorgfältiger bei der Akzentsetzung verfuhr als α. Während die von β besorgte Stelle nur 14 Verstöße enthält, wurden bei α 38 festgestellt.

Einerseits fehlt manchmal ein berechtigter Akzent (so z.B. bei α 57,2 *sīn uuelbiu*, β 93,8/9 2mal *mâzon*, dem Korrektor 20,14 *an îro fûoginon*), andrerseits kann ein unberechtigter vorkommen (bei α 57,21 *gerístlícho*, β 84,21 *gébôt*). Der Schreiber setzte ab und zu den falschen Akzent (α 76,1 *hóren*, β 162,4 *nâho*). Vor allem α schob den Akzent oft nach links oder nach rechts, so daß dieser auf einen Konsonanten (60,7 *keskáfen*) bzw. Halbvokal (57,15 *îoh*), auf den zweiten Bestandteil (4,7 *tuônde*) bzw. zwischen die Bestandteile eines Diphthongs (76,6 *muôter*) oder auf eine benachbarte Silbe (2,17 *ké eiscôn*) fiel.

Ein überflüssiger Akzent wurde gelegentlich radiert (bei α 19,2 *în*[1], β 148,15 *zîerdâ*), ein falscher berichtigt (bei α 3,12 *dû*] Zkfl. aus Akut, β 107,21 *mág*] Akut aus Zkfl.). Eine Änderung konnte aber auch eine Verbalhornung ergeben (bei α 20,2 *lûtréiste*] Akut rad., β 98,20 *târ*] Zkfl. rad.).

Beide Schreiber versahen mehrmals lateinische Wörter mit einem Akzent. Der Zirkumflex dient bisweilen zur Unterscheidung bei α (u.a. 14,7,13 2mal *quîs* = *quibus*) und β (138,19 *aliâs* adv.). 89,6/7 (*sîne* bei α) und 93,15 (*Tér* bei β) wird man wohl Lateinisches mit Deutschem verwechselt haben. Der Akut wurde versehentlich auf lateinische Vokabeln gesetzt, wie daraus hervorgeht, daß 81,22 (*líget* bei α) und 166,11 (*Údus* bei β) der Akzent radiert wurde.

Im allgemeinen gibt diese Ausgabe die überlieferte Akzentsetzung wieder. Fehlende Akzente werden im Apparat ergänzt, überflüssige werden getilgt, falsche verbessert. Ausnahmsweise wird eine irreführende Verschreibung (so bei α 16,18 *sîn*] *sin und 87,13 *uuîzenne*] *uuizenne) aus dem Text in den Apparat verwiesen. Auf einen Konsonanten bzw. Halbvokal, auf den zweiten Bestandteil bzw. zwischen die beiden Bestandteile eines Diphthongs gefallene Akzente werden, wenn überhaupt, im Apparat verzeichnet.

---

[44] Bischoff Sp. 438/439; Braune/Eggers §8, Anm. 8; Bruckner 2, S. 52; Hattemer 3, S. 262; Kelle I, S. 316/317, 326-328; Piper II, S. 321; Schatz II, S. 7; Sehrt/Starck I/1 (S. IX-XVI, 398) und 2 (S. VI/VII), II (S. 259-261), III; Zürcher S. 30-35, 54/55, 80-83, 165-169.

Zur Orthographie und Graphetik[45]

In der Regel vertritt das *e caudatum*, also ę (Ę) - in dieser Ausgabe durch ę (Ę) wiedergegeben - lat. *ae* (*AE*), aber *e* (*E*), *æ* und *ae* (*AE*) kommen auch vor; siehe z.B. bei α 40,11 *CAELO*, 46,10 *hæc*, 47,12 *ęther* und 79,7 *CELITUM*, β 115,11 *Laetor*, 117,11 *PRĘCONIA* und 123,19 *Precepit*. Lat. *oe* wurde seltener zu ę (bei α 35,17 *cęptis* gegenüber 37,13 *coepit*, β 102,18 *cętibus* gegenüber 113,13 *soloecismum*). Zweisilbiges *ae* und *oe* blieben erhalten (so bei α 47,12 *aer* und 89,10 *poeticę*, β 134,19/20 2mal *aëram* und 169,17 *coegit*). 19, 11/12 (*Sůmelichę* bei α) und 106,18/19 (*cęlsa* bei β) wurde ein richtiges *e* durch ę ersetzt. Durch *æ* korrigierte der Schreiber manchmal *a* zu *e* (α 4,2 *hǣrta* und 53,19a *uenirǣ*); das *a* einer solchen Ligatur wurde manchmal radiert bzw. anradiert (bei α 20,5 *distænta*] a¹ rad., β 105,14 *diæ*] *a* anrad.).

Waren α und β mit der Schleife des *e* unzufrieden, so setzten sie oft den Strich ⌒ oben an (α 3,17 *elȇmenta* und 57,12/13 *geuuȇbenemo*, β 93,21 *nȇree* und 107,1 *cȇpit*).

Griech. υ wird bald durch *y*, bald durch *i* vertreten (bei α 5,8 *hymenei* gegenüber 5,10 *himeneo*, β 98,12 *symphonia* gegenüber 96,4-6 2mal *simphonia*). Lat. *i* konnte auch durch *y* wiedergegeben werden (81,16 *sidera* bei α gegenüber 108, 3 *sydera* bei β).

Für vokalisches und konsonantisches *u* (*U*) steht gelegentlich *v* (*V*) im lateinischen und althochdeutschen Text, besonders beim Schreiber β. Belege für *v* sind 93,4 *initivm*, 93,5/6 *vuúrchet* und 144,22 *tv̂*. *V* nimmt bei β gewöhnlich die undeutliche Gestalt ʋ (z.B. 93,16 ʋ*nde* gegenüber 93,5 ỿ*nde* mit *U* an; ein eindeutiges *V* kommt selten (doch 148,19 *Verum*) vor.

-*nm*- und -*np*- waren beiden Schreibern genauso geläufig wie -*mm*- und -*mp*-; vgl. bei α 11,14 *inmensi* und 11,14/15 *inpatientia* mit 34,9-11 2mal *inmortalem* und 34,11/12 *impiger*, β 123,17 *inmortalitas* . . . *inmortales* und 131, 15 *inpossibile* mit 93,12 *imparibus*.

Ahd. *z* wurde bei α u.a. 73,10/11 *cênzegostun* (gegenüber 73,12 *zên zegfáltiger*), β 145,12 *cênzeg* (gegenüber 141,2 *zêne*) durch *c* ersetzt.

---

[45]Bischoff Sp. 420; Braune/Eggers §§8 (Anm. 5), 157; Bruckner 2, S. 20-22 und 3, S. 26/27, 40; Kelle I, S. 315/316, 318; Piper II, S.311/312, 320-322; Schatz II, §§166, 176, 282; Sehrt/Starck I/2, S. VI; Steinmeyer S. 450, 452; Zürcher S. 62/63, 127.

Die lange Minuskel ſ der Handschrift (57,4 ſimiliſ ; 93,4 ſīn) wird in dieser Ausgabe durch s dargestellt.

Zu den Abkürzungen und Ligaturen[46]

Bis auf .i. (= *id est*) und .s. (= *subaudis, subaudiendum est, subaudi*) werden in dieser Ausgabe die zahlreichen lateinischen Abkürzungen der Lesbarkeit halber aufgelöst, während die vier abgekürzten althochdeutschen Wörter (29,13 54,9 67,8; 77,16 ersetzte α allerdings den *n*-Strich durch den Buchstaben *n*) im ersten Apparat angegeben werden. Die Grundtypen der lateinischen Abkürzungen werden nun verzeichnet.

apſtorū	= apostolorum	omis	= omnis
aū	= autem	opa	= opera
cōpsso	= compresso	pfect	= perfectus
cspex	= conspexit	p	= post
corpoȥ	= corporum	pᵒ ea	= postea
c̄	= cum	pē	= preest
do	= deo	pt̃	= preter
dic̄	= dicit	p̄tiū	= pretium
dr̄	= dicitur	pm	= primus
dn̄t	= dicunt	ꝑbat	= probat
dn̄r	= dicuntur	ꝑmptior	= promptior
dn̄o	= domino	qᵃ	= qua
eȝ	= eius	qbᵢ) ꝗ	= quibusque
g̊	= ergo	qd, qd, q̇	= quid
ēe	= esse	qd, qd	= quod
ē	= est	quō	= quoniam
fortit̃	= fortiter	quoꝙ , qq̄, qꝙ	= quoque
fr̄	= frater	resurrectiōn	= resurrectionum
gn̄e	= genere	scaq	= sanctaque
gr̄a	= gratia	scdm	= secundum
idē	= idem	s)	= sed
idē	= id est	sēp	= semper
iugat̃	= iugatur	sic̄	= sicut
muneribꝫ)	= muneribus	sp̄s	= spiritus
nom̄	= nomen	s̄	= sunt

---

[46]Bischoff Sp. 418-421, 435-437; Bruckner 2, S. 31-34 und 3, S. 26/27, 40/41; Piper II, S. 312, 320; Zürcher S. 54, 96.

n̄	= non	sup̄dictarū	= supradictarum
nr̄m	= nostrum	t̃nariū	= ternarium
n̄c	= nunc	·⊥·, ⊥	= uel
ōm	= omen	u̇	= uero
ōms	= omnes	ūsū	= uersum

Bemerkenswert ist, daß das gleiche Wort bald abgekürzt, bald unabgekürzt geschrieben wurde (z.B. 93,16 t̃¹ gegenüber ter²). Selten verdrängte idē das geläufige .i. (doch 75,15 2mal idē gegenüber 75,7,10/11 3mal .i.). Es wurde nicht immer einheitlich abgekürzt (4,18 qd̃; 11,18 q̇d̃; 93,12 qd̃).

Folgende Ligaturen, von denen 11 in lateinischen und 5 in althochdeutschen Wörtern vorkommen, werden ebenfalls aufgelöst:

ᛆ	= as	poteᛆ;	_____
&	= et	&iā, liqu&; hôub&, ság&a	
⸒	= ft	_____; ô⸒o	
ђ	= hi	pђlologia;	_____
ᶬ	= mi	ᶬtior;	_____
ᶯ	= ni	uirgiᶯs;	_____
ᶰ	= ns	colligeᶰ;	_____
ᴻ	= nt	daᴻ; chiᴻ	
ɶ	= or	quatuɶ; gebɶnon	
ᴙ	= rt	moᴙalitas;	_____
ᴙ	= st	eᴙ; iᴙ	
ſ	= vs	DOMſ, totiſ;	_____

Belege für ᛆ ᶰ ᴙ sind selten. Die Ligaturen wechseln im Text mit den einzelnen Buchstaben ab (57,8 hôr& gegenüber nehôret). Zu æ und ę siehe den vorangehenden Abschnitt. Die Aufnahmen von J57 und 93 in dieser Ausgabe legen typische Abkürzungen und Ligaturen vor.

Zur Getrennt- und Zusammenschreibung[47]

Man schrieb oft die Präpositionen *be*, *in* und *ze* - minder häufig *án*, selten *únder* - mit der Ergänzung zusammen (so z.B. 14,8 *inrésti* und 93,6 *inhôhi* gegenüber 57,7 *in érdo* und 118,22 *in zuéi*, 57,13 *ándero* und 97,15 *ándemo* gegenüber 3,2 *án demo* und 93,21 *án díen*, 84,6 *únderánderen* gegenüber 167,20 *únder ímo*). Zusammenschreibung sowie Getrenntschreibung begegnen bei den schwach betonten Vorsilben *be-*, *er-*, *fer-*, *ge-*, *in-*, *ne-* und *ze-* (57,16

---

[47]Bischoff Sp. 439; Bruckner 2, S. 25; Zürcher S. 52.

getân und 93,8 gestânt, doch 7,5 ge zûmftet und 151,3 ne ge uuérdota), auch
bei Ableitungen und Komposita (3,2 sámo so gegenüber 30,20 sámoso; 8,20 âlt
cót gegenüber 8,15 uuîgcot; 30,9 îo dóh gegenüber 55,13 îoman; 47,4/5 2mal
ûzer hálb gegenüber 83,5 ûzerhalb; 79,2 ûn fore geuuízeniu gegenüber 93,14
ûngerádon; 93,8 dâr ána; 107,18 éin uuéder gegenüber 91,22 éinuuéder; 109,17
ána fîeng; 121,6 ánt fáhsiu gegenüber 152,2 ántfáhsíu).

Manchmal kommt die Abtrennung bzw. Zusammenschreibung dem Leser geradezu unbeholfen vor (73,12 zên zegfáltiger; 94,11 réhtedémo). Zur Abtrennung und Verbindung dienende Interpunktion kommt im folgenden Abschnitt zum Ausdruck; 150,3 band man scálûn durch ‿ irrtümlich mit hábento zusammen.

In dieser Ausgabe trennt ‿ aufeinanderfolgende althochdeutsche Wörter, die in der Handschrift zusammengeschrieben sind (z.B. 46,12 fînf‿rînga; 94,18 be‿dîu). Der Bindestrich ersetzt den Zwischenraum der Handschrift bei Zusammengehörigem (57,12 fáuuen-féderon; 93,16 ében-mícheli), auch bei der Silbentrennung am Zeilenende (57,16/17 fûo-/zen; 93,2/3 line-/am). Gegen den heutigen Gebrauch getrennt oder zusammengeschriebenes Latein wird nicht verzeichnet.

Zur Interpunktion[48]

Wie sonst bei Notker kennzeichnet auch in dieser Schrift ein halbhochgestellter Punkt (z.B. 57,8 man·) - beim Schreiber β ist es meistens ein niedriggestellter (93,4 medium.) - die kleine Pause im Satzinnern und ein hochgestellter Punkt (57,8 nehôret· 93,5 finem·) die große Pause am Satzende. Die Schreiber ersetzten den hohen Punkt manchmal durch den halbhohen bzw. niedrigen (2,7 íst· 84,10 curię.). 40,21 (RHETORICE·) verdrängte der hohe Punkt den halbhohen.

Der Punkt kann hinter einer Überschrift (40,10/11 TEMPTANT 117,12 THALIA) und in einem Satzgefüge (44,9 líde_dôh 139,15/16 uuás_tô) fehlen. α setzte 10mal :- hinter eine Überschrift (3,6 UERSUS:-); bei β steht ; 6mal in, 5mal hinter einer Überschrift (115,10 ARUSPICINA; 115,11 TERPSICORE;).

Statt des halbhohen bzw. niedrigen Punktes begegnet das Zeichen ˊ 3mal bei α, 45mal bei β. Nach Sehrt und Starck hätte man damit einen hohen Punkt zu einem halbhohen korrigiert, während für Kelle ˊ eine suspensive Pause bezeich-

---

[48]Bischoff Sp. 438/439; Bruckner 2, S. 25, 28, 52 und 3, S. 27, 41; Hattemer 3, S. 262; Kelle I, S. 315; Piper II, S. 312, 321; Sehrt I, S. 334-336; Sehrt/Starck I/1, S. XVII-XIX; Steinmeyer S. 450; Zürcher S. 96/97, 99.

net. In 35 Fällen (bei α 2, β 33) steht das Zeichen tatsächlich zwischen den Gliedern eines Satzgefüges (18,16 rupes·́licet 146,8 uuı̂s·tén). Der Strich über dem hochgestellten Punkt wurde 92,14 (bei α) radiert; 111,11 (bei β) wurden Strich und Punkt radiert. β setzte 14mal ·⁾ (113,5 geuuâret·fóne) bzw. ·⁾ (152,9 stắpf·⁾Qui) hinter das Satzende. Kelle spricht in diesem Fall von einer distinktiven Pause; nach Sehrt und Starck dagegen wäre dadurch ein niedriger Punkt in einen hohen geändert worden. Alle Belege für Sonderinterpunktion werden übrigens im ersten Apparat verzeichnet, damit der Interessierte die Untersuchung weiterverfolgen kann.

⁀·wurde als Fragezeichen gesetzt (z.B. 57,19 ı̂st·⁀ 93,19 musicı̃s·). ⌠ trennt den Text von der Überschrift in der gleichen Zeile 2mal bei α (2,3 in ⌠MERCURII·) und 22mal bei β (100,21 EXHIBET·⌠catur 135,13 ducit ⌠CANTI).

Punkte und andere Zeichen dienen zur Korrektur und Tilgung (14,9 inslı̃hefe 10ʮ,19 radiᵘ̣s), Verweisung und Einschaltung (54,11a ꝼonuocantvr . . . cillenio·ᵇ ·uuóla 101,20 únde·befúnden), Abtrennung (11,14 frûotiǵelı̂ebta 121,7 ı̂rǫ́ǵót), Verbindung (42,14 iu‿getur 111,8 q‿uón) und Umstellung (35,20 dicente mercurio· 108,11 MVSICAE·DE).

U.a. deuten der sinnlos nach rechts geschobene Punkt hinter 68,22 êr und der versehentlich gesetzte hinter 136,14 állên an, daß die erhaltene Handschrift nicht das Original gewesen sein kann. Mit solchen Vermerken im ersten Apparat wie Punkt gehört bzw. ist zu tilgen hinter . . . . sucht der Herausgeber Notkers Interpunktion wiederherzustellen.

Zu den ausgerückten Satzinitialen[49]

Fiel der Satzanfang mit dem Zeilenanfang zusammen, so rückte β die Majuskel ab 97,6 (B) aus. Ausrückung kommt bei α nur 2mal vor (37,17 Á und 41,11 S).

Verschiedenes

Bis auf die Seitenzahl, die ohne J schon in der Handschrift angegeben ist, stammen die Randvermerke im Textteil dieser Ausgabe - Buchbezeichnung, Kapitelziffer, Verweis auf Dick/Préaux, Lutz und Piper, Zeilenzahl - vom Herausgeber.

Im ersten Apparat wird auf die Verse der lateinischen Dichtung, die in J nicht besonders bezeichnet sind, aufmerksam gemacht (so z.B. 3,6-5,5), wo-

---

[49] Kelle I, S. 315; Steinmeyer S. 450.

durch auch deren Verdeutschung zu verfolgen ist.

Bei einer Anmerkung wie der zu 57,17 (fúrk[un] auf Rasur) schließen die eckigen Klammern *un* von der Feststellung aus.

Die lateinischen Rekonstruktionen sind im Grunde von zweierlei Art. 2,9 vertritt *carthagine* die klassische Orthographie, wobei nicht zu leugnen ist, daß im Mittelalter *th* oft zu *t* vereinfacht wurde. 36,7 ersetzt *apollinei* das entstellte *apollininei* im Text.

LITERATUR- UND ABKÜRZUNGSVERZEICHNIS

ABAW	Abhandlungen der philosophisch-philologischen Klasse der Bayerischen Akademie der Wissenschaften
AfdA	Anzeiger für deutsches Altertum und deutsche Literatur
AhdSG	Das Althochdeutsche von St. Gallen. Texte und Untersuchungen zur sprachlichen Überlieferung St. Gallens vom 8. bis zum 12. Jahrhundert.
β	C.Bern. B56, ff. 7r-176v, Text des Martianus Capella, *libri I-IX*.
Baesecke	Georg Baesecke, Rez. von Weinberg, *Zu Notkers Anlautsgesetz*, AfdA 36 (1913), S. 237-240.
Beitr	Beiträge zur Geschichte der deutschen Sprache und Literatur
Bischoff	Bernhard Bischoff, „Paläographie", in: *Deutsche Philologie im Aufriß*, hrsg. von Wolfgang Stammler, 1 (Berlin ^{2}1957), Sp. 379-452.
de Boor	Helmut de Boor, *Die deutsche Literatur von Karl dem Großen bis zum Beginn der höfischen Dichtung 770-1170*, München ^{8}1971. (= *Geschichte der deutschen Literatur von den Anfängen bis zur Gegenwart* 1.) S. 109-119 zu Notker dem Deutschen.
Br	C.Brux. 9565/9566, ff. 13v-196v, Text des Martianus Capella, *libri I-IX*.
Braune/Eggers	Wilhelm Braune, *Althochdeutsche Grammatik*, 13. Aufl. bearb. von Hans Eggers, Tübingen 1975. (= Sammlung kurzer Grammatiken germanischer Dialekte A.5.)
Bruckner	*Scriptoria medii aevi helvetica. Denkmäler schweizerischer Schreibkunst des Mittelalters.*, hrsg. und bearb. von Albert Theophil Bruckner, bisher 11 Bde., Genf 1935 ff. 2/3 (1936, 1938): *Schreibschulen der Diözese Konstanz. St. Gallen I/II*.
Brunhölzl	Franz Brunhölzl, *Geschichte der lateinischen Literatur des Mittelalters*, 4 Bde., München 1975 ff. 1: *Von Cassiodor bis zum Ausklang der karolingischen Erneuerung*.
Calcoen	Roger Calcoen, *Inventaire des manuscrits scientifiques de la Bibliothèque Royale de Belgique*, 2 Bde., Brüssel 1965, 1971.
Clark	James Midgley Clark, *The Abbey of St. Gall as a Centre of Literature and Art*, Cambridge/England 1926.
D[ick/Préaux]	*Martianvs Capella (Martiani Minnei Felicis Capellae De nvptiis Philologiae et Mercvrii libri VIIII)* edidit Adolfvs Dick, addenda adiecit Jean Préavx, Stuttgart 1969 (Nachdr. der Ausg. Leipzig 1925 mit Ergänzungen). (= Bibliotheca scriptorvm Graecorvm et Romanorvm Tevbneriana.) S. 3-80: *libri I/II*; S. 80-535: *libri III-IX*.
Dolch	Alfred Karl Dolch, „Zu Notkers Brief an den Bischof Hugo von Sitten", ZfdA 90 (1960/61), S. 81-84.

Dümmler I	*St. Gallische Denkmale aus der Karolingischen Zeit*, hrsg. von Ernst Dümmler, 1859. (= Mitteilungen der antiquarischen Gesellschaft in Zürich 12/6.)
Dümmler II	Ders., „Ekkehart IV. von St. Gallen", ZfdA 14 (1869), S. 1-73.
Egli	*Der Liber Benedictionum Ekkeharts IV.*, hrsg. von Johannes Egli, St. Gallen 1909. (= MVG 31.)
Ehrismann	Gustav Ehrismann, *Die althochdeutsche Literatur*, München ²1932. (= *Geschichte der deutschen Literatur bis zum Ausgang des Mittelalters 1.*) S. 416-458 zu Notker dem Deutschen.
E-T	C.lat.Monac. 14792, ff. 1r-39v, Text des Martianus Capella, *libri I/II.*
Feigl	Friedrich A. Feigl, „Die Stellung der Satzglieder des Vollsatzes in Notkers Marcianus Capella", Jahresbericht des k.k. Stiftsgymnasiums der Benediktiner zu Melk 54-58 (1904-8), S. 3-92, 1-80, 1-78, 1-72 bzw. 1-36.
Graff I	*Althochdeutscher Sprachschatz oder Wörterbuch der althochdeutschen Sprache*, bearb. von Eberhard Gottlieb Graff, 6 Bde. und Index (von H.F. Maßmann), Hildesheim 1963 (unveränd. Nachdr. der Ausg. Berlin 1834-42, 1846).
Graff II	*Althochdeutsche, dem Anfange des 11ten Jahrhunderts angehörige, Übersetzung und Erläuterung der von Mart. Capella verfaßten 2 Bücher DE NUPTIIS MERCURII ET PHILOLOGIAE*, hrsg. von Graff, Berlin 1837.
Grimm	Jacob Grimm, *Deutsche Grammatik*, hrsg. von Wilhelm Scherer, Gustav Roethe und Edward Schröder, 4 Bde. und Register (von Karl Gustav Andresen, Göttingen 1865), Hildesheim 1967, 1971 (unveränd. Nachdr. der Ausg. Berlin 1870-78 und Gütersloh 1890-98). (= Documenta linguistica. Grammatiken des 19. Jahrhunderts.)
Hattemer	*Denkmale des Mittelalters. St. Gallens altdeutsche Sprachschätze.*, hrsg. von Heinrich Hattemer, 3 Bde., Graz 1970 (unveränd. Nachdr. der Ausg. St. Gallen 1844-49). 3 (= *Notkers des Deutschen Werke 2*), S. 257-372: Martianus Capella.
Hertenstein	Bernhard Hertenstein, *Joachim von Watt (Vadianus), Bartholomäus Schobinger, Melchior Goldast. Die Beschäftigung mit dem Althochdeutschen von St. Gallen in Humanismus und Frühbarock.*, Berlin und New York 1975. (= AhdSG 3.)
Hertz	*Prisciani grammatici caesariensis institvtionvm grammaticarvm libri XVIII*, hrsg. von Martin Hertz, 2 Bde., Leipzig 1855, 1859. (= *Grammatici latini*, hrsg. von Heinrich Keil, 2/3.)
Hoffmann	Paul Theodor Hoffmann, *Der mittelalterliche Mensch gesehen aus Welt und Umwelt Notkers des Deutschen*, Leipzig ²1937. Kap. 15: Die Hochzeit der Philologie.
Homburger	Otto Homburger, *Die illustrierten Handschriften der Burgerbibliothek Bern*, Bern 1962.
J	C.Sg. 872, S. 2-170, Notkers des Deutschen Bearbeitung vom Martianus Capella, *libri I/II.*

Karg-Gasterstädt	Elisabeth Karg-Gasterstädt, „Notker Labeo", in: *Die deutsche Literatur des Mittelalters. Verfasserlexikon.*, begr. von Wolfgang Stammler und fortgef. von Karl Langosch, 5 (Berlin 1955), Sp. 775-790.
Kelle I	Johann Kelle, Rez. von Piper, *Die Schriften Notkers und seiner Schule* 1, AfdA 9 (1883), S. 313-329. S. 314-318, 326-328 zum Martianus Capella.
Kelle II	Ders., „Verbum und Nomen in Notkers Capella", ZfdA 30 (1886), S. 295-345.
Kelle III	Ders., „Die philosophischen Kunstausdrücke in Notkers Werken", ABAW 18/1 (1888), S. 1-58.
Kelle IV	Ders., „Die S. Galler deutschen Schriften und Notker Labeo", ABAW 18/1 (1888), S. 205-280.
Kelle V	Ders., *Geschichte der deutschen Litteratur von der ältesten Zeit bis zum dreizehnten Jahrhundert*, 2 Bde., Berlin 1892, 1896. 1, S. 232-263 zu Notker dem Deutschen.
Knonau I	*Ratperti casus sancti Galli*, hrsg. von G. Meyer von Knonau, St. Gallen 1872. (= MVG 13.)
Knonau II	*Ekkeharti casus sancti Galli*, hrsg. von dems., St. Gallen 1877. (= MVG 15/16.)
Koegel	Rudolf Koegel, *Die endreimende Dichtung und die Prosa der althochdeutschen Zeit*, Straßburg 1897. (= *Geschichte der deutschen Litteratur bis zum Ausgange des Mittelalters* I/2.)
Kopp	*Martiani Minei Felicis Capellae, Afri Carthaginiensis, De nuptiis Philologiae et Mercurii et de septem artibus liberalibus libri novem*, hrsg. von Ulrich Friedrich Kopp, 2 Bde., Frankfurt/M. 1836.
Lehmann	*Mittelalterliche Bibliothekskataloge Deutschlands und der Schweiz*, hrsg. von der Bayer. Ak. der Wiss., 3 Bde., München 1969 (unveränd. Nachdr. der Ausg. 1918-62). 1: *Die Bistümer Konstanz und Chur*, bearb. von Paul Lehmann; S. 55-146 zur St. Galler Stiftsbibliothek.
LeMoine	Fanny LeMoine, *Martianus Capella. A Literary Reevaluation.*, München 1972. (= Münchener Beiträge zur Mediävistik und Renaissance-Forschung 10; Diss. Bryn Mawr 1968.)
Leonardi	Claudio Leonardi, „I codici di Marziano Capella", Aevum 33 (1959), S. 443-489 und 34 (1960), S. 1-99, 411-524.
Luginbühl	Emil Luginbühl, *Studien zu Notkers Übersetzungskunst*, mit einem Anhang: *Die altdeutsche Kirchensprache*, Berlin 1970 (unveränd. Nachdr. der Ausg. [Diss. Zürich] Weida/Thür. 1933 und St. Gallen 1936). (= AhdSG 1.)
Lutz I	*Iohannis Scotti annotationes in Marcianum*, hrsg. von Cora E. Lutz, Cambridge/Massachusetts 1939. (= Publications of the Mediaeval Academy of America 34.)

Lutz II	Dunchad. *Glossae in Martianum.*, hrsg. von ders., Lancaster/Pennsylvania 1944. (= Monographs of the American Philological Association 12.)
L[utz III]	*Remigii Autissiodorensis commentum in Martianum Capellam, libri I-II, libri III-IX*, hrsg. von ders., Leiden 1962, 1965.
Manitius	Max Manitius, *Geschichte der lateinischen Literatur des Mittelalters*, 3 Bde., München 1965 (unveränd. Nachdr. der Ausg. 1911, 1923, 1931). (= Handbuch der Altertumswissenschaft 9/2, 1-3.)
Manthey	Willy Manthey, *Syntaktische Beobachtungen an Notkers Übersetzung des Martianus Capella*, Diss. Berlin 1903.
Mütherich	Florentine Mütherich, „,De Rhetorica'. Eine Illustration zu Martianus Capella." in: *Festschrift Bernhard Bischoff*, hrsg. von Johanne Autenrieth und Franz Brunhölzl, Stuttgart 1971, S. 198-206.
MVG	Mitteilungen zur vaterländischen Geschichte, hrsg. vom Historischen Verein des Kantons St. Gallen.
Naumann	Hans Naumann, *Notkers Boethius. Untersuchungen über Quellen und Stil.*, Straßburg 1913. (= Quellen und Forschungen 121.) S. 30/31: Exkurs zum Martianus Capella.
Nc	Notkers des Deutschen Bearbeitung vom Martianus Capella, *libri I/II*, C.Sg. 872, S. 2-170.
NL	*Notker latinus* zum Martianus Capella, Sammlung der von Notker dem Deutschen benutzten Quellen.
N-T	C.lat.Monac. 14271, ff. 2r-11r, Text des Martianus Capella, *libri I/II*.
Ochs I	Ernst Ochs, *Lautstudien zu Notker von St. Gallen (zum Oberdeutschen des 11. Jahrhunderts)*, Diss. Freiburg/Br. 1911.
Ochs II	Ders., „Zweierlei Notker?" Beitr 38 (1913), S. 354-358.
Penzl	Herbert Penzl, „Zur Erklärung von Notkers Anlautgesetz", ZfdA 86 (1955), S. 196-210.
Pestalozzi	Rudolf Pestalozzi, „Urdeutsch *k* bei Notker", Beitr 41 (1916), S. 129-162.
P[iper I]	*Die Schriften Notkers und seiner Schule*, hrsg. von Paul Piper, 3 Bde., Freiburg/Br. und Tübingen 1882/83. (= Germanischer Bücherschatz 8-10.) 1, S. CLXXVI-CLXXXVII, 685-847: Text des Martianus Capella mit Lesarten.
Piper II	Ders., „Aus Sanct Galler Handschriften. III." Zeitschrift für deutsche Philologie 13 (1882), S. 305-337, 445-479. S. 316-322 zum Martianus Capella.
Préaux I	Jean-G. Préaux, „Le commentaire de Martin de Laon sur l'oeuvre de Martianus Capella", Latomus 12 (1953), S. 437-459.
Préaux II	Ders., „Un nouveau texte sur la Vénus androgyne", Annuaire de l'Institut de Philologie et d'Histoire Orientales et Slaves 13 (1955; *Mélanges Isidore Lévy*), S. 479-490.
Préaux III	Ders., „Un nouveau manuscrit de Saint-Gall: le *Bruxellensis* 9565-9566", Scriptorium 10 (1956), S. 221-228.

de Rijk	L.M. de Rijk, „On the Curriculum of the Arts of the Trivium at St. Gall from c. 850 - c. 1000", Vivarium 1 (1963), S. 35-86.
Schatz I	Josef Schatz, „Althochdeutsche Doppelformen schwacher Verba", in: *Germanica. Eduard Sievers zum 75. Geburtstage.*, Halle/S. 1925, S. 353-379.
Schatz II	Ders., *Althochdeutsche Grammatik*, Göttingen 1927.
Scherrer	Gustav Scherrer, *Verzeichnis der Handschriften der Stiftsbibliothek von St. Gallen*, Hildesheim und New York 1975 (unveränd. Nachdr. der Ausg. Halle/S. 1875).
Schieß	Traugott Schieß, *Beiträge zur Geschichte St. Gallens und der Ostschweiz*, St. Gallen 1932. (= MVG 38.) S. 246-284: Zu Goldasts Aufenthalt in St. Gallen (am 3. März 1903 gehaltener Vortrag, zuerst gedruckt in der Zeitschrift für die Geschichte des Oberrheins NF 32 [1917], S. 241-282).
Schulte	Karl Schulte, *Das Verhältnis von Notkers Nuptiae Philologiae et Mercurii zum Kommentar des Remigius Antissiodorensis*, Münster/W. 1911. (= Forschungen und Funde 3/2.)
Sehrt I	Edward Henry Sehrt, „ze-zuo in Notker", Journal of English and Germanic Philology 35 (1936), S. 331-336. S. 334-336 zur Interpunktion.
Sehrt II	*Notker Glossar. Ein althochdeutsch-lateinisch-neuhochdeutsches Wörterbuch zu Notkers des Deutschen Schriften.*, zusammengest. von Sehrt, Tübingen 1962.
Sehrt/Legner	*Notker-Wortschatz*, das gesamte Material zusammengetr. von Sehrt und Taylor Starck, bearb. und hrsg. von Sehrt und Wolfram Karl Legner, Halle/S. 1955.
Sehrt/Starck I	*Notkers des Deutschen Werke*, hrsg. von Sehrt und Starck, 3 Bde., Halle/S. 1 (Altdeutsche Textbibliothek 32-34, 1933/34): *Boethius, De consolatione Philosophiae*. 2 (ATB 37, 1935): *Marcianus Capella, De nuptiis Philologiae et Mercurii*. 3 (ATB 40, 42/43, 1952, 1954/55): *Der Psalter nebst Cantica und katechetischen Stücken*, hrsg. von Sehrt.
Sehrt/Starck II	Dies., „Zum Text von Notkers Schriften", ZfdA 71 (1934), S. 259-264.
Sehrt/Starck III	Dies., „Notker's Accentuation of the Prepositions an, in, mit", Modern Language Notes 51 (1936), S. 81-86.
Sonderegger	Stefan Sonderegger, *Althochdeutsch in St. Gallen*, St. Gallen 1970. (= Bibliotheca Sangallensis 6.) Kap. 7: Notker der Deutsche.
Stahl	William Harris Stahl, „To a Better Understanding of Martianus Capella", Speculum 40 (1965), S. 102-115.
Stahl/Johnson/Burge	Ders., *Martianus Capella and the Seven Liberal Arts*, 2 Bde., New York 1971, 1977. 1: *The Quadrivium of*

	Martianus Capella. Latin Traditions in the Mathematical Sciences 50 B.C. - A.D. 1250., with a Study of the Allegory and the Verbal Disciplines by Richard Johnson and Evan L. Burge. 2: *The Marriage of Philology and Mercury*, ins Englische übertr. und mit Anmerkungen versehen von Stahl, Johnson und Burge; S. 3-63: *libri I/II*, S. 64-382: *libri III-IX*. (= Records of Civilization: Sources and Studies 84.)
Steffens	*Lateinische Paläographie*, hrsg. von Franz Steffens, 3 Bde., Freiburg/Schw. 1903. 2: *Entwicklung der lateinischen Schrift von der Zeit Karls des Großen bis zum Ende des XII. Jahrhunderts.*
Steinmeyer	Elias Steinmeyer, „Sangallensia", ZfdA 17 (1874), S. 431-504, 18 (1875), S. 160. S. 450, 464-474, 504, 160 zum Martianus Capella.
Wackernagel	Wilhelm Wackernagel, *Geschichte der deutschen Litteratur. Ein Handbuch.*, 2. Aufl. besorgt von Ernst Martin, 2 Bde., Basel 1879, 1894. (= Deutsches Lesebuch 4/1-2.) 1, S. 100-104 zu Notker dem Deutschen.
Weidmann	Franz Weidmann, *Geschichte der Bibliothek von St. Gallen seit ihrer Gründung um das Jahr 830 bis auf 1841*, St. Gallen 1841.
Weinberg	Israel Weinberg, *Zu Notkers Anlautsgesetz*, Tübingen 1911. (= Sprache und Dichtung 5.)
Weßner	Paul Weßner, „Martianus Capella", in: *Paulys Realencyklopädie der classischen Altertumswissenschaft*, neue Bearb. begonnen von Georg Wissowa, fortgef. von Wilhelm Kroll und Karl Mittelhaus, hrsg. von Konrat Ziegler u.a., 14/2 (Stuttgart 1966; unveränd. Nachdr. der Aufl. 1930), Sp. 2003-2016.
Willis	James Alfred Willis, *De Martiano Capella emendando*, Leiden 1971. (= Mnemosyne. Bibliotheca classica Batava. Supplementum 18.)
Winterfeld	*Poetae latini aevi Carolini*, hrsg. von Paul von Winterfeld, Berlin 1899, 1923. (= Monvmenta Germaniae historica, Poetarvm Latinorvm medii aevi, tomi IV fascicvlvs I.)
ZfdA	Zeitschrift für deutsches Altertum und deutsche Literatur
Zürcher	Josef Zürcher, *Graphetik - Graphemik - Graphematik unter besonderer Berücksichtigung von Notkers Marcianus Capella*, Diss. Zürich 1978.

Text
mit
Lesarten

MARTIANI MINEI FELICIS CAPELLĘ AFRICARTAGINEN-
SIS . LIBER PRIMUS INCIPIT . DE NUPTIIS PHILOLOGIĘ . ET

Remigius lêret únsih tîsen auctorem in ╔MERCURII.
álenámen uuésen gehéizenen martianum . únde mineum
5 úmbe sîna fáreuua . felicem úmbe héilesôd . capellam úmbe sînen
uuássen sîn . uuánda capra apud grecos dorcas a uidendo
gehéizen íst . Áber dîse fîer námen óugent úns .
táz er romanus uuás dignitate . dóh er búrtîg
uuâre fóne cartagine dîu in africa íst . Sô má-
10 nige námen nemûoson ándere hában . âne ro-
mani ciues. Romani ciues hîezen béide . ióh sélben
die búrgliute . dâr gesézzene . ióh tie ánderes-uuâr
gesézzene . mít íro ge-édele . álde mít íro túgede . álde
mít íro scázze úmbe sie gefréhtoton . táz sie in íro
15 dignitatem gâben . únde sie romani ciues hîezen. Pe
dîu chád lisias in actibus apostolorum. Ego hanc ciuitatem mul-
ta summa consecutus sum. Tía dignitatem mág ké-eiscôn dér
suetonium líset . de uita cæsaris augusti. Táz er mercurium
ságet kehîien ze philologia . mít tíu lêret er únsih . dáz
20 io uuízze súlen sîn mít kespráchi . únde réda netóug .
târ uuízze nesínt . Ze déro ságûn bítet er hélfo . ún-
de héilesodes himeneum . dén álte líute hábeton fúre

---

2 PRIMUS] P aus R rad. 8 dignitate] e aus o korr. 10 *nemûosôn 11/12
2mal íoh 12 *búrglíute 12/13 2mal gesézzeⁿᵉ; *gesézene 12 *tîe 14
úmbe sie ge auf Rasur von gefréhtoton; *gefréhtotôn *ín 15 hîezent] t
rad. 17 *Tía *keéiscôn 19 kehîien; *kehíen [philo]logia. auf Rasur
von sophia *táz 20 uuízé 22 *héilesôdes *hábetôn Punkt gehört
hinter 9 cartagine, 17 ké eiscôn. Punkt ist zu tilgen hinter 12 búrglíu-
te, 13 gesézzene. Halbhoher Punkt steht hinter 7 íst.

1/2 *AFRICARTHAGINIENSIS 6 grecos, nicht etwa *gręcos, denn Notker gibt
graec- regelmäßig durch grec- wieder. 9 *carthagine 16 *lysias 18
*cęsaris 22 *hymenęum

hígot . únde fúre máchare állero natûrlichero míteuuíste.
Tén grûozet er nû ze êrist án demo prohemio . sámo-so sîn fríun-
den qu͜edam satira fúre ín spréche. Áber satiram súln uuír fér-
nemen día deam . díu dien poetis in-geblíes satirica carmina.
5 Nû fernémen uuáz sî chéde.   S A T I R A   I N   H O N O R E   H I M E-
N E I   H O S   P R͜E C I N I T   U E R S U S .   *Tu quem psallentem tha-*
lamis . quem matre camena progenitum perhibent . copula sa-
cra .i. nati per copula sacra . *deum.* Himenee chît tiu satira .
dú bíst tér . dén diu chínt tero góto ságent síngenten .
10 dáz chît quónen ze͜ síngene in dien brûtechémanaton .
únde dén síe chédent sîn dero sáng-cúttenno sún . uuán-
da dû sólih sángare bíst. Tû bíst ter dén uirgilius héi-
zet *amorem . filium ueneris.* Fóne démo ér chît . *omnia*
uincit amor. Tû tûost uuónên dîngolih ze án-
15 dermo. *Qui stringens* .i. *stringis pugnantia se-*
mina . archanis uinclis. Tie rîngenten sâmen . dáz
chît quatuor elementa . duîngest tû mít tóugenên
bánden. *Et foues sacro complexu dissona nexa.* Únde dû stâ-
tist íro úngelíchen nústâ . mít cótelíchemo gehîleiche.
20 Dáz chît . tû stâtist íro gehîleih mít úngelíchemo bán-
de. *Namque ligas* .i. *compescis elementa uicibus . mundumque maritas.*
Hérton gestíllest tû díu uuéter . íh méino gehéi . únde

---

1 *hîgót *Das Pergament ist an der Ecke abgenagt, so daß* 1 míteuuist:: *und*
2/3 fr:::/den *vier Buchstaben, zwei Akzente und ein hoher Punkt fehlen.* 2
*êrest 3/4 *súlen uuîr fernémen 4 *ín 5 *fernémên 6 UERSUS!- 3,6-5,5
lat. Text in Versen 9 *dû *díu 10 *keuuónen *síngenne *brûtechémenâ-
tôn 11 *síe *cútenno 12 dû] *Zkfl. aus Akut korr.* *tér 13 *ueneris .
fóne   *Hinter* 13 om nia] om, 14 án, 15 se, 16 dáz *altes Loch im Pgm.*   14
*dîngolîh 17 duîngest] uî *auf Rasur* 18-20 *2mal* *stâtest 19 úngelíchen]
*ich anrad.; *úngelíchen *gehîléiche 20 *Táz *gehîléih *úngelíchemo
22 *Hértôn   *Punkt gehört hinter* 3/4 férnemen, 5 fernémen, 12 ter. *Punkt
ist zu tilgen hinter* 15/16 semina, 19 nústâ.

---

2 *pro͜emio   5/6 *HYMEN͜EI   8 *Hymen͜ee   16 *arcanis   18 Et foues] com-
plexuque D L Br β N-T E-T

gerégene . únde mít tíu gebérhaftôst tû dia uuérlt. Úbe   J4
diu hérta neuuâre . sô ne-bâre diu érda. *Atque auram mentis*
.i. spiritum uitę . corporibus socias. Tû gíbest tien líchamon líbhaf-
ti. *Foedere complacito sub quo natura iugatur*. Mít líebsamero
5 gezúmfte . mít téro des cómenes únde dero brûte natura
gesíppôt uuírt. *Sexus concilians . et sub amore fidem*. Ín ún-
de sía gemínne tûonde . únde tríuua mít mínnôn
stérchende. *O himenee decens . qui maxima cura es ci-*
pridis. Uuólge nû uuólge . dû zímigo hímachare . tû dínero
10 muoter zéizesto bíst . in papho ciuitate cypri sízzentero.
Nam hinc tibi flagrans cupido micat ore. Dáz skínet tir ána .
uuánda dánnan bíst tu sô únder ôugon brínnende níet.
Fóne dír chád sí. Nate mee uires mea magna po-
tentia solus. *Tibi .s. perhibent placuisse cantare*
15 *choreas ad thalamos*. Tíh ságent sie gérno síngen
diu brûte-sáng. Apollinis lóbe-sáng héizent cho-
reę . quia ipse pręest choris. Ér méinet áber híer epithalami-
a . dáz chít *nuptialia carmina* . déro iû síto uuás. *Seu quod bachus tibi pa-*
ter est. Táz íst tir gesláht. Sô iz tánnan sí . dáz tir uuíngot
20 tín fátir íst. Uuánda uuín máchot kelúste. *Seu genitricis*
habes . comere florentia limina . uernificis sertis. Álde fóne
dínero mûoter sláhet tíh ána . daz hûs ze blûomonne mít

Wegen des beschädigten Pergaments fehlt 1 gerégene] geré, *ist nur noch der un-*
tere Teil von 2 diu sichtbar; *Graff I/2, Sp.441 und Kelle II, S.327, Anm.9 re-*
konstruieren dat.sg.m. *régene, *aber die Stelle erfordert acc.sg.n.* *gerégene.
1 *gebérehàftôst   2 hærta] e *aus* a *korr*.   3/4 *líchamôn líbhâfti   4 *líebsá-
mero   7 *sía tuônde   7/8 ster/stérchende] ster *rad*.   8/9 cipídis   9 *zímigo
hímáhare; *hímáchare   10 *mûoter   11 *Táz   *tír   12 *dánnân   *ôugôn   *Vor*
13 Fó ne] ne, 14 tentia, 15 choreas, 16 diu *altes Loch im Pgm*.   18 ·carmina
übergeschr.   *íu   19 tir¹] *tír   *tánnân tir²] *ter   *uuíngót   20 *fáter
*máchôt   22 *sláhet   *blûomônne *Unten auf der Seite die Federprobe* anima *rad*.
Punkt gehört hinter 4 complacito, 13 Nate *und* uires. *Punkt ist zu tilgen hin-*
ter 21 limina.

---

4 *Fędere   8 *hymenęe   8/9 *cypridis   13 *mę   18 *bacchus   20 *genetricis

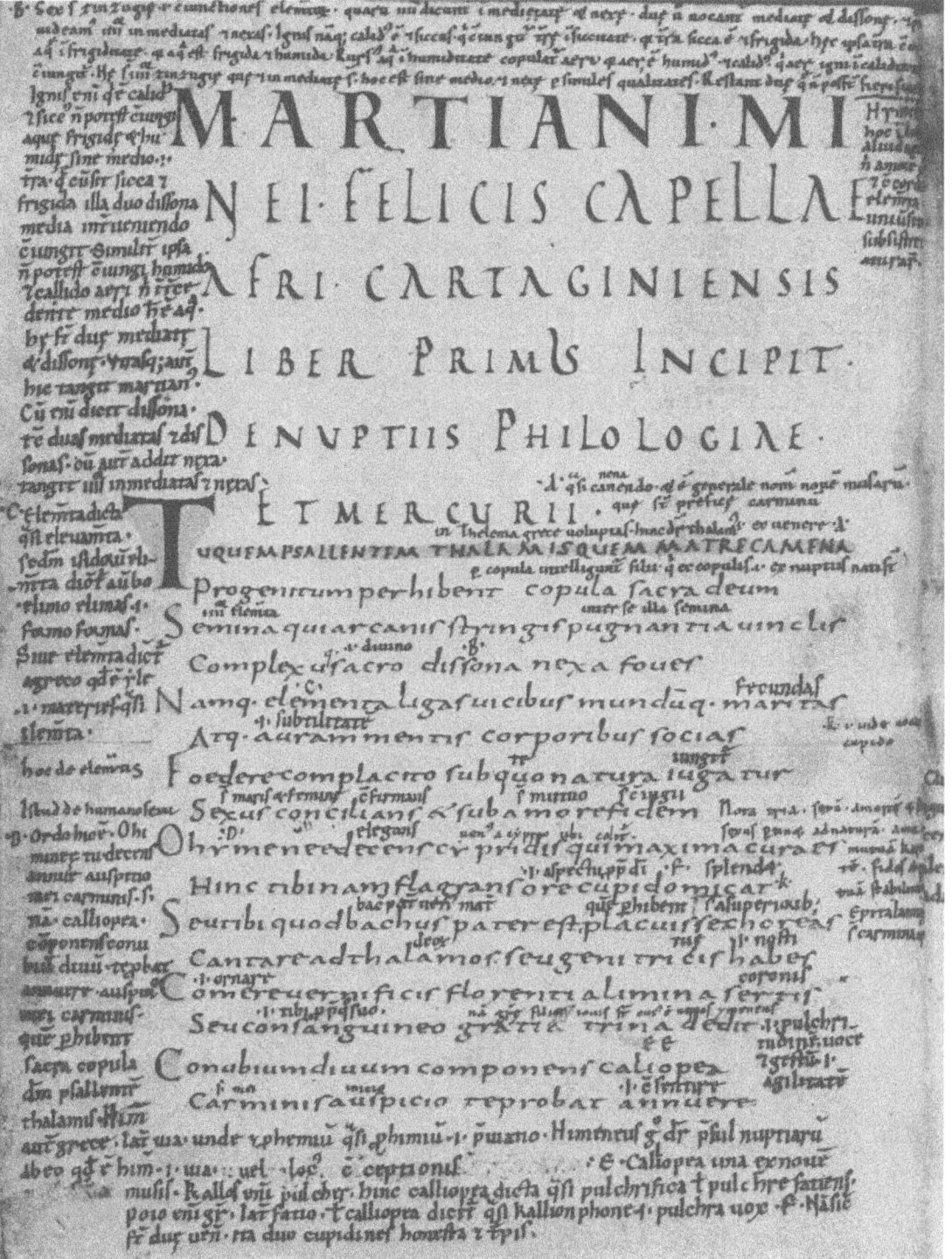

Aus dem Codex Bruxellensis 9565/9566 (*Br*), Text des Martianus Capella
mit Rand- und Interlinearglossen aus Remigius von Auxerre, f. 13v
Service photographique, Bibliothèque Royale Albert Ier, Bruxelles

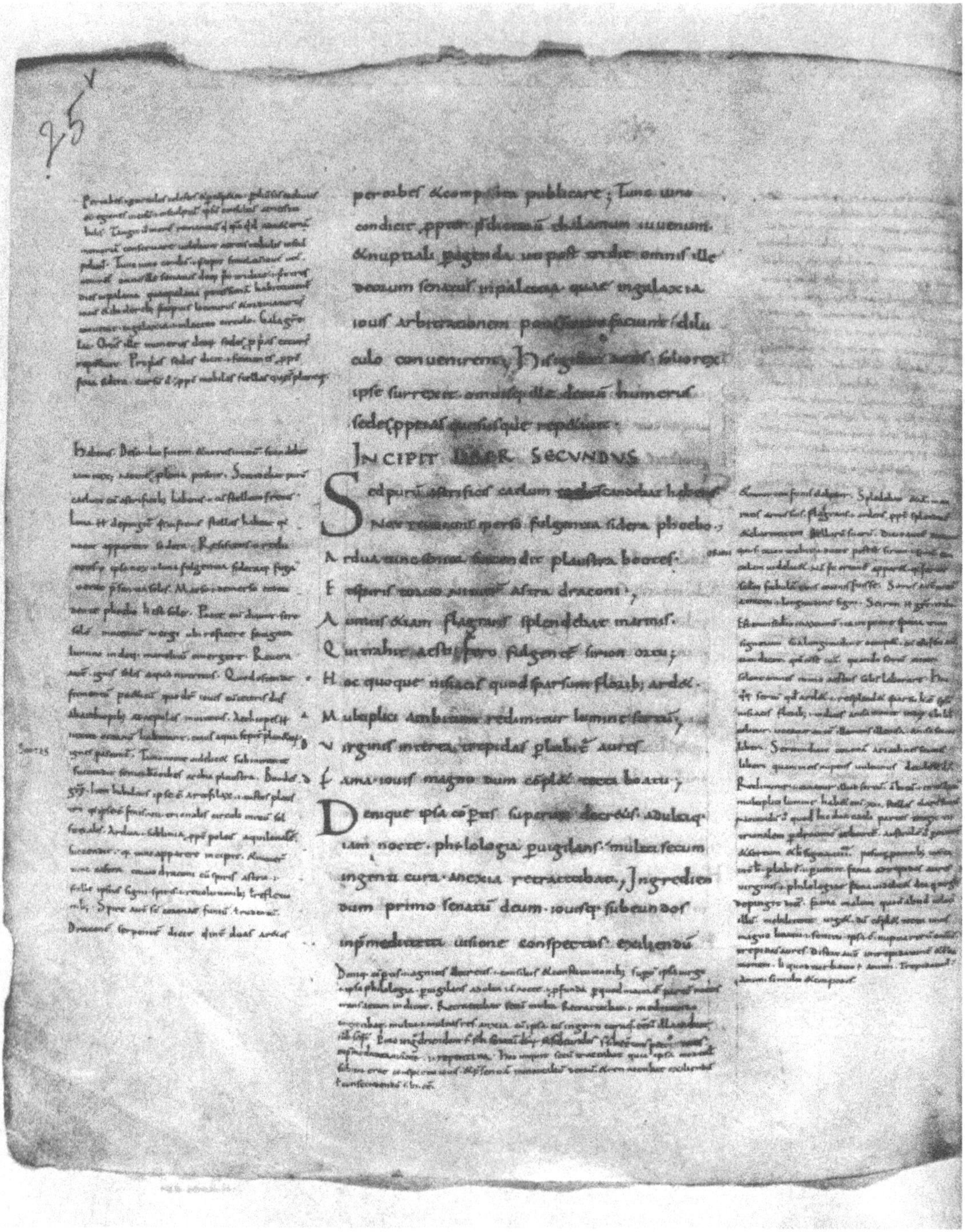

peroibet decompositis publicare; Tunc uni
condicere apperit philomatia thalamum iuuenum
& nuptiali pagenda, uti post ordinem omnis ille
deorum senatus cipalocus, quare singulas ea
iouis arbitrationem panditas faciunt, sedilu-
culo conuenirent, His igitur actis solo rege
ipse surrexere, omnesque deum humoris
sedes oppetas quisquisque repedarunt;

INCIPIT LIBER SECUNDUS

Sed puriter orificos caelum radiat candidus lucifer
Nox recumbit perso fulgentia sidera phoebo;
Ardua micantium lucem die plaustra boötes
Esperiis uaria nimium astra draconis;
Lucinis oceani flagrantis splendescit marinis.
Qui trahis aestifero fulgens et sirion ortu;
Hoc quoque uiscant quod sparsim floribus ardet
Multiplici ambitione redimitur luminis sertis,
Virginis micteras, trepidae plaudebat aures
Famaque iouis magno cum copule ioca beatis;

Denique post corpus superum decreto adulesce-
iam nocte philologia puigitans multa secum
ingenii cura nexea retractabat, Ingredi-
dum primo senatu deum iouisque subeundos
in medietate uisione conspectus exhibendum

(marginalia and interlinear glosses surrounding the main text, largely illegible)

lénziskên blûomon . díe óuh kelúste récchent. *Seu gratia .i. soror ue-* J5
neris dedit tibi consanguineo trina .s. dona .i. pulchritudinem . uocem . et
gestum. Álde dín mûoma gáb tír drí géba . díe ze mínnesami zíhent .
íh méino scôni . únde stímma . únde gebarda. *Caliopea componens*
5 *conubium diuum probat te annuere auspicio carminis.* Sélbiu diu sáng- P691
cúten díu dero góto gehíleih scáfôt . tíu lóbet tíh ze demo héile-
sode des sánges. MEDITATIONEM PATRIS FILIUS SCRUTATUR. 2.
C*um crebrius cano istos hymenei uersiculos . nescio quid moli-* D4,5 L70,9
ens inopinum intactumque. Tô íh tícchost álso míh tiu satyra
10 lêrta díse uérsa sáng fóne himeneo . ne-uuêiz .s. uuánda íh peripa-
theticus pín . uuáz únchundes fórderônde . únde úngehánde-
lotes. Dáz chît er . uuánda peripathetici ne-uuéllen níehtes quís sîn.
Non perferens martianus respersum uerticem capillis albicantibus . et de-
curiatum incrementis lustralibus aggarrire ineptas nugulas . inter-
15 *uenit dicens.* Mín sún ándonde daz mín grâuua hóubet . únde
fóne áltere zítigez ze dero curia . kérmenon chíndislíche ín-
uuíhthéit . pechám er mír sús chédende. *Quid istud mi pater . quod non-*
dum uulgata materie cantare deproperas? Uuáz sángo íst táz fá-
ter mín . táz tû sô ferhóleno síngest? Tû ne-ságest uuáz iz sî .
20 dôh tu iz síngest. *Et priusquam fores aditumque reseraris gimnologi-*
sis ritu nictantis pontificis. Únde dáz tú síngest êr dû ze tú-
ron chómêst . nâh témo síte des uuácheren bíscofes. *Quin*

---

1 *blûomôn 1, 3 *2mal* *díe 2 .s. don[a] *auf Rasur von* dona 3 *tír *gébâ
gebarda
*mínnesámi 4 geuuúrftígi; *gebârda 5 *Sélbíu 6 cútten] t¹ *rad.* *ge-
híléih scáffôt *lóbèt *bzw.* *lóbôt 6/7 *démo héilesôde 7 SCRUTATUR!·
8 canœ] o *aus* a *korr.;* a² *anrad.* 9 *tícchôst 10 *neuuêiz 11 *únchúndes
11/12 *úngehándelôtes 12 *Táz *kuís 15 *ándônde 16/17 *kérmenôn chín-
desliche ínuuíhthéite 19 *ferhólno 20 *síngêst 20/21 gimnologisis] Akz.
rad. 21 *pontifícis? tú] *tû 21/22 *túrôn 22 *bíscofes? *Unten die Fe-*
derprobe an[ima] *rad.* *Punkt gehört hinter* 5/6 sáng cúten, 9 tícchost, 10
lêrta, 14 lustralibus, 19 ne ságest, 20 reseraris, 21 síngest. *Halbhoher*
Punkt steht hinter 4 geuuúrftígi, 11/12 úngehándelotes.

---

4 *Calliopea 8 Cum] *Dum *nach* D Br β N-T E-T *hymeneï 9 satyra *bzw.* *sa-
tira 10 *hymeneo 10/11 *peripateticus 12 *peripatetici 13/14 et decuri-
atum] incrementisque D Br β N-T E-T 20 *adytumque 20/21 *gymnologisis <
γυμνολογύζεις *,philospharis, ratiocinaris, sermocinaris' nach* L Br β N-T
E-T *bzw.* *hymnologizeis = ὑμνολογύζεις *,cantas' nach* D 21 pontifícis] *an-*
tistitis *nach* D L Br β N-T E-T

potius edoce quid apportes . et reuelato quorsum prędicta sonuerint. J6
Nû ne-hîl iz . nûbe ságe uuáz tú líudoest . únde uuára daz sáng hél-
le. FATETUR SE NUPTIAS DEORUM PATER MEDITARI. 3. P692
   N*e tu inquam desipis*. Ne-uuéist tu iz tánne na . chád íh? D4,13 L70,27
5   *Et noscens egiriminon perspicui operis creperum sapis?* Únde
sîd tu uuéist taz mâra uuérh egeriminon .i. resurrectionum . sólt tu is
tánne zuíuelôn? Táz íst éin bûoh apud grecos kescríbenez fóne
dero apothesia . dáz chît fóne dero deificatione . uuánda iz ságet
uuîo ménnisken ze góten uuérdên. *Nec liquet himeneo pręlibante*
10 *disposita nuptias resultare?* Únde ne-bechénnest tu dáz íh fó-
ne nuptiis uuîle ságen . himeneo díu sáng fóre-síngentemo . díu
dára-zû benéimet sînt? *Si uero properus scrutator inquiris con-*
cepta .s. carmina . cuius scaturriginis uena profluxerint. Úbe dú
áber gnôto fórscôst ûzer uuélero ídun síu ersprúngen sîn. *Ex-*
15 *plicabo tibi fabellam ní prolixitas perculerit . quam edocuit satyra com-*
miniscens mecum lucernas marcescentes hiemali peruigilio. Sô sá-
go íh tir daz spél . léngi ne-benéme mir iz . tánnan síu ersprún-
gen sînt . dáz míh lêrta díu satyra . míh inchúnnende sámo-so
díu tímberenten náhtlîeht fóne dero uuînterlîchun dúruua-
20 cho. EXEMPLIS CĘTERORUM DEORUM . ET MATRIS INSTINCTU . CIL- 4.
LENIUM UELLE UXOREM.   C*um undique inter deos fie-* D5,1 L71,17
rent sacra coniugia procreationis numerosę . liberique pręclues . ac

---

2 *tû líudoêst   3 MEDITARI:-   4 *desipis?   uuéist] uuéi *auf Rasur von*
uuest   *na?   *ih.   6 is] s *auf Rasur von* z   7 *zuíuelôn   9 *uuîo góte^n
Nec] ec *auf Rasur von* óh   12 *zûo   13 profluxerit^n *dû   14 *ídûn 14,
17 2*mal* *síu   15 sysatyra] sy *rad.*   17 *tír dáz   benéme] 1. *Akut rad.*
*mír   *tánnân   18 *táz *gegenüber* *Táz *nach Weinberg S.* 9   19 *díu 19/
20 *uuînterlíchûn dúrhuuácho   21 UXOREM:-   *Punkt gehört hinter* 1 edoce,
2 ságe, 8 ságet, 9 liquet, 10 disposita *und* tu, 12 inquiris, 14 fórscôst,
15 fabellam *und* satyra.

---

5 Et] *Admodumque *nach* D Br β N-T E-T   5/6 2*mal* *egerimion < ἐγειρομένων
gen.pl.m. ‚der Auferstehenden' nach L Br β N-T E-T *bzw.* *egersimon = ἐγερ-
σύμων (ὕπνων) *gen.pl.m. ‚der Auferstehungen' gegenüber* ἐγέρσιμον *nom.sg.n.* D
8 *apotheosia *bzw.* *apotheose   9, 11 2*mal* *hymenęo   13 *scatur(r)iginis
15, 18 2*mal* satyra *bzw.* *satira   20/21 *CYLLENIUM   21 *hinter* UXOREM] *DU-
CERE

nepotum dulcium ętheria multitudo. Suspensio uocis. Tánne únder dien   J7
góten íu in állen sínt tes hímelis uuúrtîn héilige gehîleiche . únde   P693
dánnan uuúrtîn édeliu chínt . ióh mínnesamero néfôn hímiliskiu
mánigi. *Et inter se potirentur quodam complexu ac foedere cælicola-*
5 *rum.* Et hic. Únde sie síh ál ze-sámine gehálset únde ge-zúmftet hábetîn .
sô der hímil-bûon hálsen gétân mág sîn. *Pręsertimque potissimos*
conubialis bearet adiectio. Et hic. Únde die námohaftîsten mêist
kesâligoti díu gehîleihlîcha mêrunga. *Et id deditum mundo loquax*
humanitas triuiatim dissultaret. Et hic. Únde dia géba de-
10 ro uuérlte gelâzena . uuîto mârti díu gezúngela ménnisghéit.
Et poetę pręcipue . secuti euagrium cytharistam . et suauiloquam senec-
tutem cęcutientis meonii . epica liricaque pagina consonarent. Et
hic. Únde állero méist tie poetę nâh euagrio fáhende demo
citharista . únde nâh témo sûozen gechôse des álten blínden
15 meonii . mít lóbesamero . únde mít mísseliutigero pagina
daz ságetin. *Nec aliquid loquerentur ioui inter ętherias uolupta-*
tes dulcius una coniuge. Et hic. Únde sie ságetin níeht líe-
beren uuésen ioui únder dien hímel-uuúnnon . dánne
dia uuîniun. *Hisque accederet promptior fides.* Et hic. Únde
20 ín dés iáhe díu guíssagiôra fides. *Quę suadente aruspicio*
grandeuos pontifices in testimonium conuocat . cum quid iupiter ho-
minum uotis trepida curarum ambage suspensis multa in-

---

1 Tánne︵únder] ⌣ *zur Abtrennung*   2 *íu   *hímeles   gehîleiche] *Zkfl. auf*
Rasur eines älteren Zkfl.; *gehîléiche   3 *dánnân   *édeliu   *mínnesámero
*hímeliskíu   6 *hímel bûon   *getân   7 *námoháftesten méist   8, 10, 20 *3mal*
*díu   8 *gehîléihlicha   9 humaníttas] i¹ *aus* t *korr.; it rad.;* ̅ *zur Verbin-*
dung   10 *ménnisghéit   11 sécuti]ͤ e¹ *auf Rasur; übergeschr.* e *rad.*   12 con-
sonarænt] a¹ *aus* o *korr.;* a² *rad.*   15 *lóbesamͤero   *mísseliutigero   16 *dáz
ságeti[n] *auf Rasur;* 16/17 *2mal* *ságetîn   16 ͪęrias   18 *uuúnnôn   19 *uuî-
niûn   20 íah[e] *auf Rasur* *guíssera nach Kelle II, S. 341, Anm. 15* suaden-
tͤ·   22 trepidá] & *rad. Unten die Federprobe* anima anima anrad. *Punkt ge-*
hört hinter 13 poetę. *Punkt ist zu tilgen hinter* 10 gelâzena. *Halbhoher*
Punkt steht hinter 4 mánigi.

---

4 *fędere   4/5 *cęlicolarum   8 Et id *bzw.* *Idque   Zu debitum] *deditum*
nach D L Br β N-T E-T *siehe Schulte S. 103.*   11 Et poetę *bzw.* *Poetęque *ęa-
grium   *citharistam   11/12 et suauiloquam] cęcutientisque D Br β N-T E-T
12, 15 *2mal* *męonii   12 *lyricaque; *davor* *uulgo   13 *ęagrio   20 aruspicio
bzw. *haruspicio   21 *grandęuos   *iuppiter   22 ampage

placabilis hostia denegaret . exorata eius matrona prouenire. J8
Díu fóne ópfer-uuízegungo álte bíscofa dés ze úrchunde zôh .
souués iuppiter dero líutô fléhôn in ángisten únde in zuíuel-
heiten mániges frískinges nerûochender erzígen hábeti .

5 fóne dero fróuuun uuírde dáz geskéhen. *Et quicquid ille dic-
taueritt ex prompta sententia . asseruante pugillo parcarum .* P694
delinitum amplexibus suade coniugis . iussuque remouere. Et hic. Ún-
de souuáz er fréisiges kespróchen hábeti ze tûonne . dero
brîeuaron scrífte dáz kehalténtero . fóne dero chénun hál-
10 senne . ín dés eruuánten uuésen . únde daz ferbíeten. *Nec so-
lum superum regem attestabatur .s. fides uxorium . idque etiam diti propositum .
idque portuno . certumque esse gradiuum torreri amore coniugis neri-
enis nerinę. Et hic.* Únde níeht éin chád si . dén hímel-chú-
ning uuínegernen . núbe daz óuh in mûote sîn demo hélle-
15 góte . únde demo méregóte . núbe óuh ten uuígcot chélen
nâh nerine filia nerei. *Aesculapio quoque non dispar affectio.
Et hic.* Sámilih uuíllo chád si íst óuh ána demo árzatgóte.
*Et mestissimum seniorem deorum transduci simili persuasione
ope coniuga cybeleque permulsa. Et hic.* Únde chád si iôh ten
20 ált-cót saturnum trúregen .s. fóne des súnes âhtungo . án
den sélben rât pechêret uuésen . sínero gemâlun bere-
cinthia gelúhtero . tíu óuh ops . únde cubele héizet.

---

2 *Tíu   *úrchúnde   3 *líuto   *ángesten   3/4 *zuíuelhéiten   4 *nerûochentêr
5 *fróuuûn   *keskéhen   6 asententia] a¹ *rad.*   9 *brîeuarôn   *keháltentero
*chénûn   10, 14 *2mal* *dáz   13 *den   14 *uuínegérnen   15 *uuígcót   16 Aescu-
lapio] escu *auf Rasur*   17 *Sámolíh   *árzatcóte   20 *trúregen   âhtungo] *Zkfl.
aus Akut korr., auf Rasur eines älteren Zkfl.*   21 den] d *auf Rasur von t;* *dén
[pechê]ret *auf Rasur von* rent   *gemâlûn   *Punkt gehört hinter* 18 persuasione.
Punkt ist zu tilgen hinter 9/10 hálsenne, 13 si.

---

6 promta   7 delinitum *nach* Br N-T E-T *bzw.* *delinitum *nach* D β   *suadę   13
nerinę *nach* Br β N-T E-T; *nerię *nach* D   16 nerine filia nerei] *eigentl.* *neri-
ene uel neria ,Begleiterin, Gattin des Mars'*   *Ęsculapio   18 Et mestissimum]
similique D Br β N-T E-T; *męstissimum   21/22 *berecyntia   22 *cybele

Et ianus utraque effigie . miratur argionam. Et hic. Únde so si chád J9
ianus ter zuíhóubito . sáh ío án argionam . déro ín lángeta.
Nam memphiticam reginam dependisse tantvm marito . ut obsita
perpetuo luctu numquam contenta sit eum inuenire. Et hic.
5 Isidem ságeta si échert chélen nâh osiride íro ferlórnen chár-
le sô hárto . dáz sî nâh ímo feruuûoftíu . sîh nîo-mer ne-
getrôste ín fúnden háben. Tôh si ín fóne sínemo brûo-
der tiphone erslágenen fúnde in memphitica palude .
sî ne-uuólta sîh tôh tés trôsten . dáz sî ín fúnden hábeti.
10 *Hac igitur fama . et his alternis amoribus deorum . motus concitusque*
cillenius . simulque quod cunctorum affectiones et thalamos
conspicatur . dum paret .i. obedit ad auxilium plurimis . uxorem   P695
ducere instituit. Depositio. Fóne démo mâre . únde
fóne sólên uuíneskéfen dero góto óuh cillenius níeteg uuórte-
15 ner . uuánda er íu gnûogen hélfendo íóh sélbo sáh íro álle-
ro mínneglíchen gehíleícha . keínota óuh er sîh ze͜ ge-
híenne. *In quam sententiam illum mater anxia inpulerat .*
cum salutaret eum *annua zodiactea peragratione in pliadum nu-*
mero. Án dén uuíllen bráhta ín sîn mûoter maia . dô si
20 ín chátta . án͜ der íâr-úmbe-uérte des zodiaci . únder
dien ánderen pliadibus . dero sî éiníu íst. Táz téta si
in maio mense . sô ío mercurius mít tero súnnûn dara-

---

1 Únde] 1. Akut rad.   *sô   2 *zuíhóubeto *ío   3 memphiticam] ic *auf*
Rasur   tantō͞v] o *rad*.   6 *feruuûoftíu   *nîomêr   7 [getr]ôste *auf Rasur*
14 *uuíneskéften   ·d̥ero góto ·ouh   14/15 *uuórtenêr   15 *íu gnûogên   16
mínneglíchen; *mínneglichen   *gehíleícha; *dieser Beleg wie auch* 41,6 gehí-
leicha *nach der a-Dekl. gegenüber* 7,2 gehíleiche *und* 82,4 kehíleiche *nach*
der i-Dekl.   16 *keéinóta   óuh] ´ *aus* - *korr.*   18 eū̇·annua   19 *brâhta
•ín
.sîn] n *von* ín *auf Rasur*   20 der] *déro   21 *ánderên   *téro   *éiníu   22
*dára   *Unten eine längere Federprobe rad.   Punkt ist zu tilgen hinter* 6
feruuûoftíu, 10 deorum.

---

1 Et ianus *bzw.* *Ianusque   8 *typhone   10 et his *bzw.* *hisque   11, 14
2mal *cyllenius   12 obedit *bzw.* *obedit   *pluribus *nach* D L Br β N-T E-T
18 pliadum *bzw.* *pleiadum   21 pliadibus *bzw.* *pleiadibus

chúmet . ángestendíu daz er âne chînt uuás. *Presertimque quod* J10
corpus exercitum palestra . et crebris discursibus . toris lacertosis .
in excellentiam iuuenalis roboris . uirili quadam amplitudine reni-
tebat. Târ-umbe méist . táz sîn líchamo án demo ríngenne .
5 únde án dien émizelóuften geûopter . mít chníurigen ármin
áfter déro púrlîchi iúnclîchero stárchi in gomelíchero fól-
lelídi skéin. *Ac iam pubentes genę seminudum eum incedere . et*
indutum eum parua clamide . nudatum cętera . obnubere ca-
cumen humerorum . sine magno risu cypridis non sinebant. Ún-
10 de ín sîne bártenten híefelin nelíezen âne míchelen hûoh
ueneris . sâmo-dâhten gân . únde ánderes-uuâr nácheten . échert
tie áhsela mít temo mántelline bédecchen . álso die pales-
trite gíengen. *Rationabili igitur proposito constituit pellere*
cęlibatum. Fóne díu uuás rédolih táz er gehíien uuólta.
15 DUBITARE EUM QUAM PRĘ CĘTERIS SIBI ELIGAT. 5. P696
D6,18 L74,32
Itaque pro industrię dignitate quam conueniret accipere . cunc-
ta merito longe deliberationis alternat. Tô dâhta er in állen
sînt lángo tráhdonde . álso is túrft uuás . uuélicha er némen
máhti . nâh téro geríste sînero bíderbi. *Nam sophian ipse mi-*
20 *ro quidem cupiebat ardore . quod prudens sanctaque sit . intemerati-*
orque cunctis . pulchriorque uirginibus. Hárto gérno uuólti er
sophiam . dáz chît *sapientiam .* uuánda sî uuízzig únde héilig

---

1 ángestendíu *bis* u[uás] *auf Rasur;* *ángestentíu *dáz 2 crebris] r² *auf*
Rasur von is 4 *úmbe 5 *émezelóuften geuôpter; *geûobtêr *nach Kelle II,*
S. 317/318 gegenüber *geûoptêr *nach Ochs I, S. 24/25* [c]hníurigen *auf Ra-*
sur von cníurigen; *übergeschr.* chnivrigen *anrad.;* *chníurigên ármin *auf*
Rasur; *ármen 6 *búrlîchi iúnglîchero stár[chi] *auf Rasur* *gómelíchero
9 cypídis sinebant] ant *auf Rasur;* ⁓ (= ur) *rad.* 10 *híefelin nelíezen]
e³ *auf Rasur von* z 12 *áhselâ *mántellîne bedécchen 14 *rédolîh *ge-
híen 15 ELIGAT:- 16 .dustrię] in *von anderer Hand* 17 [deliber]ation[is]
auf Rasur 18 tráhdonde] e *auf Rasur von* o; *tráhtônde 21 *uuólta 22
*uuízzîg *héilîg *Unten die Federprobe* anim *anrad. Punkt gehört hin-*
ter 1 ángestendíu, 5 ármin, 6 stárchi, 14 rédolih, 15 eum, 16 dignitate.
Punkt ist zu tilgen hinter 11 ueneris.

---

1 *Pręsertimque 2 *palęstra et crebris *bzw.* *crebrisque 3/4 *renidebat
7 pubentis ienę 7/8 et indutum *bzw.* *clamideque, *eigentl.* *chlamydeque
8 nudatum] *inuelatum *nach* D Br β N-T E-T 12/13 *palęstritę 17 *longę

íst . únde ungeuuártôsta íst . ióh skônista íst . únder állen máge- J11
den . dáz chît állen uirtutibus. *Sed quod sororis eius collactanea .*
et indiscreto amica foedere uideretur . perindeque ad innubas ipsa
quoque transisse . eam in palladis iniuriam non placuit coaptari. Uuán-
5 da si áber gesôuga uuás íro suéster mineruę . dáz chît tero inmor-
talis . únde si íro lîeba uuás in ungeskêidenero mînno . ióh sie sámint sól-
ton mágede sîn . pe díu neuuólta er sia mít íro ungemûote némen.
Non dispar illum forma desiderabilis . grataque luculentas in manti-
cen quoque succenderat. Sámolih scôni . únde sámo lîeb-sam frôlutti .
10 getéta în óuh ze mantice húgen . dáz chît ze diuinatione. *Nam*
et nobilitas illam quippe pronoeę maior est filiarum . et prouidum perspicacis
prudentię commendabat ingenium. Íro geédele uuánda sî diu áltesta
tóhter íst prouidentię . únde der fúredâhtigo sîn iro únbetrogenun
frûoti gelîebta îmo sîa. *Sed ipsis diebus forte inmensi amoris inpatien-*
15 *tia . ultro iuuenem consecuta appollini fuerat copulata.* Sî uuás áber
dô îu . íh uuâno fóre míchelero uuînegérni íro dánches zû-fâhen- P697
do . ze demo iúngen appolline gehîet. Uuánda diuinatio ist îo di-
uini. *Uoluit saltem endelichię ac solis filiam postulare . quod speciosa*
quam maxime magnaque deorum sit educata cura. Sô uuólta er dôh
20 to gérno psichen dia tóhter solis únde endelichię . dáz chît abso-
lute perfectionis . uuánda sî un-méz scône uuás . únde gezógen
mít míchelên rûochon dero góto.

---

1 *úngeuuártôsta *skônesta 1/2 2mal *állên 2 qd] d̂ *auf Rasur* 5 *gesóuga
6 ungeskêideṙó; *úngeskêidenero 6/7 *sáment sóltôn 7 *sîa *úngemûote 9 *Sá-
molîh *lîebsám frôlútti 11 filiǭru] a *von anderer Hand* 12 inggeniū] g¹ rad.
13 *íro *úmbetrógenûn *nach Kelle II, S. 340, Anm. 2* 14 frûotigelîebta] ʃ *zur*
Abtrennung; *gelíubta *nach Kelle II, S. 318, Anm. 5* 16 *îu *uuînegérni 16/17
*zûo fáhendo 17 gehîet] t *aus* n *korr.* 20 *tô *dîa 21 •u[uánda] *auf Rasur*
*únméz 22 ruôchon; *rûochôn *Punkt gehört hinter* 8 luculentas, 11 illam, 12
geédele, 14 diebus, 15 consecuta, 19 maxime. *Punkt ist zu tilgen hinter* 14/15
inpatientia.

---

2 collęctanea, *mit Korrekturpunkt, nach* collactanea Br; collactea D L β N-T E-T
3 *fędere 8 *formę 11 *vor* illam] *generis nach* D Br β N-T E-T *pronoę bzw.*
*pronęes 15 *apollini 17 *apolline 18, 20 2mal *entelechię 20 *psychen 20/
21 *absolutę

D E   U I R T U T I B U S   A N I M Ę . Q U A M   A D A M A U I T.   6. J12
D7,12 L76,22

*N*am ipsi psichę .i. animę natali die dii ad conuiuium corrogati .
multa contulerant. Álso dâr-ána skêin . dáz íro die góta . în
íro sélbero gebúrtetáge . íh mêino án demo sî gebórn uuárd . ze góu-
5 mo geládete . míchela gíba gáben. *J*upiter quippe diadema quod ęter-
nitati filię honoratiori detraxerat . capiti eius apposuit. Iouis
gáb íro ûfen íro hôubet táz diadema . dáz er sînero geêretostûn
tôhter ęternitati ába-nám. Uuánda fóne ęterna dei sapientia .
íst animę sempiternitas kelázen. *Iuno quoque ex purgatioris auri*
10 *splendente uena addiderat crinibus sociale uinculum.* Sîn uuír-
ten gáb iro . íro uáhsuuíttun . án dero díu ída glêiz lûtteres cóldes.
Ratio animę . dáz íst tíu uuítta mít téro crines uirtutum ze-
sámine-gechnúpfet uuérdent. *Tritonia etiam interula resolu-*
to ricinio . strophio flammarum instar e coco . atque ipso sacri pectoris
15 *ac prudentis amiculo uirginem uirgo contexit.* *J*óh minerua diu
máged . cáreta daz mágeti mít íro smócchen . ába-genómene-
ro spénelun . únde mít íro púrpurínen gúrtele . fíure gelíche-
mo . únde mít témo béndele íro uuíhun . únde íro frúotun   P698
brúste. Sô gezímit animę . dáz si intima sî sapientię . únde
20 mít caritate sî gegúrtet . mít temperantia beduúngen. *De-*
lius quoque ut ramale .i. ramum laureum gestat . diuinatrice eadem
coniecturalique uirga . uolucres illi ac fulgurum iactus . atque ipsius

---

1 ADAMAUIT:- 3 *skéin dia *in bzw. *án 4 *mèino *gebóren 5 geládete
bzw. *geládôte *míchele gébâ bzw. míchela *géba 7 ûfen] Akut rad. *hôu-
bet táz] t auf Rasur von d   sînero] n aus m korr. geêretostûn] o auf
Rasur von e; *geêretôstûn 11 *íro¹ *uáhsuuíttun *déro *gléiz 16 mít]
ít bis ába ge auf Rasur; smócchen] c¹ aus o rad. 17 *spénelûn   18 témo]
t auf Rasur von d *uuíhûn *frúotûn 19 Sô bis animę auf Rasur; *gezímet
20 beduúngen] uú auf Rasur von ún   Punkt gehört hinter 4 mêino, 5 diade-
ma, 12 uuítta, 13 interula, 21 quoque.

---

2 *psychę 5 *Iuppiter 14 *strophioque   coco nach Br; *cocco nach D L β
N-T E-T 21 *gestitat

meatus cęli siderumque monstrabat. Apollo zêigota íro óuh mít sínero
uuîziglichûn gérto . día er ío lôrboumina tréget . álle fógelrárta .
álle blígscúzza . íóh sélben die hímelférte . únde dero stérnôn .
fóne díen er diu uuîzegtûom nímet. Der lôrboum hábet tía na-
5 tura . úbe sîn ást ûfen slâfenten mán geléget uuírt . táz ímo
uuâr tróumet. Pe díu íst er apollini geéichot . tér áltero líu-
to uuîzego uuás. *Anię autem . pręnitens speculum . quod inter donaria . eius
aditis sophia defixerat . quo se renoscens etiam originem uellet
exquirere . clementi benignitate largita est*. Áber anię dáz
10 chít recognitio gáb íro uuílligo dén spíegel . dén óuh íro ze
gíbo gáb sapientia . únde ín íro gíbohûs kestálta . dáz sî dâr-
ínne síh pechénnende . íh méino dés . táz sî cęlestis íst . uuídere-
gesínnen chúnne ze íro ánagenne. *Lemnius quoque faber illi*
insopibiles ęternitatis igniculos . ne caligantibus tenebris nocteque
15 *cęca opprimeretur incendit*. Uulcanus ter smíd zúnselota íro
fíur dáz nío erlósken nemág . dáz si ín dero náhtfínsteri be-
chlépfet ne-uuúrte. Uuánda dero sêlo líehtet naturale ingeni-
um . dáz nû híer lemnius bezéichenet.
DE ILLECEBRIS EIUSDEM.   *Omnes uero illecebras circa sen-*   7. D8,7 L79,18 P699
20 *sus cunctos apposuit afrodite*. Áber álle lúcchedâ bôt íro
uenus ze állen íro ûzeren fínf sínnen. *Nam et unguentis*
oblitam . floribusque redimitam halatu pasci fouerique docuit.

---

1 *zéigôta 2 *uuîzeglichûn *día *lôrbóumína tréget *auf Rasur* *fógel-
rártâ 4 *Ter lôrbóum *tía 4/5 *natûra *bzw.* *naturam 5 ástne] *ne rad.*
hinter ímo] *re:: rad.* 6 tróumet] *Akut auf Rasur eines Zkfl.* *geéichôt 11
*gébo 11, 16 *2mal* *in 11 *gébohûs 13 *ánagénne 15 *zúnselôta 16 *Zu er-
lósken bzw.* *erlésken *siehe Schatz II, §49.* dáz²] *táz sia *náhtfínstri
17 .líehtet 18 *pezéichenet 19 EIUSDEM:- 21 *állên *ûzerên *Punkt ge-
hört hinter* 9 anię, 15 opprimeretur, 16 fíur, 22 redimitam *und* pasci. *Punkt*
ist zu tilgen hinter 7 autem *und* donaria.   *Halbhoher Punkt steht hinter* 1
monstrabat.

---

7 *Anie *für* Uranie *bzw.* Urania 8 *adytis 9 *anie 14 insopibiles *nach* Br;
insopibilis D L β N-T E-T   ęternitatis] *perennitatis   20 *aphrodite   22
*docuerat

Sî lêrta sia mít sálbe bestríchena . únde mít plûomon gezîerta . in   J14
stángsûozi gehéfenot . únde gemámment-sámot uuérden. *Et melle per-*
mulserat. Únde sûozta sî íro mít hónange. *Et auro ac monilibus inhi-*
are . membraque uinciri . honorationis celsę affectatione persuaserat. V́nde
5 ríet si íro gîîen zę gólde . únde zę állen uuíb-zíerdon . únde mít tîen
ál úmbe-núsket uuérden . únde ín gíredo uuésen hóhero êron. *Tunc*
crepitacula tinnitusque . quîs infanti somnum induceret adhibebat quies-
centi. Únde in r̨ésti lígentemo mágetíne téta si prúnnôda . únde
chlíngelôda . dánnân sî inslîefe. *Preterea ne ullum tempus sine illecebra*
10 *oblectamentisque decurreret pruritui subscalpentem . circa ima corporis*
.i. *circa genitalia apposuerat uoluptatem*. Nóh tánne . nîo si nehéinest
ne-dárbeti lúcchedon . únde lústsami . crûozta sî sia chúzelondo án
dero níderun stéte . ze nîetegi. *Sed uehiculum ei ac uolatiles rotas . quîs*
mira possit celeritate discurrere tradiderat ipse cillenius.
15 Áber sélber íro sûocho . gáb íro rêit-uuágen mít trâten réderen .
ûfen démo sî spûotigo fáren máhti. Uuánda íro uuíllo uuírt spûotigo
gezúcchet . êina uuîla ad cęlestia . ánder uuîla ad terrestria. *Licet*
eam auri compedibus illigatam memoria pręgrauauerit. Día snélli gáb er
íro . dóh sia dea memoria mít cúldinen drúhen héftendo suárti.   P700
20 Uuánda daz anima in mûot kenímet . táz kebíndet . únde gestâtet
memoria . fílo tíurlicho. HUIUS QUOQUE AMORIBUS ILLUM FRUSTRARI.   8.
                                                                  D8,18 L80,30
H̲is igitur psichen opimam superisque ditatam muneribus . atque mul-

---

1, 12, 19 *3mal* *sîa 1 pplûomon] p¹ *aus* b *korr., dann rad.;* *plûomôn 2 *ge-
héfenôt *gemámmentsámôt 4 horātionis cęlsę] *1. Häkchen rad.* 5 *gîên
*állên zîerdôn; *zîerdôn 6 *in *êrôn 8 *mágetíne prúnn[ôda *auf Rasur;*
*brúnnôda 9 inslîefe] ⊣ *zur Tilgung;* *intslîefe 11 *nehéinêst 12 *lúc-
chedôn lústsami] i *auf Rasur von* e; *lústsámi *chúzelôndo 13 *níderûn
15 *sélbêr *rêit trâte[n] *auf Rasur von* tâten; *trâtên 16 ṣuotigo² 17
*éina *ándera 18 *Tía 19 *cúldinên suárti] t *auf Rasur* 20 *dáz 21
*tíurlicho 22 His] *Initiale* H *nicht ergänzt* dita[tam] *auf Rasur Punkt*
gehört hinter 7 induceret, 9 Preterea, 10 decurreret, 14 discurrere. *Punkt*
ist zu tilgen hinter 10 subscalpentem.

7, 13 *2mal* quîs = quibus 9 *Pręterea 14 *posset *cyllenius 18 *pręgraua-
rit 22 pysichen; *psychen *superis ditatamque

ta cęlestium collatione decoratam in conubium arcas superiorum cassus optabat.
Sús keûfota díernun . únde sús rícha . únde gezíerta mít hímelis-
ken gébon geuúnne gérno cillenius . tô er énero nehéina geuuínnen
nemûosa. Sed eam uirtus .s. dea . ut adherebat forte cillenio . pene la-
5 crimans nuntiauit . in potentia faretrati uolitantisque superi . de
sua societate correptam captiuamque adamantinis nexibus a cupidine
detineri. Áber uirtus tíu ódeuuâno mít ímo dô uuás . ságeta
ímo sámo-so uuéinondiu . sía fóne íro geskéidena únde gezúhta . ióh
ke-éllendota ín des skíezenten únde flíegenten gótes keuuált
10 cupidinis . fásto uuésen fóne ímo gebúndena. Uuánda álso sélbêr
martianus ín sínero rethorica chít . facundia nemág sín mít
libidine . únde mít intemperantia coitus. Super his igitur uirginum
thalamis . dum eum deliberate sortis blandimenta frustrantur . nec
facile quępiam pręterea .i. postea . quę congrua parilitate tonantis nu-
15 rus deligeretur occurrit . amplius deliberandum suggerit uir-
tus. Sô er dô sínes cnôto geáhtoten lôzes án demo gehíleiche sús
petrógen uuárd . nóh ín díe zârta álle ne-ferfíengen . nóh ímo
dára-nâh nehéiniu nebechám díu ioui ze snórun gerísti . dô scún-
ta ín uirtus nóh tô dâr-úmbe gnótor ze áhtonne. Neque eum si-
20 ne apollinis consilio quicquam debere decernere . aut fas ab eius
congressibus aberrare . cum zodiaca eum hospitia pręmetantem . num-
quam abesse menstrua pręcursione permitteret. Únde âne des

---

1 cęlestium·] Punkt rad. 2 *keûfôta díernûn 2/3 hímelis[ken] auf Rasur; *hí-
meliskên 3 *gébôn guúnne *guínnen 4 deā] m-Strich rad. 5 potentia und
[super]i· auf Rasur 8 uuéinondiu] Akut aus Zkfl. rad.; *uuéinôntíu *sía
geskéide.^{na}] de auf Rasur 9 *keéllendôta 9, 11 2mal *in 9 skíezenten·] ten
auf Rasur; Punkt rad. 10 fásto und gebúndena] n² auf Rasur 15 deligeretu[r]
auf Rasur 16 cnôto und [geáhtot]en lô[zes] auf Rasur; *geáhtôten *gehíléi-
che 17 *díe zárta 18 *nehéiniu *snórun 19 dâr] Akz. verwischt *gnótôr
*áhtônne 22 [d]es auf Rasur Punkt gehört hinter 6 captiuamque, 7 und 19 2-
mal uirtus, 15 deligeretur, 18 nebechám. Halbhoher Punkt steht hinter 10 ge-
búndena.

3 *cyllenius 4 *adhęrebat *cyllenio *pęne 5 *pharetrati 11 *rhetorica
13 *deliberatę

brûoder rât chád sî în dáz nesúln áhton . nóh nehéina mûoza J16
sîn sîh fóne îmo boreférro ze skéidenne . sîd er în hérebergónten
sámint îmo an demo zodiaco . ze êinemo mânode fúreréison
ne-lâze. Vuánda stella mercurii negât ne-héinest pórférro
5 nóh porlángo fóre dero súnnun. *Igitur constitutum ubicumque locorum*
frater esset adiretur. Tô uuárd kespróchen . so-uuâr er uuérlte
uuâre . dáz man dára ze îmo fûore.
P I T H I U S A F R A T R E P E R D I U E R S A R E Q U I R I T U R. 9.
A*c tunc uolatilem uirgam . uirtuti de more permittit .*   D9,11 L82,15
10   *uti secum mundi penita permeare . etheriosque recessus*
irrumpere parili celeritate posset . ipse pedibus talaria
nectit aurea. Únde dô gáb er uirtuti áfter sînemo síte
sîna flúge-gérta . íh méino caduceum . dáz si îmo gefólgen
máhti . únde ében-spûotigo eruuállon . die tóugenen .
15 únde die gesuâsen stéte . des hímelis únde dero uuérlte .
únde sîn sélbes fûozen téta er ána sîne gefíderten súf-
telara. *Petasum héizent greci singulariter alatum calciamen-*
tum mercurii . úmbe dia spûot sînes stérnen. Áber sîn
uirga héizet latine caduceus . uuánda si getûot lites
20 cadere. Táz íst tíu ríhti des kechóses . mít téro der strît
ferzórn uuírt. *Et nunc sagaci inuestigatione in fa-*
nis eum disquirunt . quibus aut uaticinia fundebantur obliquis

---

1 *prûoder nesúln:] *Rasur;* *nesúlen *áhtôn   2 boréférro] *1. Akut rad.;*
*bóreférro *hérebergônten 3 *sáment *án *éinemo mânôde fúreréisôn 3/4
ne/ne] ne¹ *rad.* 4 *nehéinêst póreférro 5 *pórelángo *súnnûn ūbicūque]
1. m-Strich rad. 6 sô] *Akz. rad.* 7 fuôre   7/8 PIT/PITHIUS] PIT¹ *rad.*
8 REQUIRITUR:- 13 [méi]no ca[duceum] *und si* îmo *auf Rasur* *gefólgên 14
*eruuállôn 15 *hímeles 16 fuôzen 18 *dîa sîn 20 *kechôses   21 *fer-
zóren   *Punkt gehört hinter* 2 sîn, 4 pórférro, 5 constitutum, 6 esset.
Punkt ist zu tilgen hinter 9 uirgam, 14 tóugenen.

---

8 *PYTHIUS   10 *etheriosque 17/18 calciamentum *bzw.* *calceamentum

ambagibus . aut denuntiata pecudum cęde . phisiculatis prosicis ex-   J17 P702
torum uiscera loquebantur . quibusque .s. solitus erat . sortitus .i. diuinatio-
nes excedere . uel logia personare. Tô sûohton sie în gnôto . in
állen sînen chîlechon . dâr er chrúmbiu ántuuúrte gáb .
5 álde dâr frîskingen irslágenen . tîe în-hérderen uuîzego-
ton mît natûrlichen ságon . únde dâr er guón uuas . uuî-
lon fermîden dîu uuîzegtuom . uuîlon óuh ántuuurte
gében. *Sed his aditorum fastigiis specubusque uiduatis . nihil eius*
potuit inueniri . absque paucis foliis admodum arentis lauri .
10 *uittisque semiuulsis . quas in cumano antro post sibillam tinearum mor-*
sus cariesque carpebant. Áber dien chîlichon ióh tien hólen ôde
stánden . neuuárd sîn nóh tes sînes târ mer funden . âne
dúrriu lôrbleter . únde die errózeten uuîtta . dîe nâh si-
billa în íro hóle ze cumis . mîleuua únde uuórmmélo fré-
15 zen hábeton. *Per aerios etiam tractus . quibus formare solitus . et uo-*
lucrum diuersos meatus . et oscinum .i. ore canentium linguas . et prępe-
tis .i. priora petentis omina pennę . frustra incassumque dis-
quiritur. Ióh áfter dero uuîtun lúfte sûohton sie in in geméi-
tun . dâr er ána geuuón uuás ze sképfenne . dáz chît ze
20 skéidenne die férte dero fógelo . uuáz tie bezéichenen .
únde dero síngenton rárta . únde dîe héilesoda dero in
ríhte fúre sîh flîegenton. *Iam pridem quippe offensus contami-*

---

2 loquæbantur] a¹ *rad.*   3 ·†·   3, 18 *2mal* *sûohtôn   4 *állên sînên   4, 11 *2mal*
*chîlechon *bzw.* *chîlichôn *(5mal* chîlech-, *3mal* chîlich- *in Nc)*   4 *chrúmbîu   5
frîskîngen] *2. Akut rad.* *erslágenên tîe în hér *auf Rasur;* *tîe   5/6 *uuîze-
gotôn   6 *natûrlichên ságôn   *geuuón uuás   6/7 *hinter* uuî *Rasur;* *uuîlôn   7
*diu uuîzegtûom   *uuîlôn   *ántuuúrte   9 arentis] i *aus* e *rad.*   12 *stândên *mêr
13 *dúrriu   lôrbleter] *Zkfl. aus Akut korr.;* *lôrbléter   13, 20/21 *4mal* *dîe
13 *uuîtta *nach der* ō-Dekl. *gegenüber* 12,11 uáhsuuîttun *nach der* n-Dekl.   14 *in
*mîleuuâ   uuórmmélo] m² *auf Rasur von* e   15 *hábeton   18 *uuîtûn *în¹   18/19
*geméitûn   20 skéidenn[e] *auf Rasur*   *tîe bezéichenên   21 *síngentôn rártâ
*héilesôda   22 *flîegentôn *Unten die Federprobe* anima ::::: *rad. Punkt ist zu*
tilgen hinter 3 gnôto, 14 cumis.

---

1 *physiculatis   *prosiciis   8 *adytorum   10 *sibyllam   13/14 *sibylla

ne monendorum . dedignatur augur pithius nuncupari. Fóne díu
ne-fúnden sie ín dâr . uuánda er íu fórn úrdruzze uuórtener
dero frískigo blûotes héizen ne-geuuérdeta pithius ter au-
gur. Uuánda pitho chît grece interrogo . be͜ díu híez er pithius.
5 Ín frâgeton sie alle sámo-so prophetam. *Item eum in elicona delon*
lyciumque sectantur. Sie sûohton óuh in elicone monte archadię .
únde in delo insula sûohton in . únde in licio sínero chílechun .
díu dâr ze͜ delo uuás. *Sed alibi lauros primores arentesque ederas .*
alibi cariantem tripodem . crepidasque situ murcidas .i. marcidas
10 *pręsagiorumque interlitam memoriam repererunt.* Áber in súmelichen
díen stéten fúnden sie . álte lôrbouma . únde dúrriu ébeuue .
in͜ súmelichen fúnden sie sínen uuórmazigen dísg . únde fó-
re álti fermúlite ástericha . álde sô súmeliche chédent ke-
rúmfene scúha . únde fertíligota gehúht tero uuízigtuom-
15 mo. *Tandem fama* .s. *dea nuntiante cognoscunt . quod phebo gau-*
det parnasia rupes . licet inde quoque ad indici montis secretum
obumbratumque scopulum nube perpetua postterius migrasse perhi-
bebant. Tôh tô ságeta ín fama . dáz er ze parnaso uuâre .
dóh in ándere ságetin dánnan gefáren uuésen ze͜ éinemo
20 ándermo sínemo gesuâsen bérge in india dér nisa héizet .
únde ío mít uuólchene bedáhtemo. *Tamen ad chirreos tunc*
recessus . et sacrati specus loquacia antra conueniunt. Tôh châ-

---

1 ne mon *und* [de]di[gnatur] *auf Rasur*   2 fórn úrdru[zze] *auf Rasur;* *úr-
drúzze   [uuórte]ne[r] *auf Rasur;* *uuórtenêr   3 *frískingo negeuuérdeta
bzw.* *negeuuérdôta   5 *frâgetôn   *álle *hinter* delon] ly *rad.*   6 lycium-
que secta[ntur] *auf Rasur von* ciumque sectantur   6/7 *2mal* *sûohtôn; da-
hinter* 6 *ín, 7 *sie   7 *ín²   *chílechûn *bzw.* *chílichûn   10, 12 *2mal*
*súmelichên   11 *díen   *lôrbóuma   *dúrríu   12 *uuórmâzigen tîsg   13 *fer-
múlete   14 *scúha   *fertíligôta   14/15 *uuízegtûo/mo   16 rupes˙   q̄q̄·]
*q̄q̄   18 parnaso] a¹ *aus* o *korr.*   19 *ín   *ságetîn dánnân   éinemo] *Akut
aus Zkfl. korr.*   20 [gesuâ]sen bér[ge] *auf Rasur*   21 Tam̄ *aus* Tunc *korr.*
Punkt gehört hinter 3 blûotes, 5 elicona, 8 primores, 13 álde *und* chédent,
20 india. *Punkt ist zu tilgen hinter* 11 sie.

1, 3/4 *3mal* *pythius   4 *pytho; *eigentl.* πυνθάνομαι *bzw.* πεύθομαι   5 *he-
licona   6 *helicone   *arcadię   7 *lycio   8 *hederas   10 *reppererunt   15
*phębo   17 pᵒsterius; *posterius   20 *nysa   21 *cirrhęos

men sie ze dîen gesuâsen stéten . únde ze dien gesprâchen lúche-   J19
ren cirrę. Cirra íst éin búrg epiri . in focidis campis . dáz chît in
dien gefílden . dâr focenses kesézene sínt. Álde er néimet par-
nasum montem . dér zuô ékka hábet . cyrram únde nisam.
5 IN ANTRO APOLLINIS OMNIUM MORTALIUM FORTUNAS ASSISTERE .   10. P704
ET NEMUS EIUS CĘLESTEM ARMONIAM RESONARE.
                                                                D10,16 L86,1
*I*llic autem circumstabat in ordine quicquid imminet seculorum . fortune
urbium . nationumque . omnium regum . ac totius populi uidebantur.
Târ stûont úmberînget ál dáz ío zîto uuárd . álde uuírdet . ún-
10 de díe uuîlsalda állero búrgô . állero díetô . állero chúningo .
állero líutô. *Alię transacti cursus emenso* spacio *fugientes.* Sú-
meliche irlítenero íro férte uuâren íu in flúhte. *Consiste-
bant alię sub conspectu.* Súmeliche stûonden nóh tô zę gá-
genuuérti. *Adueniebantque quamplures.* So slúngen zû án-
15 dere. *Ita nonnullis eminus uanescebat desperata .i. negata proli-
xitas . ut uelut fumidę caligationis incredibilis haberetur
aura.* Súmelichên in-gíeng tíu ín benómena lángseimi . sámo-
so iz éin rúclih tóum uuâre. Álso die in rúcches uuîs ze-gánt .
tie sâr erstérbent sô sie gebórn uuérdent. *Inter hęc mira spec-
20 tacula fortunarumque cursus . motusque nemorum . etiam susurran-
tibus flabris canora modulatio melico quodam crepitabat ap-
pulsu.* Únder dísen séltsanínôn . únde sús ketanen férten

1 *gesuâsên *dîen² *gesprâchên 2 ín¹] Akz. rad. *táz 3 *dîen 4 zúo
*ékkâ 6 RESONARE:- 7 [immin]et auf Rasur 10, 18 2mal *díe 10 *uuîl-
sâldâ *búrgo *díeto 11 *líuto 11/12 Súmelichę 12 *erlítenero 13
stûonden tô zegá auf Rasur 14 *Sô *zúo 15/16 prolixitas/xitas] xitas¹
rad. 16 uelut] t auf Rasur 17 *tiu *lángséimi 18 Zu *rúglíh siehe Pe-
stalozzi S. 130. 19 *tíe *gebóren 20/21 [sus]urran[tibus] auf Rasur
22 *dísên séltsanínôn *ketânên Punkt gehört hinter 7 ordine, 9 úmberín-
get, 19 erstérbent, 19/20 spectacula, 21 flabris. Halbhoher Punkt steht
hinter 19 uuérdent.

2 *cirrhę *Cirrha *phocidis 3 *phocenses 4 cyrram] *cithęronem *ny-
sam 6 *HARMONIAM 7 *sęculorum *fortunę 11 *spatio 15 vor Ita] *Atque

dero uuîlsaldon . óuh temo uuínde dîezentemo . bóumen uuá- J20
gonten . scál dâr lûtreiste sáng . fóne gehéllemo ánastôze des
uuíndes. Tes uuíndes ána-stôz kemétemêta den dôz . ze sûo-
zemo sánge. *Nam eminentiora prolixarum arborum culmina .*
5 *perindeque distenta . acuto sonitu resultabant.* Uuánda die
oberôsten uuípfela dero hôhestôn bóumo . férrôst keráhte .
die súngen chlêinost. *Quicquid uero terrę confine ac propinquum
ramis acclinibus fuerat . grauitas rauca quatiebat.* Táz P705
áber in níderen ésten dero érdo sîh nâhta . daz lûtta ge-
10 rôbo. *At media .s. arborum . per annexa .i. coniuncta sibi spacia con-
cinebant . ratis succentibus . duplis . ac sesqualteris . necnon etiam
sesquitertiis . octauis etiam iuncturis sine discretione . licet inter-
uenirent limmata.* Áber die míttinâ dero bóumo . die
gehúllen an íro fûoginon . áfter dísen guíssen gerértedon . íh méino in
15 zuíualtên lûton . únde des hálben íóh tes trítten déi-
les úber-sláhenten lûton . sámo uuóla óuh in úberáhtoden
gerértedon . dôh semitonia dar-úndere lûttin. *Ita fie-
bat ut nemus illud armoniam totam . superumque carmen . modu-
lationum congruentia personaret.* Sô geskáh . táz ter uuáld
20 álla gehélli . únde sélbez taz hímel-sáng . án sínero níu-
mon kefélligî geánteroti. *Quod quidem exponente cille-
nio uirtus edidicit . etiam in cęlo orbes parili ratione*

---

1 *uuîlsâldôn óuh tem[o] *auf Rasur* 1/2 *uuágôntên 2 lûtréiste] Akut
rad.;* *lûtréiste gehé[llemo ána]stôze des *auf Rasur* 3 *kemétemeta 5
distænta] a¹ rad. 5, 7, 13 4mal *díe 6 *óberôsten *hôhestôn 7 *chléi-
nôst 9 *níderên *dáz lûtta *auf Rasur* 14 an íro fûoginon·
.áfter *von anderer
Hand übergeschr.;* *án; *fûoginôn *dísen guíssên 14, 17 2mal *gerértedôn
15 *zuíuáltên 15/16 2mal *lûtôn *téiles 16 sláhenten] Akut aus Zkfl.
rad.;* *sláhentên ín] Akz. rad. *úberáhtodên 17 *dâr *lûttín 18 [su-
perum]que carmen . mo[du] *auf Rasur* 20 [áll]a aus o korr. 20/21 *níumôn
21 *gefélligî cille *auf Rasur* Punkt gehört hinter 17/18 fiebat, 21/22
cillenio.

10 *spatia 11 *sesqu[i]alteris 18 *harmoniam 21/22 *cyllenio

aut concentus edere . aut succentibus conuenire. Cillenio daz állez récchentemo . géiscota uirtus . óuh hímeliske spêras ze sámelichero uuîs . in éin héllen . álde ún-éinên gehéllen. Díe éin-lîutig sínt . táz chît unisonę . *also ueneris stella îst . únde mercurii . díe*
5 tûont *concentum* . díe éin-lîutig ne-sínt núbe *dispares* . álso die ándere sínt . íh méino lunę . *solis . martis . iouis . et saturni* stellę die tûont *succentum.* Dáz lêret macrobius in somnio scipionis.
Nec mirum quod apollinis silua ita rata modificatione congrueret . cum cęli quoque orbes . idem delius moduletur in sole. Únde nehéin uuún-
10 der uuésen ságeta er íro . dáz apollinis uuáld ze sô geuuîssero rárto geuuérbet uuáre . sîd er óuh án dero súnnun die hímelspêras kerérte. *Hincque esse quod illic phoebus . et hîc uocitetur auricomus.* Únde er be díu dâr genámôt sî níuuer . híer   P706 góldfáhser. Vuánda an hímele chúmet tágeliches tiu sún-
15 na níuuiu . áber demo uuálde gíbet íro skímo góld-fáreuua.
Nam solis augustum caput perfusum circuactumque flammantibus radiis . uelut auratam cesariem rutuli uerticis imitatur. Mít rêhte hábet sol dén námen . uuánda sín scôna hóubet . fóllez iôh úmberíngtez fíurinero skímon síh kelíchez máchot kúldine-
20 mo fáhse . in rôtero skéiteliun. *Hinc quoque sagitarius . hinc quoque uulnificus . quod possit radiorum iaculis icta penetrare.* Hínnan héizet er scúzzo . únde uuúnt-machîg . uuánda er

---

1 *dáz 2 *geéiscôta   sámelichero] e¹ aus i geänd.; lichero auf Rasur; *sámolichero 3 gehéll[en] auf Rasur von héllen *Tíe 3, 5 2mal *lîutîg 4, 7 2mal *díe 5, 7 2mal tuônt 5 *concentum. Tíe 7 *Táz   macrobius] a aus o korr. 10 *guîssero 11 *uuâre *súnnûn 11/12 ahd. hímel + lat. spêras! 12 phoebus· auf Rasur 13 *níuuêr 14 *góldfáhsêr *án 15 *níuuíu *skîmo 17 cesariēs] s² rad. 19 *fíurînero skîmôn *máchôt 19/20 *kúldînemo 20 *skéitelûn [H]inc quoque sagitarius auf Rasur 21/22 *Hínnân 22 *máchîg Punkt gehört hinter 5 ne sínt, 6 stellę, 8 mirum, 12 esse, 16 caput, 19 skímon. Punkt ist zu tilgen hinter 2 uirtus, 3 uuîs, 9 orbes.

---

1 *Cyllenio 2, 12 2mal *speras; Notker gibt sphaera in der Regel durch lat. spera und ahd. spêra wieder. 12 *phębus hîc adv. 16 *circumactumque 17 *cęsariem *rutili 20 *sagittarius

ána-geskíneniu díng . mít tien skímon dúrh-kân mág.

SEPTEM PLANETAS PROPTER LUBRICUM MEATUM AMNES UOCAT. 11.

Demonstrabat pręterea uirtuti cillenius . amnes quosdam D11,20 L88,31
cælitus defluentes . quos transeundos esse perhibebat . ut
5 ad deum ipsum quem reperire cura est peruenirent. Âne daz óugta
er íro . fóne hímele rínnente áhâ . tíe sie sólton úber-fá-
ren sô er chád . dáz sie zę dęmo góte châmin . dén sie súoh-
ton. Uerum eosdem amnes . diuersicolor fluentorum discrepanti-
um unda raptabat. Áber fílo úngelíchiu uuâren díu
10 uuázer déro sélbon áhôn. Quippe primus diffusioris ac prolixi
ambitus gurges . liuentis aquę uolumine nebuloso . atque
algidis admodum pigrisque cursibus hesitabat. Tíu êrista
áha . díu uuítesten únde léngesten úmbesuêift téta . díu
uuás in íro rúnso pláuuiu . únde nébulgiu . únde lázota
15 cháltiu in íro trâgun férte. Tíu fárt íst saturni. In- P707
terius alius lactis instar candidęque lucis . mitis omnia qui-
etusque motu . undas uoluebat argenteas. Ín-nôr rán éin
ánderiu . míliche únde uuízemo uuétere gelíchiu .
álemámmendo . únde álegemáhsamo fárendiu . díu
20 fûorta sámo-so sílberíne úndâ. Dáz íst circulus iouis.
Tertius uero nimio rubroque .i. nimium rubro igne rutilans .
festinataque rapiditate pręcipites fragososque cursus . an-

---

1 *geskíneniu *skímôn 3 pręterea auf Rasur 5 *dáz 6 *tíe 6/7 sól-
ton bis er auf Rasur; *sóltôn 7 *táz *châmín 7/8 *súohtôn 9 únda]
Akz. rad. raptabat] a² aus e korr. *úngelíchiu 10 déro sél[bon] auf
Rasur; *sélbôn 12 Tíu] Akz. rad. *êresta 13 uuítestén] Akut rad.; e²
auf Rasur *úmbesuéift 14 *bláuuíu *nébelgíu únde lázota auf Rasur;
*lázôta 15 *cháltíu *trâgûn 17 Ín⁻nôr] Bindestrich rad. 18 *ánderíu
*gelíchíu 19 *álegemáhsámo fárendiu] d aus t geänd.; *fárentíu 20
fuôrta *Táz 22 rapiditate] i² auf Rasur von a fragososque] a aus o
korr.   Punkt gehört hinter 5 ipsum und est, 6/7 über fáren, 16 alius.
Punkt ist zu tilgen hinter 8 amnes, 19 álemámmendo.

---

3 *cyllenius 4 *cęlitus 12 Zu algidis siehe Schulte S. 103. 12 *hęsi-
tabat 16/17 quietisque   21 rutilans nach Br E-T; rutilantes D L β N-T

hela sulphureus celeritate torquebat. Áber díu drítta uuás
fílo rôt . únde in sô hírlíchemo scúze uuâren íro férte .
dáz si fóre gâhí pláchesonde . in únhírmígero spûote síh
suébelgíu drâta. Dáz íst *circulus martis. Qui hunc seque-*
5 *batur auratus ac fulgidus . et flammis coruscantibus rutilans . sed
diuersitate fluminum utrimque coniunctus . quibusdam riuulis intermixtis
quantum pensabat moderatio temperabatur.* Tíu dára-nâh
rán . díu uuás cóldfáro . únde skímbare . únde in blícfáreuuemo
fíure rútemhafte. Áber díen ánderen áhôn úmbe síh rín-
10 nenten . getéta sí mít íro gíezôn únder síe gemístên . día
métemscaft tíu dára-zû gelámf. Uuánda díu súnna gât
únder mítten díen *planetis* . únde gescáfot ín íro fárt.
Fóne íro chréfte uuérdent síe *retrograde . anumalę .
stationarię. Uerum interior illo resplendebat amnis purior*
15 *electro.* Áber ín-nôr rán . díu lûterora uuás tánne *electrum.*
Táz íst *circulus ueneris.* Sô góld únde sílber zesámine-ge-
rennet uuírt . táz íst *electrum .* dáz héizet in uuálascun smal-
dum. Ôuh uuírt in érdo fúnden sô man ságet natûrlíh *electrum.*
Quem pręter cęteros fortunarum ille consistens populus appetebat.
20 Tés uuázeres kérota díu mánigi dero uuílosâldon . díu ín
demo hôle stûont. *Quarum alias eius odor et halatus illexe-*   P708
rat . alias lenis únde canori permulsere modulatus. Súme-

---

1 drítta] t¹ *auf Rasur* 2 fílo] i *aus* o *rad.* hírlíchemo *bis* uuâ[ren] *auf
Rasur;* *hírlichemo 3 *gâhí bláchesônde spûote sí[h] *auf Rasur von* spúte
síh 4 *suébelgíu *Táz 5 fulgidus] u¹ *aus* l *rad.* 7 nâh:] *Rasur* 8
*skínbáre *blígfáreuuemo 9 *rútemháfte 9, 12 *2mal* *díen 9 *ánderén
9/10 *rínnentên 10 síe] Zkfl. *aus Akut korr.* gemístên *nach Pestalozzi
S. 158 gegenüber* *gemísktên *nach Kelle II, S. 318* *día 10/11 metem/mé-
temscaft] metem *rad.;* *métemscáft 11 *zûo gelámf] m *auf Rasur von* f 12
*mítten *gescáffôt 14 stationarię *auf Rasur* 15 *lût(t)erôra 16/17 *ge-
rénnet 17 *uuálescûn smal *auf Rasur* 19 appetabat] a¹ *aus* o *korr.* 20
*kérôta *uuílsâldôn *díu² *ín Unten die Federprobe* anima *rad. Punkt ge-
hört hinter* 6 intermixtis, 7 moderatio, 11 métemscaft, 18 fúnden *und* ságet.

---

7 temperabatur *nach* Br; *temperabat *nach* D L β N-T E-T   13 *retrogradę
*anomalę   22 *undę

liche lústa íro stánches . súmeliche dero mámmendun úndo sánges. J24
Gustum autem haustumque quamplures ex eodem dulcissimo gurgite sitiebant.
Únde gnúoge getrúnchin gérno sô súozes uuázeres. *Nec deerant*
qui eadem foueri abluique limpha ac se in illam iacere cupiebant. Ún-
5 de uuáren die síh uuólton gérno míte gebáhet . únde ge-
bádot uuérden . únde dar-ín scrícchen. Táz uuás ál fóne díu .
dáz sie síh uuândon fóne stella ueneris háben uoluptatem .
álso síe óuh uuândon dia sêla síh háben fóne dero súnnun .
únde den líchamen fóne demo mânen . únde blúot fóne
10 marte . gespráchi fóne mercurio . héili fóne ioue . lâzi fóne
saturno. *Preterea duo restrictiores ac sinu ambituque paruo*
raptabantur interius. Âne die rúnnen zuô ín-nôr únlenge-
run in íro férte . ín éngen bíugon . únde in lúzzelmo úm-
be-suéifte. Táz sínt tíe *circuli mercurii* . únde lunę. *Quorum*
15 *uterque pro aliorum uicinia et confinio coloratus . exiguum proprii saporis*
haustum traxere . mutabilis multa ammixtione. Téro ío-
uuéderiu uuás kefáreuuet nâh tíen ánderen . áfter íro
íogelíchero náhi . únde hárto geuuéhselotíu fóne íro mískel-
ungo . hábeta sí lúzzel éigenes kesmágmen. *Nam alter*
20 *nimia celeritate festinus ac plerumque consistens relabensque fe-*
rebatur. Uuánda éiniu gâhota uuílon . uuílon gestúlta
sí . uuílon eruuánt sí. Álso uuír séhen in cælo díe pla-

───────────────────────────────────────
1 *mámmendûn 2 dulcisisimo] i² *rad*. 3 *getrúnchen deerāt 5 *uuâren   5,
12 *2mal* *díe 5 *uuóltôn gebáhet] t *auf Rasur von* n 5/6 *gebádôt   6 *dâr
[scrí]cche[n] *auf Rasur von* chen   7/8 *2mal* *uuândôn   8 síe síh óuh] síh
rad.; *síe *súnnûn 10 *lâzí 12 zûo 12/13 *únléngeren 13 *in éngên bíu-
gôn *lúzzelemo 14 be suéif *auf Rasur* *tíe 17 *uuéderíu *tien ánderên
18 *geuuéhselotíu fóne.íro   21 *éiníu gâhôta 21/22 *3mal* *uuílôn 22 *sé-
hên   *díe *Punkt gehört hinter* 3 deerant, 5 uuáren, 15 uterque.

4 *lympha 11 *Pręterea 15 proprium 16 traxere *nach* Br; *traxerat *nach*
D L β N-T E-T 22 *cęlo

netas inequales . stationarias . retrogradas. *Alius uero quandam origi-* J25
nem undarum gestans . flexuosisque anfractibus errabundus . spuma-
bat cunctis seminibus fluentorum. Ánderiu fûorta sámo-so ána-
genne dero názi . únde in chrúmben chêren scránchelondiu .
5 féimda sî sâmen álles sóuues. Tes mânen tóu îst ánagenne P709
únde sâmo . sáphes únde márges.

IN HIS SEPTEM AMNIBUS FORTUNAS HOMINUM QUATI. 12.
D13,1 L91,11
hi igitur amnes discoloris cursus . predictas rerum nationumque fortunas .
inmensis primo sinibus ambiebant. Sús míssefáreuue áhâ . úmbe-
10 gríffen ze êrist . mît chréftigên bîugôn . álle dîe uuîlsalda dé-
ro uuérlte . ióh tero dîetô. Uuáz mág in uuérelte sîn . îz ne-
uuérde úmbefángen mît tîen rîngen dero planetarum?
Tunc diuersa undarum uiolensque rapiditas . singulas quasque peruadens .
inprouisa ui . per decliuis aluei precipites lapsus . rapidis turbinibus
15 *pertrahebat.* Tára-nâh kesuárb îogeliche fortunas . tîu mís-
selicha . únde dîu chreftiga dráti dero sélbon uuázero . únde
fûorta sie ze_tále . mît káhen uuándôn. Fóne în uuírt tero
ménniscon lîb pestúrzet sô mathematici uuânent. *Ita ut*
alius easdem . plerumque alteri transfunderet fluuio. Sô dráto
20 dáz sie ióh kebólôt uuúrtin ûzer éinemo ín daz ánder.
Et quam ille exercitam longa collisione uexarat . alter aut
ripe redderet . aut amne mersaret. Únde dîa éin áha

---

2 ·flexuosisque *auf Rasur* 3 *Ánderíu 3-5 *2mal* *ánagénne 4 *chrúmbên
*scránchelôntíu 6 *sáffes 7 *vor* QUATI:- *Rasur* 10 êrist] *Zkfl. aus Akut*
korr.; *êrest uuîlsalda] *Zkfl. über rad. Zkfl.;* *uuîlsâldâ 10/11 *dero
11 tero *auf Rasur von* dieto *dîeto *uuérlte sîn⸌ 12 *tîen 13 uiolens-
que *auf Rasur von* rapiditas 15 *îogeliche 16 *chréftiga *déro sélbôn 17
káhen] a *aus* e *korr.;* *kâhên uuȧdôn] a *aus* o, o *aus* a *korr.* 18 *ménni-
scôn 19 easdem *auf Rasur* 20 *uuúrtin *in 21 lónga] *Akz. rad. Punkt ge-*
hört hinter 18 pestúrzet *und* Ita, 19 dráto. *Punkt ist zu tilgen hinter* 19
easdem.

22 *ripe

lángo múhendo ferchnísti . ánderiu ûz-uuúrfe . álde besóufti.   J26
Uuánda uuîlon eruuétet mán ûzer sînero nôte . uuîlon lîget
er dar-înne. *Non tamen fortunas omnes inuolutas . illi gurgites*
sanguineus . aut ceruleus rapiebant. Tíu rôta martis . únde díu
5 plâuua saturni negenâmen síe dóh níeht álle. *Plerumque illius lac-*
tei prenitens unda repente correptas eminentis tractus uertice sub-
uehebat. Uuîlon uuás taz tíu únda dero uuízun iouis áhô . káhes
túnses síe ánauuért frámbâro fûorta. *Atque fluctu elatiore*   P710
suspensas . in illum cruente similitudinis reiciebat estum . aut in
10 *torrentem liuidum uorandum .i. ad uorandum . hiatu piceo . despuebat*
.i. propellebat. Únde ûf in óbenahtîga uuéllun erháuene . uuárf
sî sie in dia blûot-fáreuuun zéssa martis . álde gáb sie dero
blâuuun áhô saturni . ze ferslíndenne in hárzegemo slûche.
Alterna igitur permixtione fluuiorum . ille fortunarum populus
15 *agebatur.* In sús hért-uuíhselígero mískelungo dero áhôn .
uuárd keuuérfôt tíu mánigi dero zuîfelsâldon. *Neque enim*
ulla prorsus erat que ab omni inmunis .i. inofficiosa incursu .
cunctoque esset gurgite feriata. Nóh tíu neuuárd fúnden .
díu álles ánablastes fermîten uuâre . únde erlâzen álles
20 uuâges. Uuér íst sô sâlig táz er in uuérlte âne árbeite
sî? *Denique uirtus secuta cillenium dum sola cunctos interrite*
transmearet . licet eam magno fragore colliserint . tamen

---

1 ferchní[sti] *auf Rasur* *ánderíu besóufti] Akut aus Zkfl. rad.* 2 *2mal*
*uuîlôn *man 3 *dâr 4 rapiebant] t *auf Rasur* 5 *blâuua sa[turni] *auf*
Rasur 5, 8 *2mal *síe 5 [n]íeh[t] *auf Rasur von* iht 7 *Uuîlôn *táz
*uuízûn 7, 13 *2mal *áhô 9 similitudinis] n *auf Rasur von* s 11 óbenáh-
tîga] *2. Akut rad.* *uuéllûn 12 síe] e *rad.* *día [fáreuu]un *auf Rasur;*
*fáreuuûn *déro 13 *blâuuûn 16 *zuîfelsâldôn 19 *ánablástes 20 *sâ-
lîg *árbéite *Unten die Federprobe* ani *rad.* *Punkt gehört hinter* 7
uuás, 17 erat, 20 sâlig. *Punkt ist zu tilgen hinter* 3 inuolutas. *Hoher*
Punkt steht hinter 22 tamen.

---

4 *ceruleus 8 *vor* Atque] *Aliquando etiam sublimatas . nach* D L Br β N-T
E-T 14 sluuiorum 21 *cyllenium

opprimere non quiuerunt. Tánne áber éiníu uirtus cillenio fólgen- J27
diu páldo dar-ána fúore . dô nemáhton sie sía álle níder-fer-
stôzen . tóh sie sía gnûoge mít míchelmo bróchesôde ána-
stôzendo chnístîn. Táz íst fóne díu uuánda *sapientes ne-*
5 *úberuuíndet nehêin aduersitas .* tóh sî sie múhe.
ULTRA FLUMINA INUENTUM APOLLINEM . ET EUM UICISSIM   13.
URNAS QUATUOR TEMPORUM APERIRE.
Tandem trans fluuios qui ad quoddam phoebi spectaculum fere- D13,21 L93,3
bantur . cum uirtute mercurius constiterunt. Tóh tô chám cille-
10 nius mít uirtute úber díu uuázer . díu síe áber ze ánderen
apollinis spîegulen léiton. *Ac tunc latoium conspicati edito con-* P711
sidentem . arduoque suggestu . atque in conspectu quatuor urnu-
las adopertas . uicissim atque alternis inspectionibus enudare.
Únde dâr sâhen sie latonę filium púrlîcho in hóhemo chú-
15 ningstûole sízzenten . únde fóre ímo bedáhtíu fíer
éimberíu . únde díu hértôn in-dûon . únde éinzen dar-ín sê-
hen. Uuér betûot tie zîte . únde uuér in-dûot sie âne
díu súnna? *Quę diuersa specie metallisque formatę.* Tíu
uuâren místselíches píldes . únde místselíches kezíuges.
20 *Nam una ex ferro quantum conici potuit duriore . alia ex*
argenti fulgentiore materie . tertia liuentis plumbi fusi-
li robore uidebatur. At uero propior deo perlucentis uitri salo

---

1 quer̄unt] *Abkürzungsstrich rad.* áber *bis* uirtus *auf Rasur;* *éiníu 1/2
*fólgentíu   2 *báldo   2, 16 *2mal* *dâr   2 *nemáhton   3 *sía   *míchelemo
bróchesôde] *Akut aus Zkfl. korr.*   5 *nehéin   7 QUATUOR] O *auf Rasur*   10
*díu²   *ánderên   11 *spîegelen léitôn   14 *sáhen   *búrlicho   14/15 chún/
ningstûole] n¹ *rad.*   15 *bedáhtíu   16 éimberiu] *Akut aus Zkfl. korr.;*
*éimberíu   éinzeⁿ; *éinzên   16/17 *séhen   19 *2mal* *místseliches *Punkt ge-*
hört hinter 4 díu, 8 fluuios, 20 ferro *und* potuit.

1 *cyllenio   8 *phębi   9/10 *cyllenius

renitebat. Éinez uuás sô man iz uuízen máhta ísenin . ánderiz sílbe-   J28
rin . daz trítta plíín . daz fíerda daz ímo náhesta uuás . kelíh temo
gláseuáreuuen mére. *Singulę autem rerum quedam semina . elementaque*
gestabant. Sâmen únde máchunga állero díngo uuâren dar-ínne.

5 Uuánnan châmín álle sácha . úbe diu úngelíchi dero zíto sie neráh-
ti? *Nam flamma flagrantior et ab ipsius kacauminis exanclata .i. ex-*
hausta fomitibus ex ferri prędicta anhelabat urna. Ûzer demo íse-
ninen éimberine dáz ten súmer bezéichenet . slûog taz héiza fíur .
kehóletez ûzer díen zínselôden sélbero dero scádeli. Uuánda in
10 súmer scádôt ófto diu hízza. *Quę tamen uertex .i. uis mulciferi dicebatur.*
Táz éimberi híez chráft uulcani. Ér íst mulciens ferrum . dáz chít
er uuílchet taz ísen mít temo fíure. *Alia etiam quę fuerat ex*
argenti materie pręferebat serena fulgentia . et uernantis cęli
temperie renitebat. Táz sílberina daz ten lénzen bezéiche-
15 net . táz máchota skímbâra héiteri . únde gléiz álso in lénziske-   P712
mo uuétere. *Hanc dicebant risum iouis.* Taz híezen sie iouis láh-
ter. Uuánda demo íst taz uuéter gelíh ín lénzen. *Illa uero me-*
talli grauioris . plena erat . úndosę hiemis . atque algidi frigoris .
necnon etiam pruinarum. Táz plíína éimberi . daz ten uuínter
20 bezéichenet . táz uuás fól úngeuuíteris . únde fróstes . únde rí-
fon. *Hæc saturni uocabatur exitium.* Táz híez zâla álde suíd
saturni. Uuánda uuínter íst álles tínges suéndi. *At uero ali-*

---

1 *ísenín *ánderez 1/2 *sílberín 2 *blíín *dáz³ 4 *máchungâ *dâr 5
*Uuánnân *sáchâ *díu 7/8 *íseníinen 8 *éimberíne *fíur 9 ke[hóletez]
auf Rasur *díen 10 *súmere hízá 11, 21 *2mal* *híez 14 *sílberína 14,
19 *2mal* *dáz 15 *máchôta skímbâra 16 *Táz híezen 17 *démo 20 úngeuuí-
teris] te *auf Rasur;* *úngeuuíteres 20/21 [rí]fon *auf Rasur;* *rífôn 21
suíd *auf Rasur* 22 tínges su[éndi] *auf Rasur von* tíges sué *Punkt gehört*
hinter 1 uuás *und* máhta, 2 fíerda, 8 éimberine, 11 chít, 12 etiam, 13 mate-
rie, 14 sílberina. *Punkt ist zu tilgen hinter* 3 semina, 18 erat.

1, 14 *2mal* *renidebat 3 *quędam 6 *cecaumenis 11 *mulcens 18 *undosę
21 *Hęc

a . sali resplendentis . atque ad ipsius dei dexteram sita . aeris tocius
seminibus erat referta. Áber dáz temo mére gelîh uuás . únde
den hérbest pezéichenet . únde ze apollinis zeséuuun stûont .
táz uuás fól álles lúftlîches sâmen. Hanc iunonis ubera memo-
5 rabant. Táz hîezen sie iunonis tútten.
   EX URNIS SALUTEM AUT PESTEM EMITTI. 14.
   ℰx his igitur urnis deus alternatim quantum dispositis sat erat
   hauriebat. Ûzer dien nám hérton apollo . sô fîlo is cnûoc-
   ta ze dîen benéimden . díu er tûon uuólta. Nam quotiens orbi
10 bi complacito uitalis spiritus salubres ministrabat auras . ex illa ar-
   genti clementia . aeris hausti permiscens semina temperabat.
   Uuánda sô ófto er hóldero uuérlte gáb . ze líbe zîhendíu
   uuéter . sô hábeta er gnâda getémperot zû demo lúftsâmen
   dén er scángta . ûzer demo sílberuáze. Cum uero pestem diram comme-
15 ritis mortalibus minabatur . æri similiter anhelos ignes . aut tor-
   pentis frigoris uenena miscebat . et in afligendum meare co-
   gebat orbem. Sô er áber uuêlicha sûht scúldigen ménnis-
   kon drôlicho benéimda . sô mískelôta er héiz fíur . zû dero
   lúfte . íh méino plígfiur . álde ábelâges fróstes uuêuuun . ún-
20 de frúmeta síu an dia scúldigun uuérlt. Tali dei tempera-
   mento uirtus ammonita . magisque cum eum salutaris auras miscere
   re conspiceret . cęci poetę graium uersum . mercurio comprobante

---

1 [resple]nde[ntis] *auf Rasur* 3 *zéseuuûn 4 *lúftliches 5 *hîezen 8/9
2mal *dîen 8 *hértôn 8/9 *cnûogta 9 *benéimdên 12 *zîhentíu 13 getē-
perot; *getémperôt 13, 18 2mal *zûo *bzw.* *ze 17 *scúldigên 17/18 *mén-
niskôn 19 *blígfíur *uuêuuûn 20 *án *scúldigûn Unten die Federprobe
anima mea turba *rad. Punkt gehört hinter* 7 alternatim *und* erat, 13 lúft-
sâmen, 22 comprobante. *Punkt ist zu tilgen hinter* 18 fíur.

---

1 *totius   15 *aeri   16 *affligendum

commemorat. Fóne dero témparâtun . únde dánnan méist kemánetíu .   J30
dáz sî in sáh mískelon héilesama lúft . spráh uirtus tîsen chrîechisken
uérs . tes plînden meonii . mercurio den lóbentemo. *Sol   auricomus
Phoebos crisocomes pestis nebulam resoluit
limu nephelem . aporiki. Ex quo .s. uersu pestem fugari posse mercurius . si*
5 *uoces primę uestigiis eius accederent admonebat . subdendę tamen .s. pe-*
6a *stes .i. adscribende tamen sunt . clario fidibus personanti . atque inter*
6b   *serta laurige-*
ra infularum . lubrico inplexoque crine redimito. Tánnan chád
mercurius . sîh óuh múgen súhte búozen . úbe îmo dar-úmbe dígî
châmîn . sie sól man îo-dóh chád er iéhen úndertâne uuésen apol-
10 líni . mít séiton spîlentemo . únde gezîertemo mít laurînen hóu-
bet-péndelen . únde mít hâlemo ióh réidemo fáhse.
QUAM HONORIFICE SUSCEPTUS SIT MAIUGENA. *Talia con-*   15. D15,11 L95,20
*serentes ut procul pithius aduentare conspexit . causamque aduentus primis
aspectibus recognouit trono quo insedebat exsurgens . musas iussit oc-*
15 *currere.* Sô sie sús chôsonte pithius férrenan gesáh chómen .
únde er sâr bechnâta uuánda er uuîzego uuás . uuáz îro fárt
méinda . do stúnt er sélbo úf gágen în . únde hîez în sîne mu-   P714
sas fúrelóufendo begágenen. *Quę licet in maiugenę officium
properare uiderentur ratis tamen incessibus mouebantur.* Únde dóh
20 tie mercurio zę dîeneste gágene îltin . dóh líufen sie sámoso
gemézenên stépfen . álso óuh an îro níumôn guîssiu mâza îst.
Ac tunc germano in participatum operis consessumque suscepto . prior

---

1 *témparâtûn *dánnân *kemánetíu bzw. *kemánotíu 2 *în *mískelôn héile-
sama auf Rasur; a² aus e korr.; *héilesáma 3 *dén lóbentemo bzw. *lóbôntemo
crisocomes auf Rasur 7 *Tánnân vor chád] cha rad. 8 *bûozen *dâr *dígî
9 *sîe 10 *séitôn spîlentemo bzw. *spîlôntemo *laurînên 11 hâlemo] a aus
o korr. 15 *chôsônte *férrenân 16 únd[er] bech[n]âta] n¹ und a¹ rad. 17
*dô stúont ér *kágen în *hîez 20 *tîe *îltîn 21 *án *guîssíu Punkt ge-
hört hinter 5 accederent, 14 recognouit, 16 bechnâta, 19 uiderentur. Punkt
ist zu tilgen hinter 3 uérs, 4 nephelem, 8 mercurius.

---

3 *meonii   3/4 Zu Φοῖβος χρυσοκόμης λοιμοῦ νεφέλην ἀπερύκει. siehe D15,7 mit
Anmm.   5 primę nach β N-T; prime D L Br E-T   6a *adscribendę   13, 15 2mal
*pythius   14 *throno *insidebat

orsus est phoebus. Únde demo brûoder zû ze ímo gesáztemo . únde J31
sínes uuérches ze gehélfen genómenemo . íh méino ûz-kébendo .
dáz in díen êimberînen uuás . fúre-fíeng er sús mít ímo rédondo.
CUI EUM OPORTEAT NUBERE FRATER INSINUAT. 16.

Cum anxia sententia nutat in trepidis rebus . aut cum ignota D15,19 L95,27
sors fluctuat in incertis futuris . consultet mortale genus . quodque
indiga cura ueri facit dubium . uel incerta spes fatigat. Ménniscon
chúnne chît apollo daz tero uuârheite zuîfel getûot sór-
gen . únde dáz únguissiu gedíngi múhet . táz frâgee únsîh
cóta . dánnan sîn mûot uuánchôe . álde sîn lôz ze únchundi
zîhe . in gnôten díngen únde únguíssen. *At nobis prescire*
uacuum est. Úns íst áber kelâzen fóre-uuîzen diu díng.
Cunctatio nulla est quod superi uoluere. Táz tie gôta uuél-
len . des ne-íst ne-héin tuâla. *Licet de fixis pectore .s. deorum caret preobtare*
. si quod placet atque .i. quam necesse est. Souuîo dero fersnûor-
tôn man nedúrfe mûotôn . úbe er ánderes uuîle . dánne so
is nôt íst. *Prouidentia dei* nelâzet ánder geskéhen . âne dáz sî
benêimet hábet. *Sed consilium meum uis ferre . quod nondum uenit tibi*
mansura uoluntas. Nû uuîle dû háben mînen rât . uuánda P715
dir nóh tîn uuíllo nebechám. *Sic semper ab omni uelle capis soci-*
um .s. me . atque addita faciunt mentem .s. quietam. Sô sólt tû nû . ún-
de íó háben mîna hélfa. Únde mîne râta getûont tír

---

1 ʰpoebus *zûo 3 díen *auf Rasur;* *díen *êimberînen fíêng *rédondo 31,5-33,8
lat. Text in Versen 7 *Ménniscôn 8 [apoll]o *aus* i *korr.* *dáz *uuârhéite 8/9
*sórgên 9 *únguíssíu *únsíh 10 *dánnân *uuánchoe *únchúndi 11 *zîhe *gnô-
tên *únguíssên 12 *gelâzen 14 *dés defixis:.s. deorum ; pectoræ] *a rad.* 15
                                    .pectore
vor .si] defixis *anrad.* *Souuîo 16 *sô 18 *benéimet 19 ma[nsura] *auf Rasur*
von mas 20 *dír 20/21 socium] i *auf Rasur von* u 22 *tír *Punkt gehört hinter*
4 NUBERE, 8 apollo, 13 est. *Niedriger Punkt steht hinter* 15 est.

---

1 *phębus 14 *preoptare

müotrâuua. Tíz íst ter tóugeno ána-fáng . tér in rethorica héizet   J32
insinuatio . dér dáz ánterôt . táz mán in den bûosen slôufet.
PRECONIA EIUS QUAM SUADET DUCERE. *Est igitur prisci* 17. D16,8 L96,22
generis doctissima uirgo . conscia parnasio coetui. Êin uuíse dîerna
5 íst . édelis kesláhtis . chúndiu dien ze parnaso geséezenen . musis ún-
de poetis. *Cui fulgent sidera.* Téro hímeliskiu díng indân sínt.
Cui nec claustra possunt occultare tartareos recessus . nec rutilantia
fulmina iouis arbitrium. Téro nehéiniu slóz ferstân nemúgen díe
héllelíchen tóugenina . nóh tie fíurînen blíccha ferbérgen ne-
10 múgen iouis uuíllen. *Spectans qualis est sub gurgite fluctige-*
na nereus. Pechénnendiu uuíolíh únder uuâzere sî . des méres
sún nereus. *Queque norit tuos recursus per fratrum regna.* Tíu óuh
tîne férte uuêiz mercuri . áfter dînero brûodero ríchen .
martis únde apollinis. Sî bechénnet tíh únder dien planetis.
15 *Peruigil. Uuácheriu. Penetrans archana inmodico labore.* Túrh-
crúndende tôugeniu ding mít míchelen árbeiten. Uuáz ne-
hínder-stât ratio . uuáz irdríuzet sia ze irríngenne? *Que pos-*
sit docta cura prequertere totum . quod superis prescire datum. Tiu ióh hí-
na-fúre chán uuîzen ál daz chúmftiga díng . táz tien góten
20 gelâzen íst. *Quin crebrius ius habet illa in nos deos . urgens*   P716
coactos in iussa. Ióh án úns cóten hábet sî geuuált . únsíh tuuín-
gende ze íro gebóte. *Et scit .s. se posse inuito magno*

---

2 *man *slóufet   4 Eîn] Zkfl. aus Akut geänd.; *Éin   5 *édeles kesláhtes
*chúndíu *geséezenên   6 *hímeliskíu   8 *nehéiníu *die   9 *héllelichen
*tóugeninâ   11 Péchénnendiu] 1. Akut rad.; *Pechénnentíu   *uuíolíh *uuá-
zere   13 *uuêíz   brûoderon] n rad.   15 *Uuácheríu   16 tôugeniu] i aus e
korr.; *tóugeníu *díng *míchelên árbeiten   17 *erdríuzet sîa *erríŋ-
genne   18 docta] a aus o korr. *Tíu   21 *únsih   21/22 *tuíŋgende   22 ip[se]
rad.   Punkt gehört hinter 3 EIUS, 10 Spectans, 11 Pechénnendiu, 22 posse.
Punkt ist zu tilgen hinter 11 sî.   Niedriger Punkt steht hinter 11 únder.

1 *rhetorica   3 *PRĘCONIA   4 *cętu   10 est] *sit   15 *arcana

ioue . quod nulla potestas superum queat temptare. Únde uuéiz sî sîh táz múgen hínderstân . iouis úndanches . dáz ánder geuuált tero góto nehéiner nebestât. Uuáz mág táz sîn? *Stent ardua. Dáz* ter hímel stánde. Dóh er îo in sueibe sî . ratio bechénnet uuénne er nesuéibôt.
5 Sî tûot fóne ímo sús ketânen sillogismum. *Omne quod mouetur instabile est . quod instabile est transit . cælum quoque quod mouetur transit.* Mág ter hímel transire . sô mag er óuh stare. *Alterutrum cumulat parilem meruisse iugalem.* Íuuer îo-uuedermo íst êra ze gelíchemo gehîen. QUOD EI NOMEN SIT PHILOLOGIA . ET UIRTUS EAM FATEATUR COGNATAM . 18.
10 ET IN CETERAS UIRGINES MUNIFICAM.
H*is apollinis dictis letabunda uirtus . quod tam excellentis uirginis suasum uidet esse coniugium . ut nihil amissum duceret ex dignitate supradictarum . nomen tamen eius inquirit.* Uirtus sîh tô fréuuentíu . dáz er ímo gerâten hábeti . ze sô tugedîgero mágede án déro
15 níeht nebrâste dero êreron hêri . frâgeta si íro námen. *Quod ubi cognouit philologiam esse . de qua foedus instabat . tanta gratulatione alacritateque concutitur . ut aliquanto de ingenito rigore desscendens . etiam corpore moueretur.* Sô si dô gehôrta dáz iz philologia uuás . tía er néimda . sô uuárd sî is sô frô . dáz si ióh éte-
20 uuáz íro guónun hártûn intlâzeniu . den líchamen erscútta. Taz láhter scútta sia. *Quippe propinquam esse commemorat.* Iáh sia uuésen íro gelégenun. *Et laudate illius mantices*

patronam. Únde mágezohun dero geêretun *mantices. In ipsam quoque sophian* . J34
suppellectilis multa remuneratione largissimam. Ióh uuíder sélbun dia sa-
pientiam állero gébon míchellicho mílta. Ratio díu íst administrans sapien-
tiam. *Nam psichen incultam ac ferino more uersantem . apud hanc asserit ex-*
5a *politam . ita ut si quid pulchritudinis ornatusque gestaret . ex philologię*
5b   *sibi cul-*
tibus arrogarit. Anímam chád sí íu úngereitenota únde uuíldlícho lébenda
fóne íro geslífena . sô dáz sí níeht scônis únde zíeris ána-netrûoge . âne daz
si dero íro gáreuui . síh ána-geléget hábeti. Anima nechóndi níeht úbe íro
iz ratio negâbe. *Quę ei tantum affectionis inpenderit . ut eam semper immor-*
10 *talem facere laborarit.* Tíu íro sô férro mínna geskéinet hábeti . dáz si
sía immortalem getûon uuólti. *Nihil igitur inmorandum . quippe cum impi-*
ger gerendorum sciat esse cillenius. Chád si níeht uuésen zę bítenne . síd
óuh cillenius sínero díngo unspûotig sîn nechóndi. *Sed acceptis apol-*
linis fatibus respondit ipse maiugena. Áber infángenen ráten apol-
15 linis ántuuurta ímo der brûoder. APOLLINIS ESSE OPTIMA CONSILIA .   19.
ET APUT IOUEM FIRMANDA. ℭ*ertum est lauripotens .i. diuine*   D17,16 L98,15
decusque diuum .i. illuminator siderum nostrum pectus uenire ex contiguis.
Nû íst quís uuízego . únde líeht-máchere des mânen . únde ánderro stér-
non . únser zuéio uuíllen . dáz chít únser zuéio stérnen síh ío náhen.
20 Mercurius lóufet io mít sóle. *Et socium ciere numen.* Únde ío míh éiscon   P718
únde frâgen dína mir síppun gótheit. *Et probare quicquid rerum ego ti-*
bi iunctus compererim .s. a te. Únde dáz kelóuben so-uuáz íh pefíndo fó-

---

1 *mágezóhun *geêretûn   2 *sélbun   3 *gébôn   5a pulchritudinis] n *auf Rasur*
von s   6 arrogarit] o *aus* a *rad.* *íu úngeréitenôta *uuíldlicho   7 *scônes
*zíeres *dáz²   8 gáreuui] a *aus* e *korr.*   10 [geské]inet h[ábeti] *auf Rasur*
13 *únspûotíg   14 *infángenên *vor* ráten *Rasur;* r *auf Rasur;* *ráten   15 [ánt-
uuurt]a·:̇] a·: *auf Rasur von* ímo; *ántuuúrta   34,16-35,18 lat. Text in Ver-*
sen 17 nostrum pec[tus] *auf Rasur* 18 *kuís *máchare 18/19 *stérnôn 19 2-
mal *únsêr zúeio¹   20 *ío¹ *éiscôn   21 *frâgên *mír síppún góthéit *Punkt*
gehört hinter 3 Ratio, 6 lébenda, 8 níeht, 21 probare, 22 kelóuben. *Punkt ist*
zu tilgen hinter 1 sophian, 8 gáreuui.

---

2 *supellectilis   4 *psychen   12/13 *2mal* *cyllenius   16 *APUD   20 *sole

ne dír . uuánda dú uuízego bíst. *Sed numquam mage uelle disparamus.* Áber nîo-
mer negeskéidên uuír únseren uuíllen . mêr dánne er îo ána íst. Ér
sól îo úngeskéiden sîn. *Et fit conlibitum manere in iussis .i. persuasione . quam
meare cum deliaco fatu .i. quam obtemperare consilio delii?* Únde sól íh tánne
gérnôr îomannes rátes fólgên dánne apollinis? *Cura atque arbitrio mo-
nemur isto .i. tuo.* Tés uuírdo íh kemánot mít tínero áhto . únde mít tí-
nemo chóste . táz íh ándermo sô uuóla negetrûee. *Hunc quippe ambigu-
um nefas putamus.* Sólchen zuíuelon sô du bíst . táz íst méin. *Et quę-
cumque fuit perit uoluntas .s. cęlibatus.* Únde úngehiennes uuíllo dér
íst mír nû ingángen. Dû hábest mir in ába-genómen. *Quocirca of-
ficio decentiore . paret pręcluibus libens profatis arcas . in thalamos uenire
iussus.* Pę díu lósêt tír zímigor arcas . fóne dínemo édelen ráte ge-
scúnter zę gehíenne. *Sed tu delie instes . quo tonantis exstet compar pro-
positum . uolensque nutus.* Nû hílf mír échert . táz iouis uuíllo dar-ána
sí . únde síne únste. *Nam solitus ciere pectus . et pręuersa sensa uigil mone-
re.* Tú bíst quón sîn mûot zę besûochenne . únde in sínes ún-uuíllen
geuuáro zę mánonne. *Illum contribuas fauere iussis . et cęptis sacra
fulserit uoluntas.* Ín getûo fólgên dínen uuórten . únde er mír
únne . dés íh pegínne. UNUM SINE ALTERO ADIRE IOUEM NON OPORTERE. 20. P719
Hæc *mercurio dicente . quin potius inquit uirtus uterque uestrum iouem* uoce D18,11 L99,24
conciliet. Sús chédentemo mercurio . ántuuurta uirtus. Pézera íst
chád sí . dáz íuuer ío-uuéderer iouem chétte. *Nam et hic eius consiliorum consci-*

---

1 *dû 1/2 *nîomêr 3 *îo úngeskéiden 5 *îománnes 6 *kemánôt 8 *Sólichen zuî-
uelon] n *auf Rasur;* *zuíuelôn   Hinter 8 bíst·, 9 Únde, 10 ába[ge], 17 fauere
Durchlöcherung wegen des ausrad. Textes   9 cęlibatus] u *auf Rasur*   *úngehíennes
10, 14 3mal *mír 10, 16 2mal *Tû 10 *Ín ábage genómen] ge¹ *rad.*   11 pręcluiui-
bus] i¹ *rad.* 12 *zímigôr 12/13 *gescúntêr 13 *gehíenne   tonantis] o *auf Rasur*
von a 14 *dâr 15 *sî 16 *keuuón sîn besûochenne]* b aus s korr.   17 *mánônne
18 dînên] 2. *Zkfl. rad.;* *dînên 19 ÁDIRE] *Akz. rad.*   20 dicente mercurio· *zur Um-
stellung*   21 *ántuuúrta 22 *íuuêr îo uuéderer   Punkt gehört hinter 8 zuíuelon,
9 fuit *und* uuíllo.   Punkt ist zu tilgen hinter 11 decentiore.

---

20 *Hęc

us . et tu pręceptionis archanus. Tîn brúoder uuéiz sînen uuíllen . dû fer- J36
nímest sîn gebót. Sînes kebíetennes píst tû ímo gesuâs. *Ille mentem
nouit . tu uerba componis.* Êr uuéiz ten uuíllen . tû ántfristôst in. *Phoe-
bo sueuit instante concedere . tibi pectus solitus aperire.* Phoebo íst er guón
5 sînen uuíllen ze óffenonne . únde be͜ dír ze inbíetenne. *Addo quod
uos numquam conuenit disparari.* Tára-zû légo íh táz . táz ir íuuih skéi-
den nesúlent. *Et licet hic cursor apollinei plerumque axis .i.* cur-
rus *celeritate uincatur . ac remorata statione consistens . captat .i.*
cupit . *demum festinata .s. a sole pręuertere . tamen dum consequitur .s.* solem .
10 *ita libratus .i.* adequatus . *anteuenit . ut cessim .i. gradatim plerumque
recursitans gaudeat occupari .i.* pręcedi a sole. Únde dóh mercurius
ófto fúre-lóufen uuérde fóne dero súnnun . únde er dúrh sîh stân-
de dénche uuío er áber sía fúre-lóufe . dóh keskíhet . táz er íro
sîh ébenondo sô fúre-geíle . dáz er eruuíndendo sîh áber lâze fúre-
15 ílet uuérden. Mercurium fúre-lóufet tiu súnna . sô er stationarius
íst . tánne geskíhet táz er eruuégeter . únde sia éteuuaz fúre-
loufender retrogradus uuírt . únde áber sí fúrefahet. *Unâ igitur
uestrum iouem pia pignora conuenite.* Chóment sáment fúre íuueren fá-
tir chínt. *Certum quippe est quod et phoebeo conibens splendore suc-*   P720
20 *cumbat . et cum stilbonte incedens . conubiorum copulis allubescat.*
Táz íst quís . taz iouis stella gehéngig uuérde dero súnnun skí-
men . uuánda sí getûot sia mít íro radiis stationariam . únde

---

2 gebót] *Akut aus Zkfl. korr.* gesûas [Ill]ē *auf Rasur von* u; m-*Strich rad.* 3
*Er *ántfristôst ín 4 *geuuón 5 *óffenônne [dí]r *aus* u *korr.* 6 *zûo Hin-
ter 8 uinca [tur], 9 festina [ta], 10 adequatus· Durchlöcherung wegen des aus-
rad. Textes* 9 festina ta] f *auf Rasur* 12, 21 2mal *súnnûn 13 *uuío 13, 16,
22 3mal *sía 13 [keskí]het *auf Rasur von* et; *keskíhet 14 *ébenóndo geíle
15 ílet *bzw.* *geílet lóufet] *Akut aus Zkfl. korr.* 16 [ges]kíhet *auf Rasur von*
íhet *eruuégetêr *éteuuáz 17 *lóufentêr *fúrefáhet 18 ·pia/·pignora *von anderer
Hand übergeschr.* 18/19 *fáter 19 conibens] n¹ *aus* h *korr.* 21 *kuís *táz *ge-
héngíg 22 stationariā·] *Punkt auf Rasur von* s *Punkt gehört hinter* 5 Addo, 13
dénche, 16 geskíhet, 19 est. *Punkt ist zu tilgen hinter* 8 consistens.

1 *arcanus 3/4 2mal *Phębo 7 apollininei 8 remota] *remorata *nach* D Br β
N-T E-T 10 *adęquatus 17 Unâ *adv.* 19 *phębeo conibens *bzw.* *con(n)iuens

mít mercurio gángendiu in êinemo zêichene sô mathematici ságênt .   J37
héilesod tûe demo gehîleiche.   E L E U A N T U R   M I G R A T U R I   21.
I N   C E̜ L U M   M E R C U R I U S   A P O L L O   C U M   M I R T U T E.
$H$is dictis . uirtus pre̜cedentis officio .i. instinctu . ac mercurialis   D18,24 L100,25
5 uirge̜ perflatione concussa . in ce̜lum itura sustollitur. Sâr déro uuórto .
uirtus eruuégetiu . fóne des fóreleisen scúndedo mercurii . únde
fóne déro drâti dero flúge-gérto . hûob sî sîh ze himele. *Augu-*
rales uero alites ante currum delio constiterunt . uti quis uellet uectus
ascenderet. Tô uuâren gáro ze apollinis rêito sîne uuîzeg-fó-
10 gela . rábena únde álbisze . dén ze fuórenne . sô-uuér mîte-
fáren uuólti. *Nam futura plerumque conformans . his pre̜sagire consue-*
uerat. Uuánda mít tien uuîzegota er . sô er chúmftigiu
scáffota. *Petaso autem ac talaribus concitatis . coepit pre̜ire mercurius.*
Témo flúgescuhe ióh tien súftelaren gesuúngenen . flóug
15 fúre mercurius. *Sed scandente phoebo . musarum pedissequus*
adhe̜rensque comitatus . candenti canoraque alite uehebatur.
Áber sáment apolline síndota díu geuuóna mánigi dero
musarum . ûfen síngenten álbizen.
ASCENDENTIBUS MUNDUS ADPLAUDIT. Tum uero conspi-   22. D19,8 L101,13 P721
20 ceres totius mundi gaudia conuenire. Úbe dû dâr uuârist .
sáment tû gesâhist álle uuérlt-méndina. *Nam et tellus flo-*
ribus lumina .i. per lumina renitebat . quippe ueris deum conspexe-

---

1 *gángentíu *éinemo [z]êic[hene] *auf Rasur;* *zéichene   ságênt *bzw.* *sá-
gent   2 [héileso]d *aus* t *korr.;* *héilesôd *gehîléiche   6 *eruuégetíu *fóre-
léisen   9 *rêito   10 rábena *auf Rasur* *álbize *so   12 *uuîzegôta *chúmf-
tigíu   13 *scáffôta   14 *Temo flúgescúhe *tien *gesuúngenên *flóug   17
*sîndôta   18 *síngentên   20 *uuârîst   21 *gesâhîst *méndinâ   *Punkt gehört
hinter* 1 zêichene, 3 CE̜LUM *und* MERCURIUS.

---

13 *ce̜pit   15 *phe̜bo *pedis(s)equus *bzw.* *pedisecus   16 *adhe̜rensque   22
*renidebat

rat subuolare mercurium . et apolline conspicato aeria temperies sudis tractibus
.i. spaciis renitebat. Zę ērist erglēiz tiu ērda fóne bluomon únder óugôn .
uuánda sî mercurium sáh zę hímele fáren . dēr gót tes lénzen íst . únde
deus sationum héizet . tára-nâh ergleîz tiu lúft in íro héiterûn uuîti . sô si
5a apollínem gesáh. Superi autem globi orbesque septemplices .s. planetarum suauis
5b   cuius-
dam melodię armonicis tinnitibus concinebant . ac sono ultra solitum dulci-
ore. Tíe hímelisken sperę . únde íro síben rínga . súngen in ęinhél-
lên lûton . sûozor dánne dû êr hôrtist. Quippe musas aduentare
pręsenserant . quę quidem singillatim circulis quibusque metatis .i. electis . ubi
10 suę pulsum modulationis agnouerant constiterunt. Síe uuúrten
guár die sángcútenna darzû fáren . díe ûfen díen rínĝen êin-
zen gesázen . dâr íogelíchiu íro rárta bechnâta. Nam urania stel-
lantis mundi speram extimam concinit . quę raptabatur sonora acuto
tinnitu. Urania díu celestis héizet . tíu skéllit tîa óberôstun hí-
15 mel-speram . díu drâtost férit . mít chlêinero lûtun. Polymnia
saturnium circulum tenuit. Polymnia dáz chît plurima memo-
ria . díu begrêif ten ríng saturni. Euterpe iouialem. Ten iouis
18a ríng pegrêif tíu delectatio uoluntatis heizet. Erato ingressa martium modulatur.
18b   Erato chómentíu
dáz chît inueniens similem geébenota sîh martis rínge . Mel-
20 pomene medium . ubi sol conuenustat mundum flammanti lumine.   P722
Meditationem faciens kerárta sîh ze demo mítten rínge .
án demo díu súnna dísa uuérlt ke-zíeret. Terpsicore uene-

---

1 aeria auf Rasur   2 *ērest .ᵉʳglēiz] Akut auf Rasur eines Zkfl. 2, 4 2mal tíu]
Akz. rad.   2 bluômon; *bluômôn   óugôn] 1. Zkfl. rad.   4 *ergléiz sî] Akz. rad.
5b cuiſ] ∫ rad.   6 ultra] a aus o korr.   7 *Tíe hîlmelisken 7/8 *ęinhéllên   8
*lûtôn *sûozôr hôrtîst] 2. Zkfl. rad.; *hôrtîst 10 *Síe 11 *geuuár *sángcú-
tennā *dárazuo 11/12 *éinzên 12 *íogelíchiu 14 *skéllet tia óberôstun 15
*drâtôst féret *chlêinero lûtûn 17 *begréif tén] Akz. rad.; *tén 18a *pegréif
delectatio uoluntatis auf Rasur   héizet] Akz. rad.; *héizet ℏ Erato bis modula-
tur. unten auf der Seite nachgetr.; Verweisungszeichen ℏ auch im Schriftspiegel
18b *chómentíu 19 *geébenóta 22 *démo diu Punkt gehört hinter 10 agnouerant,
14 Urania, 16 Polymnia, 18a pegréif, 18b chómentiu.

---

2 *spatiis *renidebat   6 *harmonicis 14 *cęlestis 22 *Terpsichore

rio sociatur auro. Bene delectans sáng sament temo scônen uéneris stérnen. *Caliope orbem complexa cillenium. Sonoritas* pechám cillenio. *Clyo citimum circulum . hoc est in luna collocauit hospicium.* Bona fama begrêif tén níderosten rîng íh méino ûfen demo mânen gestáteta sî. *Quę quidem graues pulsus modis raucioribus personabat.* Tér geróbe lûta . in̦ héisa uuîs ráhta. *Sola uero thalia quod*
                                                     uector
eius cignus inpatiens oneris . atque etiam subuolandi . alumna .i. nutritoria
                                                     stagna petierat . *in ipso florentis campi ubere derelicta residebat.* Éiníu thalia dáz-ter chît ponens germina . díu uuárd ze̦ lêibo in êinemo félde scônemo . uuánda íro álbiz flóug ze̦ șeuue . dô sî dia búrdi . ióh ten hôh-flúg erlîden netrûuueta. Dáz súlen uuîr poetice fernémen.
UTERQUE IN SUUM SIDUS MUTATI. *Interea tractus aerios iam phoebus exierat.* În-in̦ diu uuás phoebus . ióh hína úber̦ dia lúft. *Cum subito ei uitta crinalis inmutatur in radios . laurusque quam dextera retinebat . in lampadem mundani splendoris accenditur.* Tô uuárd îmo gáhes ter fáhspendel . in skîmen beuuéndet . únde der láurîno ást . tér an̦ șinero hánt uuás . dér irskêin álso lampas . sô uuît sô diu uuérlt uuás. *Fiuntque uolucres qui currum delium subuehebant . anheli flammis lucis alipedes.* Únde die fógela die sîna rêita fûorton . uuúrten flúgeros . fnâhtentíu fóre dero hêizi sînes líehtes . dáz chît sînes líehtenten fíures. Tero rósso sínt fíeríu. *Eritreus . acteon . lampas . philogeus.* Táz chît rubeus . splendens . lucidus . terram amans. *Atque idem pallio rutilante . ac reserato stellantis poli lumine . sol repente clarus emicuit.* Únde síne-

---

1 rio sociatur *und* sa[ment] *auf Rasur;* *sáment   2 Clyǫcitimum] *) zur Abtrennung*   3 hospicium] c *aus* t *geänd.* *begréif ten nidêrosten   4 gestáteta *bzw.* *gestátôta 4/5a raucioribus] u¹ *auf Rasur*   5a geróbe *auf Rasur* *lûtâ *bzw.* *lûtûn héisa] A-kut aus Zkfl. korr.*   7 *Éiníu   *tir   8 *léibo   *éinemo   9 sî = thalia; *ér = ál-biz   10 *Táz   *uuîr   12 *díu   13 inmutatur *bis* laur[usque] *und* retinebat *auf Rasur*   15 *péndel der] *dér *án *hénde   16 *tér ¹ʳskêin; *erskéin   18 *réita *fûortôn *flúgerós *fnâhtentíu   19 *déro héizi dáz *auf Rasur;* *táz Tero] *Akz. rad.*   20 *fíeríu *Unten die Federprobe* anim rad. *Punkt gehört hinter* 5a *und* 7 *2-mal* thalia, 13 laurusque, 16/17 uolucres, 18 fógela. *Punkt ist zu tilgen hinter* 5a lûta, 12 phoebus, 14/15 fáhs/pendel.

---

2 *Calliope   *cyllenium   *cyllenio   *Clio   3 *hospitium   6a *cycnus   10 poeticę 11 *MUTATUS   11/12 *2mal* *phębus   20 *Erythręus *actęon *lampias *bzw.* *lampros rubeus *bzw.* *rubens   21 lucidus *bzw.* *lucens   22 *limine *nach* D L Br β N-T E-T, *obwohl* 40,1 líehte *für* lumine *spricht.*

mo láchene in rôti bechêrtemo . ióh temo hímel-líehte indânemo . er- J40
skéin er gáhes héiteriu súnna. *Cyllenius quoque in sidus uibrabile* .i. *corus-
cum astrumque conuertitur.* Sîn brûoder uuárd óuh pechêret . in sînen glán-
zen stérnen. *Atque ita metamorphosi supera* .i. *transformatione*
5 *cęlesti pulchriores . per geminos proprietate quadam* .i. *fiducia signi fa-
miliaris inuecti . augusto* .i. *nobili refulsere cęlo.* Unde álso scô-
ne uuórtene fóne ûfuuértigero mûzungo . únde gesuâslícho
ín-fárende ze geminorum zéichene . mít tero brûodero báldi
castoris únde pollucis . clízen sie in hímele. *Ac mox tonantis*
10 *palatium petiuerunt.* Únde châmen sâr ze hóue. PTANT
IAM IN CAELO IOUI ASSISTENTES PER IUNONEM OPTATA TEM-   24.
Qui *postquam introgressi . et coram data copia fandi . ut uidit*   D20,16 L104,22
*clarius consortio patrem iunonis herentem . quam nouerat suffra-
gari plurimum ac fauere conubiis . lętus primo omine . ipsamque concili-*
15 *ans . in cuius arbitrio positam nouerat mariti uoluntatem . ita
mitis affatur.* Sô síe dara-châmen . únde íro ârende tûon mûo-
son . únde apollo gesáh sînen fáter ze iunone síh kesuâsen-
ten . día er bechenâta gérno hélfen ióh fólchete uuésen ge-
híleiches . fróuuêr sâr sólches héilesodes . unde sia chéttende   P724
20 in déro râte er iz uuíssa ál stân . trát er íro sús zû.
PER EXORDIUM . RHETORICE . BENIUOLOS FACIT QUIBUS SVPPLICATVRVS EST 25.
Possem *pubeda uixdum* .i. *adhuc . uel paterna contremens pręcepta . mi-* D20,22 L104,32

---

2 *héiteríu   5 cęlesti pulchriore[s] *auf Rasur*   6 *Únde   7 *gesuâslícho   16
*síe dára   16/17 *mûosôn   18 *día *bechnâta *fólchéte   18/19 *gehíléiches
19 fróuuêr] *Akut aus Zkfl. korr.*   *sólíches héilesodes· *auf Rasur;* *héile-
sôdes únde] *Akz. rad.;* *únde *sía chéténde] chéténd *auf Rasur*   20 *zûo   21
*anderer Schreiber (β) bei dieser Überschrift   40,22-42,20 lat. Text in Versen
Punkt gehört hinter 10/11 TEMPTANT, 19 chéttende, 21 FACIT und EST.   Hoher
Punkt steht hinter 21 RHETORICE.*

11 *CĘLO   13 *hęrentem   21 *BENEUOLOS

nore ambigens fiducia solum adire tonantem pro foedere pignoris . ni J41
iugata consortia cęlitum . omen pararent prosperum . tabensque .i. quieta diuum nunc moneret nexio. Íh máhti ióh chíndisker . únde mínes fátir uuórt in zuuíuelígero unbáldi fúrhtender . mêr dánne íh
5 nû fúrhte . álles éinen uuóla grûozen úmbe sínes súnes kehíleih .
úbe mír dero ánderro góto gehíleicha héilesod netátin . únde
míh is íh méino des héilesodes íro mûozeglichen zesámene-gehéfteda nemánetín. *Quis deorum nollet iunone conscia thalamos rogare?* Uuélih cót sólti nû âne iunonis uuízentheit kehíennes
10 kéron? *Cum eadem profecto pronuba futura quęque suffragabitur?*
Síd sí diu híreisâra íst . tíu is tára-nâh álles hélfen sól? *Iugalis ergo blanda . nutus pręstrue.* Líeba sîn uuírten . getûo dû ín is uuíllígen. *Et suada .i. suadens . quo allubescat nostris nisibus.* Únde
scúnde ín . dáz er únstig sî únserro begúnste. *Te nunc .s. deposco*
15 *parentem principemque maximum .s. iouem . fatumque nostrum .i. deorum.* Únde
nû bíto íh tíh is fáter . únde fúrsten . uuánda iz iuno gérno râtet. Tíh únsera séstunga bíto ih is. *Quippe parcarum chorus
humana pensat . tuque sortem cęlitum.* Díne bríeuâra scáfont téro ménniscon díng . tû scáffôst tero góto díng. *Tuum uelle*
20 *est ante pręscientias .i. uoluntates .s. aliorum deorum.* Tín uuíllo gât P725
fóre dero ánderro góto uuíllen. *Ac mente gestas quicquid instabit
diis.* Únde dû trégest ín dínemo mûote . dáz úns cóten chúmf-

---

40,22-41,1 minorē] m-*Strich rad.* 2 iugatā] *Strich rad.* oms] s *rad.* 3 *chíndiskêr 3/4 *fáter 4 zúuiuelígero; *zuíuelígero *únbáldi fúrhtentêr 5 *kehíléih 6 *mír *gehíléicha [héileso]d *auf Rasur;* *héilesôd *netâtín 7 *héilesôdes 7/8 *zesámine gehéftedâ 8 nemánetín *bzw.* nemánotín 9 *uuízenthéit 10 *kérôn 11 híreisâra] *l. Zkfl. aus Akut korr.;* *híréisara 12 blánda] *Akz. rad.* 14 *únstíg 18 *Tíne *bríeuarâ; bríeuâra *nach der* ō-*Dekl. gegenüber* 55,20 príefarun *nach der* n-*Dekl.* *scáffônt 18/19 *tero 19 *ménniscôn 22 *in *Punkt gehört hinter* 1 fiducia, 7 is, 21 gestas. *Punkt ist zu tilgen hinter* 2 cęlitum.

---

1 ambiens *fędere 13 Et suada *gegenüber* Nostrisque D Br β N-T E-T 19 *Tuumque

tîg íst. *Cuiusque nutu gignitur necessitas.* Tîn uuíllo . dáz íst nôt. *Cuius decretio illigat .i. cogit futura.* Táz tû benéimest . táz íst nôte chúmftîg. *Instatque quicquid uelle . uel serum potes.* Tír íst kágenuuerte . sô-uuáz tû uuíle ióh spâto geskéhen. Álso gescríben íst . *deus fecit quę futura sunt. Te igitur de-*
5a *posco illo numine quo benignus es . o blanda cęli temperatio . piumque culmen .*
5b   iure
6a *qui diuum pater . concede proli quo nepotum prouehat numerum.* Tíh píto íh fóne
6b   déro

góte-máhte sô dû uuóla-uuíllig píst . álso dínen stérnen mathematici zíhent. Mánmendiu métemscaft tés hímeles .s. uuánda er sô rôt ne-íst sô der martis . nóh sô bléih sô der saturni . cûotuuíllig hóhi .s. dáz áber
10 mars ne-íst . nóh saturnus. Dû mit réhte fáter héizest tero góto . gelâ dínemo súne . dáz er mánegi néfôn geuuínne. *Qui .s. nepotes uibrant astra .i. coruscare faciunt . in supernis polis.* Tíe in hímele sínt . skínende stérnen .s. náls nóh síne . núbe dero ánderro góto. *Maię tuumque sacrum pignus flagitat iugetur thalamis uirginis doctissimę.* Tîn sún .
15 únde maię . kerôt zę gehíenne ze dero gelêrtun díernun *philologię. Sed si te stringit .i. tangit pia cura parentis . par est ut potens conuoces coetum deorum . sanciens conubium cum ipsa coniuge.* Úbe dû iz fáterlicho méinest . sô íst réht . táz tû die góta zesámine-uuísêst . mít iunone geáhtonde sínen gehíleih. *Quo prolis exstent nuptię supera*
20 *lege . perpesque uinculum signet decor .i. consilium celitum.* Táz tínes súnes héimleiti uuérde in hímelscun . únde dero góto rât féstenoe dia hítat. IUNONEM PROPERAS UELLE NUPTIAS . IOUEM AUTEM   26.

---

2 *benéimest   3 ✝ *kágenuuérte *so   4 Ál[so] *auf Rasur* *gescríben   7 góte *gegenüber* *gótes *nach Luginbühl S. 19* dû *von anderer Hand übergeschr.* *uuíllíg 7/8 *zíhent   8 *Zu* *Mámmendíu *siehe Kelle II, S. 342, Anm. 1 und Schatz II, §269.* *métemscáft tes   9 *2mal* *dér *bléih *cûotuuíllíg *táz   10 *Tû mít   11 *meistens* mánigi *in Nc* *guínne   12 *Tíe 12/13 *skínente   13 [Ma]ię *auf Rasur*   14 iungeṫ] n *rad.; zur Verbindung*   15 *kérôt *gehíenne *gelêrtun díernun; *díernún   19 *geáhtônde *gehíléih   21 [héimleit]i: *auf Rasur von ti;* *héimléiti *hímeliscûn 22 *hítât   *Punkt gehört hinter* 3 Instatque, 4 fecit, 5a numine, 6a proli, 7 góte máhte, 16 est.

---

4 *Tene   17 *cętum   20 *uinclum *wegen des Versmaßes* *cęlitum

EAS RETARDARE. *hic postquam delius conquieuit . conuersus ad coniugem iupiter . quid eius uoluntas haberet inquirit.* Sô delius kedágeta . dára-nâh frâgeta iouis sîna chênun . uuáz îro uuîllo dar-ána uuâre. *Uerum illa multa ratione permulsa . primo quod ei phoebus orabat .i. supplicabat . qui ei placiditatem afferre solitus est.* Suspensio uocis. Áber in mániga uuîs sî geuuîlligôtiu . ze êrist táz sia phoebus fléhota . dér îro guón uuás uuúnnesami ze tûonne . uuánda uuúnnesam uuîrt tiu lúft . sô diu súnna sia dúrhskînet. *Quique etiam a se eruditas eiusdem filias . ad parentum quoque conspectum fecerat euolare.* Et hic. Tér óuh îro tôhtera uuóla gelêrte . dára téta chómen ze gesíhte . demo fáter ióh tero mûoter. Íh méino musas . tîe iouis únde iunonis tôhterun gehéizen sînt . uuánda uox îo uuîrdet fóne ęthere únde aere. Tîe lêret apollo . uuánda ér gât mîttêr dero planetarum . únde métemêt îro musicam. *Dehinc nuptiis iuno non solita refragari.* Et hic. Óuh táz sî nîo gehîleiches uuîdere ne-uuás. *Tunc etiam cyllenium diligebat . quod eius uberibus educatus . poculum immortalitatis exhauserat.* Et hic. Mínnota sî óuh cyllenium . uuánda er fóne îro gesóugter . êuuigheit infángen hábeta. *Perindeque et matris gratiam conferebat.* Et hic. Légeta si óuh tárazû sînero mûoter mínna maię. Sîd alle iouis chébesa iuno házzeta . zíu mínnota si dánne maiam? Âne daz iuno íh méino diu lúft . tánne uuârmên gestât . sô díu súnna in taurum gât . tár maia inter pliadas lósket. *Accrescebat uotis . quod multa eam clari-*

---

2 inquirit *auf Rasur*   3 *chênûn *dâr   mul *auf Rasur*   4a supplicabat] p¹ *aus* b korr. 5 est *auf Rasur*   5/6 *geuuîlligôtíu   6 *êrest   6/7 2mal *sîa   6 fléhota] Akut *aus Zkfl. korr.*; *fléhota   *geuuón   uuúnnesam[i] *auf Rasur von* uúnnesami; *uuúnnesámi   7 *uuúnnesám   9 *tôhterâ *nach der* ō-*Dekl.*   gelérte . dára *auf Rasur*   11 *tîe   *tôhterûn *nach der* n-*Dekl.*   12 *Tîe   14 refragari *auf Rasur*   *gehîléiches   15 ne:uuás] *Rasur*   diligebat *auf Rasur*   16 *Mínnota 17 gesóugter] Akut *aus Zkfl. korr.*; *gesóugtêr   *êuuighéit 19 *zûo   allæ] a² *rad.*; *álle *chébesâ   19/20 *há/zeta   20 *mínnota   *dáz   íh m[éino] *auf Rasur*   21 *diu   22 *lósket   Punkt *gehört hinter* 2 haberet, 20 iuno.

1/2 *iuppiter   4a, 6 2mal *phębus   9 *subuolare   22 pliadas *bzw.* *pleiadas

us conciliatione .i. blanda oratione sua *deuinxerat*. Et hic. Uuás sî is óuh
téste uuílligora . dáz er sélbo sîa is fílo mínnesamo férgota. *Faciendum
profecto accelerandumque persuadet . ne itidem cillenius cypridis lacta-
tus illecebris . ermafrodito fratrem gignere succensus optaret.*
5 Depositio. Tô chád sî is spûotigo uuésen zę hélfenne . nîo cillenius
fóne ueneris spénsten áber ferlúhter . únde nîetig uuórtener .
den gemáchen uuídellen bi íro ne-îlti geuuínnen. Petrógen ge-
chôse dáz uuârheite gelîh íst . táz ánterot ten uuídellen . uuán-
da er hábet uuîbes lîde dôh er man sî. Tánnân héizet er uuídel-
10 lo . sámo-so uuíbello . dáz chît ter uuíblído. Sô man uuállicho chô-
sot . táz man lóterlicho méinet . sô chíndot mercurius pę uene-
re . únde sô geuúnnet er be íro ermafroditum. *Stimulabat paulolum
iouem . ne uxoris cyllenius fotibus repigratus . somnolento repente marco-
re torperet . et iam uelut maritali uacatione feriatus . discursare sub
15 pręceptis iouialibus denegaret.* Iouem lázta dáz éin lúzzel . dáz chît er
sórgeta . nîo cyllenius in sínero chénun bárme fóne sláfergi zę trá-
gi gefîenge . únde er sámo-so hîmûoziger . sîn ârende sô er gebúte
trîben nemáhti. *Nam illum iam pridem ait philologię sentio amore tor-
reri.* Íh uuárd íu fórn guár chád er . ín nâh philologia chélen. *Eiusque
20 studio comparatas habere quamplures in famulitio disciplinas.* Ún-
de úmbe íro mínna zę dîeneste gechóufet háben . né-uuêiz uuío
mánige disciplinas. *Ipsum linguę insignis ornatibus fandi nimiam*   P728

---

2 *uuílligôra   *ér   *mínnesámo férgôta   3/4 lactatus] a² *aus o korr.*   4 [ermafrodit]o *und* [gigner]e *auf Rasur*   6 *ferlúhtêr   *nîeteg uuórtenêr   7 *be *guínnen   8 *uuârheite *ánterôt   9 lîde] *Akut aus Zkfl. korr.*   *mán   10 *uuállicho   10/11 *chôsôt   11 *chíndôt   12 *geuúnnet   ᵉʳᵐ.afroditum   16 *chénûn   17 *hîmûozigêr gebúte *auf Rasur*   19 *geuuár   20 [famul]itio *auf Rasur*   21 *neuuéiz Punkt gehört hinter* 7/8 gechôse, 9 lîde, 17 ârende *und* gebúte.

3, 5 *2mal* *cyllenius   4 *hermaphrodito   12 *hermaphroditum   *paululum   22 Ipsum *nach* Br; *Ipsumque *nach* D L β N-T E-T

uenustatem quo placeret uirgini consecutum. Únde íro ze̜ líebe geuuúnnen   J45
hában . zû dero zíerdo dero édelon uuórto . hárto êrsam gesprâche.
Deinde barbito aurataque cheli . ac doctis fidibus personare. Únde mêister-
licho síngen . án hárfun . ióh án lŷrun. *Addo quod celebrat mirabile*
pre̜stigium . elegantiamque pingendi . cum uiuos etiam uultus aeris aut marmoris .
signifex animator inspirat. Tára-zû uuéiz íh . táz er zóuferlícha .
ióh líeblicha séltsani mâlennes ûobet . únde sámo-so lébendíu ióh
keséliu bílde uuúrchet . êriníu únde mármoriníu. *Totum certe com-*
placitum est . quicquid comit decorem iuuenalium gratiarum. Únde líeb íst mir
tríuuo . sô-uuáz ímo iúnglíchero râtsaminon zíerda tûot. *Se igitur eos iam*
pridem amore mutuo colligatos . idcirco paulolum distulisse . ne in thalamum .
pri-
meua affectione festinans . cum discurrendum esset totis noctibus . repigritior
paululum simularet anomalum. Únde chád er síe íu fórn gemínne . dár-
úmbe gefrístet hábeti . nío er sô frúo gehíende . dánne er náhtes lôu-
fôn solti . úmbe trágheit síh líchesoti ine̜qualem . dáz chít únebenfértigen .
únde fóne díu gespâtten. Sín stérno neíst tánne níeht ébenfertig .
sô er dia bréiti des signiferi ze̜ férro begrífet . únde er des-te spâtor
díu zéichen dúrh-kât . tôh er gâhoe.
IOUIS SOLLICITUDINEM . IUNO CONATUR ABRUMPERE.   27:
*T*unc iuno ait. Tô ántuuurta dés iuno. *Atquin eiusdem conuenit uir-*   D23,11 L109,14
ginis subire uinclum . que̜ illum etiam quiescere cupientem coniuere non permit-   P729
tat. Tánnan sól er chád sí ze̜ dero gehíen . tíu ín ne-lâze slâfen dôh

---

1 placeret] a *aus* o *korr.* geuúnnen; *guúnnen 2 *zûo *bzw.* *ze *dérol *édelôn
*êrsám gespráchi 3/4 *méisterlicho 4 *hárfûn *lírûn 5 marmoris] a *aus* o *korr.*
6 *zûo zóuferíicha] *l. Zkfl. rad.;* *zóuferlicha 7 [líeb]eb[licha] *anrad.* sélt-
sani *auf Rasur;* *séltsáni *lébendíu 8 *keséliu uuúrchet *êriníu *mármoriníu
[cert]ē *auf Rasur von* u*; m-Strich rad.* 9 [iuuenal]ium *auf Rasur* mír; *mír 10
*so iunglíchero; *iúnglíchero *rátsáminôn zíerda *Vor* 13 paululum *und* 14 úmbe
Durchlöcherung wegen des ausrad. Textes 13 *síe *dár 14 gefrístet *auf Rasur*
*gehíende 14/15 *lóufen 15 *sólti trágheit] g *aus* h *korr.;* *trághéit *únében-
fértigen 16 gespâten; gespât(e)ten *part. praet. zum inf.* (ge)spáten *gegenüber*
gespâten adj. nach Kelle II, S. 342, Anm. 5 *níeht ébenfértig 17 *día *dés²
*spâtôr 18 [zéichen]e *rad.* dúrh kât *auf Rasur* *gâhoe 20 *ántuuúrta dés *auf*
Rasur 22 *Tánnân *gehíen *Punkt gehört hinter* 1 uenustatem *und* uirgini, 4 Addo,
5 uultus, 13 chád, 22 slâfen. *Punkt ist zu tilgen hinter* 11a thalamum .

3 barbita *chely 5 *e̜ris 11a *paululum 11b/12 *prim/e̜ua 12 *repigratior 21/
22 permittat] *perferat *nach* D L Br β N-T E-T

1a er óuh uuélle. *An uero quisquam est qui asserat se nescire laborata peruigi-* J46
1b *lia philologię .*
et pallorem lucubrationum perennium? Íst íoman der síh chéde ne-uuízen dia
árbeitsamen uuáchâ philologię . únde dia bléichi íro émezígen únslâfes?
4a *Quę autem noctibus uniuersis . cęlum . freta . tartarumque discutere . ac deorum*
4b *omnium sedes*
5   *curiose indaginis perscrutatione transire?* Uuéliu ánderiu uuás nóh
quón táges únde náhtes crúnden hímel . únde mére . únde hélla? Ióh ál-
lero góto gesâze . geuuárlicho scródondo irfáren? *Quę textum múndi . cir-*
8a *culorumque uolumina . uel orbiculata parallela . uel obliqua decusata .i.*
8b *ornata polose*
.i. alte *limmata . axiumque uertigines . cum ipsorum puto siderum multitudine nume-*
10 *rare . nisi hæc philologia . gracilenta quadam adfixione consueuit?* Uuéliu
uuás quón zéllen daz keuuúrche dero uuérlte? Únde die píugen dero
planetarum ríngo? Álde die sínuuelben fínf ringa díe latine héizent
ęque stantes? Álde díe zíero in hóhi háldenten únder-lâza dero plane-
tarum ríngo? Únde die uuárba dero áhson? Uuér zálta dáz ál sá-
15 ment sélbero dero stérnon mánigi sô íh uuâno . âne philologia . mít
chléinnero ána-lígungo? dáz chít tíu dien állen chléino ána-lág?
Quotiens .s. memini . conquestos deos super eiusdem coactione et instantia . cum
quiescentes eos silentio concubię aut intempestæ noctis . ad se uenire inaudi-
ta quadam obsecratione compelleret? Uuío ófto nehórta íh tie góta síh chlá-
20 gon . íro nótegungo únde íro duíngennes . tánne sí sie râuuente ze
bétte-gâht álde ze mítttero náht . mít únmezígero flého ze íro bâ- P730
te chómen. *Tam uero abest ut sub hac possit pigrescere intricarique .i. inmo-*

---

2 *íoman dér dia] *díe   3 *árbéitsámen   *día   5 perscrutationē] m-Strich rad.
5, 10 2mal *Uuéliu   5 *ánderíu   6, 11 2mal *keuuón   7 *scródôndo erfáren   10 philologia] a aus ę korr.; Häkchen rad.   gracilenta] c auf Rasur von t   11 *dáz keuúrche   11-14 5mal *díe   11 *bíugen   12 *sínuuélben *rínga   13/14 planeta/tarum] ta¹ und 14/15 sáment/ment] ment¹ rad.; am Zeilenende Durchlöcherung wegen des ausrad. Textes   14 *uuárbâ   *áhsôn   15 *stérnôn   16 chléinnéro] 2. Akut rad.; *chléinero   *ána lígungo . dáz   *díen állên   18 eos] o aus a korr.   19 Uúio; *Uuío   *nehórta   19/20 *chlágôn   20 râuuente] a aus u korr.   21 *gâhte   *únmézígero flého] Akut aus Zkfl. korr.   22 *chómen? possit pigrescere auf Rasur Punkt gehört hinter 1a est, 2 íoman, 12 ringa, 15 mánigi, 16 chít, 22 abest. Punkt ist zu tilgen hinter 4a uniuersis, 7 gesâze, 19/20 chlágon.

---

2 perernium   5 *curiosę   7 *mundi   10 *hęc   17 et instantia *bzw.* *instantiaque
18 *intempestę

rari *cyllenius . ut commotis ab eadem suscitatisque pennis extramundanas pe-* J47
tere latitudines urgeatur. Sô férro íst táz tánnan . dáz er sáment íro íeht
múge trâkon álde tuâlon . dáz sî in nôtte erbúretên únde gesuúnge-
nen féttachen . *die uuítina eruuállon . die ûzer-hálb tes hímeles sínt.*
Uuánda ratio lêret únsih íóh chóson fóne dien . díu ûzer-hálb tero uuérlte
a sínt. *Cur igitur rex optime differuntur? Cum pro sola athlantide .i. mercuriali*
b   *sol-*
lertia . duos uigiles repromittam. Zíu súlen dánne die brûtlôufte gespâ-
ret uuérden sîd íh mîh flígo zuéio uuácherro fúre éinen?
SUPERUENIENS PALLAS ADHIBETUR CONSILIO. **h**ᴁc *cum iuno adfixa*[28]. D24,11 L110,30
ut adherebat elatiori plurimum ioui . acclinatis eius auribus intimaret. Suspensio
uocis. Ûnz iuno háftentíu ze ioue hóhor sízzentemo únde dára ze îro gehál-
temo sús rédeta. Dáz chît er . uuánda ẹther hóhera íst tánne aer. *De quodam*
purgatioris uibrantiorisque luminis loco allapsa sensim pallas corusca de-
scendit. Depositio. În-in díu líez síh níder lángseimo díu scôna pallas fó-
ne íro stéte . díu héiteren líehtes íst únde hírelichoren. Uuánda sapientia
chît fóne íro sélbun. *Ego in altissimis habito. Atque ita ut uidebatur ioui-*
ali uertici inherere superuolans . tandem constitit sublimiore quodam annixa
suggestu. Únde óbe flógerzende sámo-so ze iouis hóubete háftendíu .
kestáteta sî dóh ín êinemo búrlíchemo séze. *Quam cum iuppiter ut iugali ela-* P731
tior adherebat . de proximo contiguoque suspexit . sic exorsus. Sô día iuppiter
álso er óberoro uuás sínero uuírtenno . uuíder sélb síh kesáh . spráh er
íro sús zû. *O uirgo nostri pars melior .s. quia de capite meo nata es . oportune*

---

2 *tánnân sámen. 3 trâko[n] *auf Rasur von* trâg::; *trâgôn *tuâlôn *ín nôte
erbúretên] 1. Akut rad. 3/4 *gesuúngenên 4 2mal *díe uuítinia] í[3] rad.; *uuí-
tinâ *eruuállôn 5 ío:h] ío auf Rasur; zur Verbindung *chôsôn *díen 6a *dif-
feruntur . cum 7 *repromittam? Z[íu] auf Rasur dánne] a aus e korr. *brût-
lôufte 7/8 *gespárêt 8 uuácherro] r[1] aus e korr. 11, 18 2mal *háftentíu 11
*hóhôr dára auf Rasur 12 rédeta bzw. *rédôta *Táz hóhera auf Rasur 13 [al-
lap]sa auf Rasur 14 scendit auf Rasur *lángséimo *diu[2] 15 *hírlichôren 16
*sélbûn 17 [tan]dem auf Rasur 18 hóubete auf Rasur 19 kestáteta bzw. *kestá-
tôta *in êinemo búrlíchemo 20 *día 21 *óberôro 22 *zûo Punkt gehört hinter
8 uuérden, 9 adfixa, 19/20 2mal iuppiter, 22 uirgo. Punkt ist zu tilgen hinter 4
féttachen, 6b/7 sollertia.

6a *atlantiadẹ 9 *Hẹc 10, 20 2mal *adhẹrebat 13 uibrantiorisque nach L Br;
*uibratiorisque nach D β N-T E-T 16 Zu *(in)habitaui siehe Schulte S. 108/109.
17 *inhẹrere 22 *opportune

uotis intermixta maiugenę. Uuólge dîerna . mîn dêil der bézesto . uuánda dû   J48
mînes hóubetes tôhter bíst . ze státo bíst tu chómen mercurio maiun súne.

3a *Quę siue uocibus permulsa descendis . siue absque te iouis non erat formare con-*
3b   *silium .*

4a *seu consensus noster ne mutilus uideretur approperas . noueris tamen philologię*
4b   *cyl-*

5 *lenium nuptias postulare.* Tú hára-chómen sîst kebéteniu . álde daz mîn
rât âne dîh ne-sólta sîn . álde dâr-úmbe dû chómêst . táz mîn uuíllo ze lêibo
ne-uuérde . uuízist quísso cyllenium uuéllen ze philologia gehîen. *Non-
dum mea prompta .i. prolata sententia . exspecto quid suadeas.* Îh ne-hábo nóh tar-
ána nîeht penéimet . fernímo gérno uuáz tu ís ratêst. *Noui quippe quam*
10 *eiusdem uirginis incessabilis tibi labor semper acceptus . et ut tuis numeretur
illa pedissequis.* Îh uuéiz uuóla . uuío ántfanglîh ío dîr sîn . íro unerdrô-
zenen árbeite . únde uuío sî bezélet sî ze dînen mîtegengon. *Par est
igitur ipsa pręsertim decernas quicquid de eius conubio prouisura dispensas.*
Fóne díu íst réht . táz tû námohaftôst kechîesest . únde gesképfest . ál
15 dáz tû an íro ke-hilêiche uuéist ze beuuáronne.

ALIOS POTIUS DEOS AD HOC CONSILIUM PALLAS DICIT INUITANDOS.   29. P732
                                                               D25,6 L112,5
*Tunc pallas aliquanto summissior ac uirginalis pudoris rubore per-
fusa . oculosque peplo quod rutilum circum caput gestabat obnubens . inproba-
bat aliquantulum . quod super nuptiis uirgo consulitur.* Sî dó éteuuaz sîh mi-
20 dentíu . únde fóre mágedlîchen scámon errótendíu . únde mít
íro róten hóubet-tûoche diu óugen ferfáhende . überlégeta sî ioui .
dáz er sîa máged frágeta des kehîleiches. *Presertimque eius quam propter*

---

1 *téil bézesto] Akut aus Zkfl. korr.   2 *maiûn   5 *Tû sîst] s¹ aus b, Zkfl.
aus Akut korr. *kebéteniu *dáz   6 *nesólti *léibo 7 *uuízist kuísso 8 *târ
9 *nîeht ís] s aus st rad.; *is *râtêst 11/12 2mal *uuío 11 *ántfanglîh *dîr
11/12 *únerdrózenen   12 *árbeite *dînen mîtegéngôn 14 *námoháftôst :kech[íe-
sest] auf Rasur von ·únde; *kechîesêst *gesképfêst 15 *án *gehîléiche *beuuá-
rônne   17 sumi̇̄ssior   19 *éteuuáz   19/20 *mídentíu   20 *mágedlîchên scámôn errô-
tentíu   21 *róten *ferfáhende 22 *kehîléiches *Punkt gehört hinter* 4a uideretur, 8 exspecto, 9 gérno *und* quippe, 13 decernas, 17 summissior, 18 peplo *und* gestabat, 22 eius.

3a *vor* uocibus] *deliacis nach* D L Br β N-T E-T   8 *hinter* sententia] *est   10 vor
tuis] *e   11 *pedis(s)equis   17/18 *suffusa   18/19 *inprobrabat   22 *Pręsertimque

Liber primus

1a *consociationis officia . manere cuperet semper intactam.* Óuh mêist téro gehî- J49
1b leiches . tía
2a sî úmbe íro geséllescaft îo gérno uuíssi úngehîta. *Dedignatur pręterea huius-*
2b *modi ad-*
3a *hibere consensum . cum ita expers totius copule censeatur . ut neque de ulla per-*
3b *mixtionę proge-*
nita neque ipsa procreare quicquam arithmetica teste monstretur. Âne dáz inthêrêta
5a sî sîh tísses rátes . târ-úmbe . dáz sî állero hîtâte sô ûzenan sî . dáz sî in
5b arithmeti-
cam ze iéhenne . nóh hîlîcho nebére . nóh sélba hîlîcho gebórn ne-sî. Septenari-
um numerum ságet arithmetica palladi gelîchen . uuánda er ûzer ánderro nu-
mero geuuórht ne-íst . nóh sélbo ánderen ne-uuúrchet . sô díe álle díe fóre îmo .
únde nâh îmo sînt . únz án zêhne . Duo tres quatuor quinque die uuúrchent.
Áber octo nouem decem sínt ûzer în geuuúrchet. Éinêr septenarius íst ún-geuuúr-
chet . ióh ún-uuúrchende. *Ac tunc septem radiorum coronam soliuaga uirginitas
renudauit . ne futurarum .s. nuptiarum causis et copulis interesset.* Sâr dâr-mîte
erbárota sî éinfara máged . téro ánderiu gelîh ne-íst . día coronam síben skímon .
mît tîen septem liberales artes ge-zêichenet sínt . nîo sî dára-ne-châme ze dé- P733
ro gemêinsami dero brûtloufto. Dáz íst fóne díu . uuánda sî uuîle rationem
âne día uuâhî dero uuórto. *Quia tamen eius optauerat iupiter exegeratque con-
silium . suadet deos maritos dearumque grandeuas in hæc decernenda conduci.*
Uuánda dóh iuppiter gnôto fórderota íro rât . pe díu chád sî gehîte góta .
únde getrâgene gútenna ze demo râte súln geuuíset uuérden. *Quippe*
10a *conuenire cyllenio . ut pro pręmiis potissimorum officiorum . fauor celitum eius*
10b *uincla*
sanciret. Únde êra uuésen cyllenio . dáz ímo dero ánderro góto gelúbe-
da . dén gehîleih scûofe . ze lône sínes námohaftesten dîenestes . dén er ín

---

1ab [offi]cia *bis* tîa *auf Rasur*   1a *méist   1ab *gehîléiches   1b, 13 2mal *tía
2a *geséllescáft   4 *inthêreta   5a *ûzenân   6 iéhenne hîlîcho¹] i² *und* hîlîcho²]
o *auf Rasur;* *hîlicho *gebóren   7/8 ánderro *zálo *bzw.* *ándermo nu̯mero   8 *ge-
uuúrchet;   3mal geuuúrchet, 2mal geuuórht *in* Nc   8/9 3mal *díe   9 zêne; *zêne   10
geuuúrchet *Éinêr   10/11 ún geuuúrchet   11 íoh ún uúurchende   radiorum] a *aus* o
korr.   13 *erbárota éinfára] 2. Akut rad.; *éinfára *ánderiu *skímon   14 *ge-
zêichenet   15 [gemêi]nsam[i] *auf Rasur von* sami; *geméinsámi *brútlôufto *Táz
16 *día uuâhí   18 fórderota] a *aus* o *korr.;* *fórderôta [gehît]e *auf Rasur*   19
*getrâgene gútennâ *súlen   22 *gehîléih *námoháftesten dén²] *tén   *Punkt ge-
hört hinter* 3b/4 progenita, 8 álle, 9 Duo, tres, quatuor *und* quinque, 10 octo *und*
nouem. *Punkt ist zu tilgen hinter* 1a officia, 5a rátes, 21/22 gelúbeda.

3a *copulę   3ab *commixtione   4 arithmeca   11 sēptē   12 futurarum *nach* L Br
β N-T E-T *gegenüber* feturarum D   copolis   16 *iuppiter   17 *grandęuas   *hęc
20a *cęlitum

1a dûot pótescáft tríbendo. Augustius quoque tum fieri iouiale decretum . cum   J50
1b   coetu deorum

2a attestante depromitur . ipsamque nupturam deo conuenire non posse . nisi super
2b   senatus consulto mor-

3a talis esse desineret. Únde iouis penêimeda sô fáren chéiserlichost . sô si fóre
3b   dien gó-

4   ten ersprénget uuírdet . únde día brût ánderes ne-gezémen cillenio . sí neuuérde

5a mít tes hértuomis ráte ûn-dôdig ketân. Táz si mortalis sí . dáz slâhet sia ána
5b   fóne

6   íro mûoter fronesi . dáz chít prudentia . uuánda prudentia sęculi ne-mág inmor-
7   talitatem nieht kefrêhton âne mít tien uuérchen dero uuârun sapientię. Uué-

8a liu íst taz? Táz íst spiritalis et angelica uita. Id genus plurima suadente
8b   trito-

9a nia . regum coniugum uterque consentit. Sô si dés cnûoge rédeta . sô gefólgeta
9b   íro is iouis únde iuno.

10a Ac mox iouis scriba pręcipitur pro suo ordine . ac ratis modis . cælicolas aduo-
10b   care . pręcipueque

11a senatores deorum . qui penates ferebantur tonantis ipsius . quorumque nomina .
11b   quoniam publica-

12a ri secretum cęleste non pertulit . ex eo quod omnia pariter repromittunt no-   P734
12b   men eis consensione

13a perfecit. Tô híez man iouis príeuarun . éina dero parcarum . áfter órdeno . únde
13b   státeli-

14a cho . die hímelsazen dára-uuísen. Ze érist tie hêrosten . die iouis ín-gesíde
14b   hiezen .

15 dero námen diu hímel-tôugeni ne-uuólta gelíutpâret uuérden . únde ín geméi-
16 nen námen gáb fóne éin-rátigi . uuánda sie álliu díng sáment ioue kehéizent.
17 Tér námo íst penates . sámo-so panates . dáz chít omnia consentientes.
18 QUI CĘLICOLUM PRIMI UOCATI SINT.   Uulcanum uero iouialem ipse   30. D26,8 L114,23
19 iuppiter poscit . licet numquam ille de sede corusca descenderet. Sínen brûoder
20 uulcanum êiscota iuppiter ímo sélbo . so-uuío er nío ába sínemo fíurinen stûole
21 ne-erbêizti . uuánda er íst aetherius ignis. Tunc etiam ut inter alios potissimi
22 rogarentur . ipsius college iouis . qui bis seni cum eodem tonante numerantur. Tô

1a *tûot pótescáft [Augusti]us und [io]uiale decretum . cum auf Rasur   2a [con-
uen]ire bis nisi auf Rasur   3a [Ú]nde bis pe[nêimeda] und fáren chéiserlich[ost]
auf Rasur; *penêimeda; *chéiserlichôst   4 *día   [án]deres und ne g[ezémen] auf
Rasur   5a hértûo·mis] tuo auf Rasur; Zkfl. rad.; mis von anderer Hand; *hértûomes
*úndôdíg *slâhet sía 6 frónesi] Akz. rad. 7 *kefrêhtôn *uuârun 7/8a *Uuéliu
8a táz? auf Rasur; Akz. rad.; *táz 9ab cnûoge bis íro auf Rasur   9a rédeta bzw.
*rédôta 10a Ac bis pręci[pitur] auf Rasur 13a *híez *príeuarûn 14a *hímelsá-
zen *uuísen . ze êrest *hêrôsten *díe 15 *déro *tóugeni gelíutpâret] Akut
aus Zkfl. korr. 16 *álliu *gehéizent 17 *Téro *táz 20 *éiscota [sélb]o . so
auf Rasur   *uuío *fíurinen   21 *neerbéizti   Punkt gehört hinter 12a repromitt-
unt, 21 etiam.

1b *cętu   4 *cyllenio   6 *phronesi   10a *cęlicolas   21 *ętherius   22 *collegę

a uuárd kebóten . dáz tie námohaftesten geêiscôt uuúrtin . sîn sélbes kemêin- J51
b ‿skezzen . dé-
a ro sáment îmo dóh zuélife sínt. *Quosque distichum complectitur ennianum. Tîe óuh*
b *ennius*
  in zuêin uérsen sús pegrîfen hábet. Iuno uesta minerua ceresque diana uenus mars.
a *Mercurius iupiter nereus uulcanus apollo. Item et septem residui . qui inter duo-*
b *decim non uocantur.*
a Únde nóh tánne síbene . âne díe zuélife. *Post quos complures alti pro suis gradi-*
b *bus cęlites*
a *conuocandi . ac deorum omnium populus . absque inpertinentibus.* Uuâren dára-nâh
b ze ládonne .
  gnûoge hóho gesézene áftir îro grâdin . ióh álliu díu gốto mánegi . âne die únge-
a félligen . sô manes sínt . únde discordia . fóne díen er nốh ságen sốl. *Nec* P735
b *mora . milites*
a *iouis per diuersas cęli regiones approperant . quippe discretis plurimum locis*
b *deorum . singuli*
  mansitabant. Sâr âne tuuâla îlton iouis hérechnéhta in mísseliche hálba des hí-
a melis . uuánda îo-gelíche dúrh sîh súnderigo sâzen. *Et licet per zodiacum tractum*
b *non-*
a *nulli singulas . uel binas domos animalibus titularint . in aliis tamen habita-*
b *culis com-*
  manebant. Únde dóh îro súmeliche áfter déro léngi des zodiaci êina sélda .
  álde zuô hábetin . álso macrobius lêret in somnio scipionis . síe uuâren óuh tốh
  in ánderen. *Nam in sedecim discerni dicitur cælum omne regiones.* Uuánda áller
  der hímel uuírt ketéilet in séhzen lántskefte.
a DE SEDECIM REGIONUM DIIS.   *In quarum prima sedes habere memo-* 31. D27,9 L116,23
b *rantur post ipsum io-*
a *uem . dii consentes . penates . salus . ac lares . ianus . fauores . opertanei .*
b *nocturnusque.* Ín dero êristun
a sínt kesézen nâh sélbemo ioue síne râtkeben . hûsinga . sâlda . únde hérd-cota .
b ána-gán-
a gonnes cốt . líumendinga . tôugeninga . náhtolf. *In secunda itidem mansitabant*
b *pręter do-*
a *mum iouis . quę ibi quoque sublimis est . ut est in omnibus pręd̨iatus . quiri-*
b *nus . mars .i. pacificus . mars*
a *militaris.* Ín dero ánderun bûent âna iouem dér óuh tár hóho gesézen íst . sô er
b ín ál-

1a *námoháftesten geéiscốt uuúrtin 1ab *keméinskézzen   2a *Tîe 3 *zuéin *pegríffen 5a *díe 6b *ládônne 7 gnûoge *áfter *grâden álliu díu gốto mánegi *gegenüber* 85,6 Álliu dero gốto mánigi; *álliu; *diu *bzw.* *dero; [gốt]o *auf Rasur von* e 8a [N]ec *auf Rasur von* óh 10 *tuâla îltôn mísselichæ] a *rad.* *hálbâ 10/11a *hímeles 11a *gelíche licet] c *auf Rasur* 12a † 13 *éina 14 zûo *hábetin 15, 22b *2mal* *in 15 *ánderēn *állēr 16 *séhzēn lántskéfte 18a uem *auf Rasur* 18b, 22a *2mal* *In 18b *êrestûn 19a [sîn]t *auf Rasur* *nâh *râtkében *cốta 19b/20a *gángônnes 20a *tôugeninga 21a est² *auf Rasur* 22a *ánderūn buént *âne Punkt gehört hinter 21a* omnibus, 22a iouem. *Punkt ist zu tilgen hinter* 6b ládonne, 8b mora, 9b deorum, 17b/18a iouem, 21ab quirinus.

4a *iuppiter *nach* L Br β N-T E-T; iouis D   nereus *nach* Br; neptun(u)s D L β N-T E-T 5a quos] *hos *quamplures 12a *domos 14 cipionis 15 *cęlum 21b mars² *bzw.* *lars

1a len íst . tér êigeno flégare . únde dér ín-búrgo mars . ióh ter fórebúrgo.   J52
1b   Iuno etiam ibi domici-

2   lium habebat. Târ hábeta óuh iuno gesâze. Fors etiam. Dér zuîfel-gót. Limphe. Níc-
3a chessa. Diique iouensiles .i. tonsores iouis. Iouis skérara . uuánda tonsor   P736
3b   iṇ greca lin-

4   gua silen héizet. Sed de tertia regione unum placuit corrogari. Fóne dero drítten
5   uuólta er échert éinen dára-geládot uuérden. Nam iouis secundani . et iouis
6a opulentię . minerueque domus illic sunt constitutę. Sed omnes circa ipsum iouem
6b   fuerant in prę-

7   senti. Târ uuâren ínne gesézene iouis spûotkében . únde síne ôtpudela . únde
8   minerua. Die uuâren áber álle dô zẹ hóue . sáment ioue . ín sínero ána-ougí.
9a Discordiam uero ac seditionem . quis ad sacras nuptias corrogaret? Uuér sólti
9b   áber strít

10 únde úngezúmft tíe óuh târ sízzent . zẹ brûtloufte ládôn? Presertimque cum
11a ipsi philologię fuerint semper inimicę? Síd síe óuh ío únhóld uuâren sélbero
11b   philo-

12a logię? De eadem igitur regione solus pluton quod patruus sponsi est conuocatur.
12b   Êiner dér

13 fíur-gót uuánda er des prûtegomen fétero íst . tér uuárd tára-geládot. Tunc
14a linsa siluestris .i. bestiarum dea . mulciber . lar celestis . necnon etiam mi-
14b   litaris fauorque

15 ex quarta regione uenerunt. Tô châmen dára fóne dero fíerdun . lúhsa diu uuíl-
16 da . únde dér díu uuólchen smélzet zẹ régene . únde êin lar des hímeles .
17 ánderer des héreies . únde dâr-míte iouis sún sékko. Corrogantur ex proxima
18a transcursis domibus coniugum regum . ceres tellurus . terręque pater uulcanus
18b   et genius.

19 Fóne dero fínftun uuúrten geéiscôt . sô iouis únde iunonis hóf fúrefáren
20 uuárd . díu chórngéba . únde der érdcot . únde dero érdo fátir uulcanus . únde
21a der ánaburto. Uos quoque iouis filii pales et fauor . cum celeritate solis fi-
21b   lia . ex

22 sexta poscimini. Fóne dero séhstun uuúrtent óuh ír geládot iouis súne .

---

                                                                        ter
51,22b-52,1a *állên   1a *ter éigeno   1a, 12b 2mal *der   1a íoh   2 *Ter 2/3a
*Nícchessâ   4 *dríttûn   5, 13, 22 3mal *geládôt   7 *ôtpúdelâ   8 *Tíe *in *óugi
10 *tíe *brûtlóufte   11a *síe   12a eadem] a aus o korr.   12b *Êinêr   13 *fíur
*prûtegómen   14a mulciber] u rad.   14b fauorque] u¹ rad.   15 *fíerdûn   16 *diu
*éin   17 *ánderêr héreies bzw. *hériges proxima] a aus o korr.   19 *fínftûn
*geéiscôt hóf auf Rasur   20 *tiu [c]hór[ngéba] auf Rasur *érdcôt *fáter   21a
*ánabúrto fauor] u rad.   22 *séhstûn *ír [gelá]dot iouis súne auf Rasur von
geládot iouis Punkt gehört hinter 10 úngezúmft, 12a pluton und est, 13 fíur gót,
17 proxima, 18a ceres, 21a filii. Punkt ist zu tilgen hinter 15 fíerdun.

---

2 habebat] *possidebat   Fons D L Br β N-T E-T   *Limphę bzw. *Lymphę   3a iouen-
siles nach Br; nouensiles D L β N-T E-T   3b/4 linga   4 etwa Συληνός bzw. Σειληνός
6a *minerueque   9a ac] ao   10 *Pręsertimque   14a *lynsa

dû fûoter-gót . únde dû spél-sékko . sáment spûote dero súnnûn dóhter. *Nam mars*
a *quirinus et genius superius postulati.* Uuánda dér búrghalto uuígant . únde
b   der sté-
a te-gót tér óuh ánaburto héizet . tíe uuúrten fóre geládot. *Sed etiam liber ac*
b   secun-
danus pales . uocantur ex septima. Ter uuíngot . únde der frámspûotesâre pales .
uuúrten óuh keládot fóne dero síbendun. *Fraudem uero post longam deliberationem*
placuit adhiberi . quod crebro ipsi cillenio fuerit obsecuta. Úndriuua uuólton
síe óuh tára . áfter lángemo getráhtede . uuánda sí díccho cillenio díenota.
Uuár díenot sí cyllenio? Âne sô rethorica únréhto uádôt . únde sí uerisimilia
chôsot . fúre uera. Pe díu chád philosophia fóne íro in consolatione boetii. Quę
a tunc tantum recto tramite incedit . dum nostra instituta non deserit. *Octaua*
b   *uero*
a *transcurritur . quoniam ex eadem cuncti superius corrogati . solusque ex illa*
b   *ueris fruc-*
tus adhibetur. Tiu áhtôda uuárd fúre-fárn . uuánda dánnan álle die ó-
beren geuuíset uuúrten. Êiner des lénzen níuuo rât . uuárd tánnan dá-
ra-geuuíset. *Iunonis uero hospitio genius accitus ex nona.* Fóne dero níundun
uuárd keládet genius ûzer iunonis séldon. *Neptune autem lar omnium cunctalis*
ac neuerita . tuque conse ex decima conuenistis. Áber dû mére-got . únde hérd-cot .
únde dû állero díngo sáma-háfting . ióh tû unfúrhta . únde dû uuíllolf ir châ-
ment fóne dero zêhendun. *Uenit ex altera fortuna et ualitudo faborque pas-*
a *stor manibus refutatis . quippe hi in conspectum iouis non poterant uenire.* Fóne
b   dé-
ro éin-líftun chám díu uuílsalda . únde uuílmaht . únde fabor der hírte .
díen únhólden feruuórfenen . uuánda die nemahton chómen fúre iouem.
a *Ex duodecima sancus .i. qui sancit res et affirmat tantummodo deuocatur . fata*
b   *uero ex*

---

1 *tóhter   2a *der búrghalto] g *auf Rasur von* h; *búrghálto   3a *ánabúrto *tíe
*gelá̂dôt   4 uuíngot] Zkfl. aus Akut korr.; *uuíngót *frámspûotesare   5 *kelá̂dôt
*síbendûn   6 *Úndriuua   uuólton] o² *auf Rasur;* *uuóltôn   7 *síe   *díenôta   8
*Uuâr   díenota] a *rad.;* *díenôt   9 *chôsôt   12 uuárd fú[re *auf Rasur* fárn] a
aus o *korr.;* *fáren   *dánnân   13 uúrten *Éiner   *tánnân   14 niûndun; *níundûn
15 kelá̂det *auf Rasur;* *kelá̂dôt   *séldôn   16 *gót   *cót   17 háft[ing] *auf Rasur
un
fúrhta] un *von anderer Hand;* *únfúrhta *ír   18 zêhéndun] Akut rad.; *zêndûn   19a
refutatis] r *auf Rasur von* f   hi in *auf Rasur   ueniræ] e² *aus* a *korr.*   19b/20
*dero   20 *éinliftûn *diu uuílsâlda *uuílmáht   21 *dien únhóldên feruuórfenên
*die nemáhtôn   22a affirmat] a² *auf Rasur   Punkt gehört hinter* 2b/3a stéte gót,
15 autem, lar *und* cunctalis, 17 uuíllolf, 18/19a passtor, 22a affirmat. *Punkt ist
zu tilgen hinter* 4 2mal pales, 13 rât.

---

5 uero] *quippe; dahinter* *ex eadem *nach* D L Br β N-T E-T   6/7 2mal *cyllenio   8
*rhetorica   9 *boethii   14 hospitio *nach* Br; hospitę D L β N-T E-T   18 fabor-
que *und* 20 fabor *nach* β; fauorque D Br N-T E-T   18/19a *pa/stor   19a *aduenire

altera postulantur. Fóne dero zuéleftun uuárd échert ter féstenâre geládôt. Fóne
dero drîttezendun châmen úrlaga. *Cęteri quippe illic dii manium demorati.* Die án-
dere dâr gesézene . uuâren dero únholdon góto gezuâhtes. *Bis septena saturnus* .
4a *eiusque cęlestis iuno consequenter acciti.* Fóne dero fîerdozendun uuárd keládot
4b   ter
5 áltcót . tér sâtę machot . únde sîn hîmel-iuno . dáz îst sîn uuîrten ops. *Ueiouis*
6a *.i. malus iouis . qui et pluto et orcus ac dii publici* . ter quino ex limite con-
6b   *uocantur.* Ter
héllo-iouis . únde die lîutcota . die châmen fóne dero fînftezéndun. *Ex ultima*
8a *regione . nocturnus ianitoresque terrestres .i. qui finibus pręsunt similiter ad-*
8b   *uocati.* Fóne dero
séhszéndun . uuárd náhtolf . tér óuh în dero êristun sáz . únde die márchônhûotela
10a geládôt. *Ex cunctis igitur cęli regionibus aduocatis diis* . cęteri quos azonos
10b   *.i. ex-*
11a tra zonas habitantes *uocant . ipso commonente cillenio conuocantvr*. Sô sie fóne
11b   állen lán-
den des hîmelis dáz chît fóne állen zonis sús keládôt uuúrten . sô uuúrten
dô die ûzenan rînges héizent . fóne sélbes tes prûte-gomen mánungo ge-
14a ládôt. *Tunc elementorum pręsules atque utilitatis publicę . mentiumque cultores* .
14b   *omnisque*
15 *populus potestatum.* Únde dára-nâh . tîe méistera dero gáskeftô . íóh fróno
núzzedo . íóh tîe des sînnes hûotent . únde álliu dîu mánegi dero ána-
uuáltôn. *Quis eos numę multus successor indicat?* Uuér mág sô gnôte .
dáz chît sô chúnnig áfterchomo sîn numę . dáz er sie gezélle? *Numa uuás*
ter ándir chúning zę romo nâh romulo. Tér ána-zócchota sîh . táz er
20 sáment tien góten sélbo spráche . únde sie în lêrtin uuélichiu sacrifi-
cia álde uuéliche cerimonias ér în brîngen sólti. Sîd er sie bechenâta
únde în so gesuâs uuás . sô máhta er síe óuh zéllen. *Qui confestim omnes*

---

1 *zuélíftûn *féstenare 2 [drîtteze]ndun: *auf Rasur;* *drîttozêndûn *Tîe 3 *únhóldôn 4a *fîerdozêndûn *keládôt 5 sáte *máchot 7 *hélle *lîutcóta *die² fînftezêndun *auf Rasur;* *fînftozêndûn 9 séhszêndū; *sęhs(to)zêndûn *in *êrestûn márchônhûotela 11a cuocaTvr *von anderer Hand am linken Rand nachgetr.; Verweisungszeichen auch im Schriftspiegel* (cillenio•) 11b/12 *2mal* *állên 12 *hîmeles *táz zónis] *Akz. rad.* 13 *die ûzenân *gómen mánungogge] g² *rad.* 14ab [cultor]es·omisą :: *auf Rasur;* *ōmisą *mit n-Strich* 15 gáskeftô] a *aus* o *geänd.;* *geskéfto 16 *tîe *állíu 17 sōggnôte] g¹ *rad.* 18 *chúnnîg áfterchómo 19 *ánder zeromo nâh *auf Rasur* *zócchôta sîh] *Akut auf Rasur eines Zkfl.* 20 sáment tien góten *auf Rasur* *lêrtîn *uuélichíu *bzw.* *uuélíu 21 uuéliche *bzw.* *uuéle sîe] *Akz. rad.* *bechnâta 22*sô¹ [máht]a *auf Rasur* *sîe *Punkt gehört hinter* 6a orcus, 8a pręsunt, 10a cęteri, 12 hîmelis, 13 dô, 20 lêrtin. *Punkt ist zu tilgen hinter* 3 gesézene, 8a regione, 9 séhszêndun, 15 dára nâh.

6a *hinter* orcus] *dictus 11a *cyllenio 21 *cęrimonias

a *iouis imperio conuocati . in aulam cęlitem conuibrantibus uenere sideribus.* Tîe
b   gesáme-
noton sîh álle fóne iouis kebóte în die hîmelfalenza . în skînenten stérnôn .
uuánda sô mánig cót sô mánig stérno.
EX CONGREGATIS ALII PRĘCINGUNTUR AD OFFICIA.   32.
                                                            D29,16 L120,10
a *Tunc ianus in limine militesque iouis . ante fores regias constiterunt.* Tô
b   hûota ianus
tero túron . iouis sárlinga stûonden fóre dien túron. *Ingressuros etiam cunc-
tos . nominatim uocabat fama pręconans.* Álle dîe dâr în-gân sóltôn . die uuîsta be
námen dára-în fama lûto rûofendiu . uuánda sî uuéibeles únde scúltheizen
ámbaht hábeta. *At intra consistorium regis . quędam femina quę adrastia diceba-
tur . urnam cęlitem superamque sortem . inreuocabilis raptus celeritate torquebat.*
Áber în demo iouis státa-hûs . îh méino în sînemo fórziche . dâr die lîute guón
sînt zę stânne . dâr tréib trátero spûote dáz únuuendiga hímel-lôz éin uuîb
tîu adrastia héizet . táz chît petrosa. Sî uuás tés lîeza . uuénne îoman
sólti gebórn uuérden álde erstérben. *Excipiebatque imarmene ex uolubi-
li orbe decidentes speras .i. giros peplo inflexi pectoris .i. inflexo peplo pec-
toris.* Imarmene dáz chît continuatio temporis . infîeng tîe fóne dero
uuérbûn sprîngenten rînga . mît îro geuuúndenen brúst-tûoche.
Uuánda în zîtogelîh uuérdent únde irstérbent ménnisken. *Cloto uero
a lachesis atroposque . quoniam sententias iouis orthographe studio ueritatis
b   accipi-
unt. Suspensio uocis.* Uuánda áber tres parcę iouis prîefarun . sîne réda P740
fîlo geuuâro scrîbent . îh méino cloto dáz-tir chît euocatio .s. hominum de
a *non esse in esse* . únde lachesis táz-tir chît sors .s. qualiter uiuant . únde
b   atropos

1a *Tîe   1b/2 *gesámenotôn   2, 11, 18 5mal *in   2 die *hîmelfálenzâ *(vgl.* 84,
22 die fálanza *acc.pl. ,palatia'*) bzw. *dia hîmelfálenza (vgl.* 63,8 dia fálenza
acc.sg. ,aula')   *skînentên   5a tT fores *auf Rasur* 6 2mal *túrôn; túron2 auf
Rasur* 8 *rûofentîu *scúltheizen 9 At intra consistor[ium] *auf Rasur* 11 *lîute
*geuuón 12 *daz únuuéndiga 13 tî[u] *auf Rasur;* tîu = femina; *táz = uuîb 14
*gebóren 16 *tîe 17 geuuúndenen brústetûoche] e¹ *rad.* 18 zîto[gelih] *auf Ra-
sur;* *zîtegelîh *erstérbent 20 *prîefarûn *rédâ 21 cloto *Punkt gehört hinter*
3 cót, 9 femina, 12 uuîb, 16 Imarmene, 18 uero, 20 parcę, 21 cloto, 22a lachesis,
22b atropos. *Punkt ist zu tilgen hinter* 5a iouis, 10 sortem.

---

4 PRĘCINCUNTUR OFFITIA 14 Εἱμαρμένη 15 *gyros 18 *Clotho 19a *orthographę
19b/20 *excipiunt *nach* D Br β N-T E-T 21 *clotho

1a táz chît absque ordine .s. moriendi . uuánda sie in állen álteren erstérbent. J56
1b   Cum senatum cu-

2a riamque contrahi cernerent hoc est cum cernerent in curiam contrahi senatum. Et
2b   hic. Tánne síe

3a gesáhîn daz hêrote síh sámenon ín daz sprâch-hûs. Et cum cernerent ipsum tonan-
3b   tem in-

4a dusiari .i. indui exuuiis publici magistratus . hoc est ornamentis regalis impe-
4b   rii. Et hic. Ún-

5a de sélben iouem síh chúninglicho gáreuuen. Accuunt stilos . utpote librarie su-
5b   perum .

6a archiuique custodes . cerasque componunt . in acta .i. decreta et consultum cę-
6b   lestium. Depositio.

7a Sô uuáztôn sie íro gríffela . álso scrîbun súln . únde dero bûocchamero flége-
7b   run . ún-

8   de blânoton íro tabellas . ze scrîbenne die tâte únde dén rât tero hímiliscon.
                                                              33. D30,12 L121,12
9   PER INSIGNIA IOUIS MUNDI FIT DESCRIPTIO. Tunc iupiter assumens

10a publica indumenta . quę assumit contracturus senatum . apponit primum uertici
10b   rega-

11 lis serti flammantem coronam. Iupiter sîn gegáreuue dô ána-légende . dáz er échert

12 ána-legeta . sô er ín sprácha gân uuólta . ána-sázta er demo hóubete chúning-

13 líchero smído glîzenta coronam. Contegitque ex posticis .i. ex posteriore parte

14a caput . quodam uelamine rutilante . quod ei pręsul operis pallas ipsa texuerat.
14b   Únde

15 bedáhta er den nól . mît éinemo rôtemo tûoche . dáz ímo pallas tíu uuérch-   P741

16 méistera uuórchta. Táz íst ter septenarius numerus palladis . tén sî gegében

17 hábet tíen rôtenten planêtis. Dehinc uesti admodum candidę . obducit amic-

18 tus . yalinos .i. uitreos. Tára-nâh úmbe-téta er sînemo uuîzen geuuâte . sô diu

19a lúft ze óberost íst . clásefareuue hélina . sô diu luft níderor íst. Quos .s.
19b   amictus

20 stellantibus oculis interstinctos . crebri uibratus ignium illuminabant. Tíe-dir

21 getópfôte mît stérnahten ôugon . mánige skímen dúrh-skínen. Uuánda

22 dúrh tia lúft skínent tie stérnen. Tunc duos globosos orbes . quorum unus

                 in
1a   állen; *állen   2b *sie   3a *gesáhîn *hêrôte *sámenôn 3a, 12 2mal *in   3a
                 f
*sprâh 7a grifela *scrîbun súlen *bûohchámero 7ab *flégarûn 8 *blânotôn *hí-
meliscôn   10a vor senatum] in rad. 12 [lege]ta auf Rasur; *légeta   12/13 *chú-
ninglichero 13 ex poste[riore] auf Rasur 14a [texuer]at auf Rasur 15 [bedáh]ta
auf Rasur 15/16 *uuérh/méist(e)ra 16 *uuórhta septænarius] e² aus a korr.   17
*tien rôtentên   18 uitreos] o aus a korr.   19a *óberôst   *clásefáreuue hélinâ
*lúft níderôr 20 uib[ratus] auf Rasur 21 *stérnahtên ôugôn Punkt gehört hinter
2a cernerent¹ und est. Punkt ist zu tilgen hinter 17 candidę, 17/18 amictus.

4a *publice nach D Br β N-T E-T   5a *Acuunt *librarię   6ab et consultum] cęle-
st(i)umque D Br β N-T E-T   9 *iuppiter assumens] *percipiens 10a vor quę] *et
11 *Iuppiter 17 *planetis 18 *hyalinos 22 duos nach Br; duo D L β N-T E-T

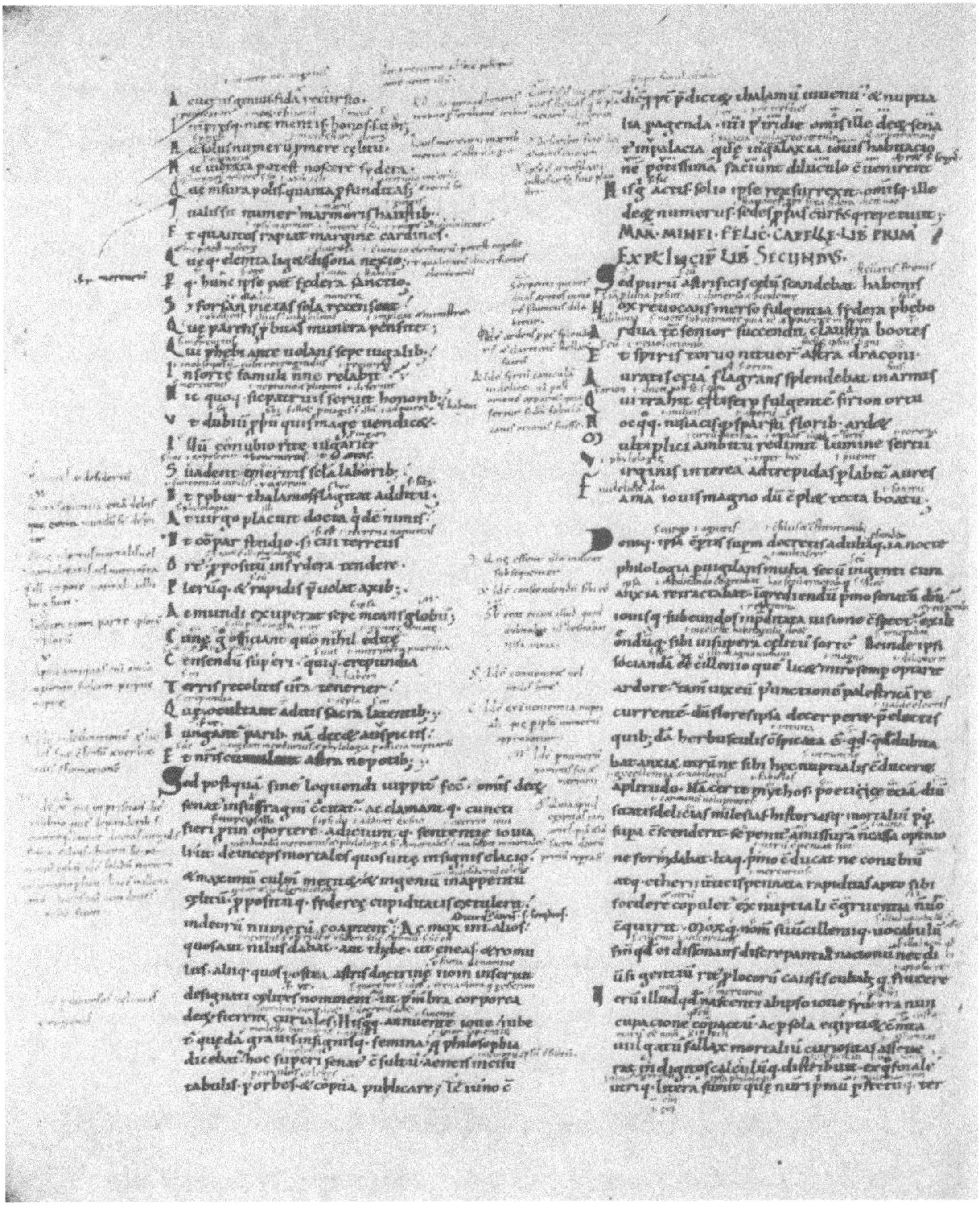

Aus dem Codex latinus Monacensis 14271 (N-T), Text des Martianus Capella mit Rand- und Interlinearglossen aus Remigius von Auxerre, f. 6v
Photostelle der Bayerischen Staatsbibliothek München

auro electro alius similis erat. dextra porrectiore corripuit. To reht er
mit tero besemun hier simuelbin chlinne. dah chit huis spera eina
gelicha golde. so diu sunna ist. andera gelicha electro so der mano ist.
Leua ennen prongon chelin muterenti similis imprnebat. Mit tero uuin-
sterun ferdruhta er samo so linendo sina niuulungun tyran uuandast
nuin seren liabe. Sibene dero singenton planetarum den abroden dero lufti
sunt himel spero. der nunden dero uuahero dobes hier in erdo. Ten einen
dah borh man die andere sine so ser druechet. nah sie nioman nehoret.
Calceolou herbosos flueras uirore smaragdine uiridicans uestigiis eius
rellass. den annezunt. Tellus Niuidra in mir erda farewen scuhen. samo
gruonen so smaragdus ist. Insidebat autem ex pauonum pennis ut texta oeu-
latæ ip palle. Er sah aber an einemo bilme eheuber. sauuen federon geuue-
benemo unde gesebemo. Vuanda diu luft schhet andero gebluomo
in erdo. Et q multi coloribus, notulis uariata pictura uernabat. Fone
demo lohra in manegen uuil Roropsorun tol Refehtu farewua. also in
lenhen diu erda geran ist. Sub calceis ut festina deferebat. Ynder dien fuo-
zen borg er eina driihinga fartlun. diu nepraon ist. Vuab peherchen&c rin
sine xrs naturas aquæ. ih meino dah si mobilis unde portabilis unde liqida

III DISCRIPTIO PER INSIGNIA IVNONIS

Huius suggestus subditus iunonis eselsfuas. haud indecentem ornatus
iunonis stiol stuome nideror. der ist liche gegareter. Nideror fone
hiuuunda aer nideror ist danne ether. Ipsa ut terra capitur.

auro . electro alius prenitebat . dextra porrectiore corripuit. Tô réihta er⁻ᴶ⁵⁷
mít tero zeseuuûn zuéi sín-uuelbiu chlíuue . dáz chít zuó spêra . éina
gelícha gólde . sô diu súnna íst . ándera gelícha electro sô der mâno íst.
Leua enneaptongon chelin innitenti similis imprimebat. Mít tero uuín-
5 sterun ferdrúhta er sámo-so línendo . sína níunliutigun lyrun . uuánda sî
níun séiten hábet. Síbene dero síngenton planetarum . den áhtoden dero lûtrei-
stun hímelspero . den níunden dero uuázero dôzes hîer in érdo. Tén êinen
dôz hôret man . die ándere sínt sô fer-drúcchet . táz sie níoman nehôret.
Calceos autem herbosos fluctu .i. colore smaragdine uiriditatis . uestigiis eius
10 *tellus .s. dea annexuit.* Tellus skúohta ín mít crásefáreuuen scúhen . sámo
grúonên sô smaragdus íst. *Insidebat autem ex pauonum pennis intertextę ocu-*
latęque pallę Ér sáz áber án êinemo bízucche . úzer fâuuen-féderon geuué-
benemo . únde gefêhtemo. Uuánda diu lúft sízzet . án dero geblûomô-
tun érdo. *Ex qua multicoloribus notulis . uariata pictura uernabat.* Fóne
15 démo lôzta in mánega uuîs ketópfotiu . ióh kefêhtiu fáreuua . álso ín   P742
lénzen diu érda getân íst. *Sub calceis uero fuscinam deprimebat.* Únder dien fûo-
zen bárg er êina drízinga fúrkun . díu neptuni íst. Uuáz pezéichenet tíu
âne tres naturas aquę . íh méino dáz sî mobilis únde potabilis únde liquida
íst? ITEM EIUS DESCRIPTIO PER INSIGNIA IUNONIS.   34.
                                                            D31,4 L123,14
20 *h*uius suggestui subditus iunonis consessus . haud indecenter ornatus.
Iunonis stûol stûont níderor . gerístlícho gegáreter. Níderor fóne
díu . uuánda aer níderor íst dánne ęther. *Ipsa uero tecto capite .*

---

2 zeseuûun; *zéseuuûn zúei *sínuuélbíu cchít] c¹ *rad.* zúo; *zuô *spêrâ éi-
na] Akut aus Zkfl. korr. 4/5 *uuínsterûn 5 *níunlíutigûn lírûn 6 *síngentôn
6/7 2mal *dén *lûtréistûn 7 *hímelspêro *Ten éinen 8 dôz] o aus a korr. 9
Cálceos] Akz. rad. 10 *scúohta *crásefáreuuén 12 *éinemo bízúcche *féderôn
13/14 *geblûomotûn 15 Zu lôzta (inf. lôzen < lóhezen) siehe Ochs I, S. 6, auch
Schatz II, §242 und Schulte S. 101. [máneg]a aus e korr.; sonst mánig(-) in Nc
*ketópfotíu íoh *kefêhtíu *in 17 *éina Zu *drízínka siehe Pestalozzi S.150.
fúrk[un] auf Rasur; *fúrkûn 21/22 2mal *níderôr 21 *gerístlicho gegáretêr
*Níderôr 22 *tánne Punkt gehört hinter 3 electro, 18 méino. Punkt ist zu til-
gen hinter 5 línendo, 9 uiriditatis, 13 sízzet, 14 notulis, 22 capite.

---

1 porectio[re] auf Rasur 4 *Lęua *enneaphthongon *chelyn 9 *smaragdinę 22
tecta

lacteo quodam calumnate pręnitebat. Sî sáz kehúltiu mít íro uuízhullun. Cui J58
2a .s. iunoni . *gemmis insitum diadema preciosis.* Uuás íro óuh ána-getân . íro
2b hóubet-
pánt . keuuórhtez ûzer tíuren gímmon. *Nam neque skithidis uirecta . nec
cerauniorum uibrans fulguransque lumen . nec flucticolor iacyncti credebatur*
5 *abesse profunditas* .i. uarietas. Târ uuás ána díu grúoni skithidis lapidis .
tér fóne skithia chúmet . únde dánnan genámot íst . ióh tér dráto blíg-
skímo cerauniorum díe fíur-fáreuue sínt . únde fóne demo blícche genámot
sínt . uuánda ceraunium grece fulmen chít latine . ióh tíu bláuua mís-
selichi des iacyncti. *Sed totum illud sertum capitis fulgurantis . thauman-*
10 *tias obtulisse reginę cęlitum ferebatur.* Día hóubet-zíerda álla . bráhta iunoni taumantias táz chít mirabilis . tíu óuh yris héizet. Yris in nubibus . táz íst sertum iunonis. Târ síhet man ána día fáreuua skithidis . ún-
13a de ceraunii . únde iacyncti. *Ipsius uero diue uultus . assidua perlucens* P743
13b *gratia .i.*
serenitate fratri consimilis. Íro ána-lútte uuás íro brúoder gelíh . dúrh-síhti-
15 gez fóne gnúog émezigero líebsami. Uuáz mág ętheri gelíchera sín . dánne aer . sô hêiter íst? *Nisi quod ille inmutabili letitia renitebat . hęc commotionum assiduarum nubilo crebrius turbabatur.* Âne dáz ér ío ín gúotemo íst .
sí grúnzet áber díccho fóne úngeuuítere. Aęther íst ío stille . aer uuírt
ófto getrúobet. *Nam uestis eius ialina . sed peplum fuit caligosum.* Íro uuât uuás
20 kelíh yali lapidi dêr lútterer íst . áber daz hóubet-túoh uuás tímberez.
Uuánda diu lúft íst túrh-síhtig . uuólchen únde nébel sínt trúobe.
Quod tamen .s. peplum . si appulsu cuiusque luminis tangeretur . inter obumbran-

---

1 *kehúltíu *uuízhúllûn   2a Uúas   3 *tíurên gímmôn   4 iacync[ti] *auf Rasur*   5,
14, 19/20 *4mal* uúas   6 *dánnân   6-8 *2mal* *genámôt   7 *díe   8 t[íu] *auf Rasur von*
d   10 *Tía   12 *Punkt hinter* bus *verwischt* *síhet *día   14 serenite] ta *von anderer Hand* *túrh   15 *líebsámi   Uúaz ꝗeri   16 *hinter* sô] *er *héiter   17 *in
18 *stílle   uú[irt] *auf Rasur*   20 kelíh] *Akut rad.* *dêr lût(t)erêr   21 *síhtíg
Punkt gehört hinter* 7 cerauniorum, 11 taumantias, 20 lapidi. *Punkt ist zu tilgen
hinter* 2a ána getân.

---

1 *calymmate   2a *pretiosis   3, 5, 12 *3mal* *scythidis   4, 7 *2mal* cerauniorum *bzw.*
*ceraunorum   4, 9, 13a *3mal* *hyacinthi   6 *scythia   8 *ceraunos   11 *thaumantias
*iris *Iris   13a cerauniii *bzw.* *cerauni   *diuę   16 *lętitia *renidebat   16/17
commotionum *bzw.* *commutationum   17 *turbida(ba)tur   18 *Ęther   19 *hyalina *fuerat   20 *hyalo

tes nebulas sudę perspicuitatis gratia pręniteret. Úbe áber líeht tar-ána châme .
sô skíne sâr únder díen úmbe-hábenten nébulen . ételíh clíz tero héiteri.
Álso iz tánne féret . sô diu uuólchen únde der nébul síh pegínnent skêiden.
Hæc fulmen dextra . leua sonorum bombis .i. uocibus terrentibus tympanum susti-
5a *nens . sub quibus plurimum sudans . ima subiecta roscidis .i. aquosis uidebatur*
5b   *inunda-*
re fluoribus. Sî ín dero zéseuuun den blíg hábende . únde án dero uuínsterun
éina timpanun mít prútelíchen chláfleichen . íôh târ-úndere hírlícho er-
suízzende . têta sî dia érda fóne démo flódere ernázen. Táz íst poeticum .
dáz ter régen sî *iunonis* suéiz. *Huius uero calcei admodum furui . quorum maxime*
solea . atrę noctis nigredine coloratur. Íro scúha uuáren sáleuue . áber diu só-
la . zôh ze náht-fáreuuo. Uuánda míttiu náht íst ío fínsteriu . âne ín ple-
nilunio. *Nam eiusdem genua zona quidem diuersicolor ambiebat . quę nunc per-
fulgido resplendebat orbe . nunc uanescentis gratiae tenuata uarietas . ita
penitus ablegabat .i. euanescebat . tamquam nihil ante habuisset discolorum.*
Úmbe diu chníu hábeta sî éina bíndun míssefareuua . díu ôugta síh uuí-
lon óffeno . uuílon uuárd taz tíu fêhi dar-ána zegándo síh kedúnnerota .
únde sô gáreuuo fersuánt . sámo-so dâr-fóre níeht sólches neuuáre. Táz
íst kesprôchen fóne dero fêhi des méris . únde állero suébe-uuázero.
                                                                  35. D32,5 L125,32
DE INTELLECTUALI MUNDO. ｈ*is igitur regum indumentis decenter orna-
ti . ante consessum in suggestu sidereo positam quandam speram . celatam uarietate
multiplici conspicantur.* Sús chúninglicho gáro sízzende . scóuuoton sie fóre
ín éina speram . ûfen éinemo stûole lígenda . ín mánigfalta uuís ke-zéichen-

---

1 târ] *Akz. rad.;* *târ   2 *dien *hábentên nébelen   ęelih; *ételíh   3 uuólchen
*nébel *skéiden   4/5a s[ustinens] *auf Rasur*   6, 11 *2mal* *in   6 zéseuuun] u³ *auf
Rasur von* n; *zéseuuûn *uuínsterûn   7 *tímpanûn *prútelíchên chláfléichen *hír-
licho   7/8 [ers]úizzend[e] *auf Rasur von* ízzende   8 *demo *ernázên   9 [calcei]s
rad.   10 *uuáren   11 *míttíu *fínsteríu   15 chníu *bíndûn míssefáreuua *ôugta
15/16 *2mal* *uuílôn   16 *táz tiu fêhi dâr *kedúnnerôta   17 fersúant *sóliches
*neuuáre   18 *kesprôchen *déro *méres súebe   19/20 [ornat]i *aus* a *rad.*   20 ce-
latam] e *verwischt*   21 [multip]lic[i] *auf Rasur* *scóuuotôn   22 *lígenta *in²
*mánigfálta *Punkt gehört hinter* 16 uuárd. *Punkt ist zu tilgen hinter* 13 uarietas.

---

1 *sudę   4 *Hęc *lęua   9 maximę   13 *gratię   20 *ante *cęlatam

1a da. *Quę ita ex omnibus compacta fuerat elementis . ut nihil abesset quicquid*
1b   *ab om-*
ni creditur contineri natura. Tíu fóne állen elementis sô zesámene-gedûhet
uuás . táz níeht târ-ána ne-brâste . álles tés tiu natura begrîfet. Állez
taz uuérlt-pílde uuás sáment fóre iouis óugon . uuánda ín gótes mûote .
5 únde ín gótes prouidentia . uuás ío gebíldot . únde sáment pegríffen .
díu súnderiga mísselichi állero creaturarum. Táz íst tíu primordialis cau-
sa . día plato ideam héizet . nâh téro dísiu ánasíhtiga uuérlt keskáfen
8a íst. *Illic cęlum omne . aer . freta . diuersitasque telluris . claustraque*
8b   *fuerant tar-*
tarea. Án déro spera uuás ter hímel áller . lúft únde uuázer . ér-
10 da únde hélla. *Urbes etiam . competa . cunctarumque species animantium . tam*
in specie quam in genere numerandę. Ióh púrge únde geuuígke . ióh   P745
állero sláhta tíer . únderskeitigo ióh sáment. *Quę quidem spera ima-*
go quędam uidebatur ideaque mundi. Tíu spera uuás tírro uuérlte ge-
scáft . únde bílde. *In hac quid cuncti . quid singuli nationum omnium po-*
15 *puli . cottidianis motibus* .i. uoluntatibus *agitarent pede ire* .i. perfi-
cere . *formantis* .s. dei *speculo relucebat.* Uuáz álle . únde uuáz ío-
gelíche líute állero díeto . tágeliches ílen getûon . dáz skínet ál
ûzer démo spiegule des píldonten gótes. Táz uuírt ál ersé-
uuen ín déro spera. *Ibi quem augeri . quem deprimi . quem nasci . quem*
20 *occidere iupiter uellet . manu propria ipse formabat.* Uuén ér uuól-
ti lâzen gedíhen . álde mísse-díhen . únde uuén gebórn uuér-
den álde erslágen uuérden . dáz píldota er ímo ál dâr sélbo

---

2 *állên *zesámine gedûhet   3-5, 9, 13 *5mal* uũas   3 *níeht   4 *óugôn   4/5,
19 *3mal* *in   5 *gebíldôt   6 *tiu   7 *día *dísiu keskafen; *keskáffen   9 *ál-
lêr   11 *geuuíkke *nach Pestalozzi S. 146*   12 *sláhto *únderskéitigo   13/14
Zu Tíu bis bílde siehe Schulte S. 102/103.   14 q̃d¹] i¹ *rad.*   16 formantis] a
aus o korr.   17 *líute *ílên   18 *spíegele *píldônten uúirt   18/19 ersé-
uuen/uuen] uuen¹ *rad.*   20/21 uũolti   21 díhen·] *Punkt auf Rasur* uuen *ge-
bóren   22 *píldôta *Punkt gehört hinter* 1a abesset, 21/22 uuerden.

---

15 *cotidianis   20 *iuppiter

mít sínero hánt. *Quam terrarum partem disperdere . quam beare . quam ua-*
stam . quamque celebrem cuperet . fictor arbitrarius uariabat. Uuélih
lánt er uuólti férdôsen álde gesâligon . uuûoste uuésen . álde bûhaf-
te . dáz kemísselichota er ál . sélbchostiger scáffare. *Hoc igitur fatum pub-*
5 *licum conspicans componensque . deorum senatum iussit admitti.* Tísen állelichen
úrlag ín déro spera scóuuonde . ióh sképfende . híez er ín-lâzen dáz hê-
rote dero gôto. SATURNUS ET OPS . ET CĘTERI PROCERES ADMISSI.   36.
                                                               D33,3 L126,26
Q*uamuis intus intrarent . quos innominabiles sacra uis testatur . tamen*
9a   *etiam primatibus diuum pręsertimque parentibus .i. saturno et opi . uter-*
9b   *que consur-*
10 *gunt.* Sô-uuio dô sáment ín-gíengin díe díu uuíha chráft íro gótheî- P746
te námolose héizet . ío-dóh gágen dien héristen . únde méist gágen
íro zuéio fórderon . stûonden siu ûf. *Uerum sator eorum gressibus tardus .*
ac remorator incedit. Saturnus íro fáter lâzota án sínemo gánge . ióh
únspûotig uuás er ís. *Glauco quoque .i. uiridi amictv caput . prętendebat*
15 *dextera . flammiuomum quendam draconem . caudę sue ultima deuoran-*
tem . quem .s. saturnum credebant anni numerum nomine perdocere. Ún-
de mít plâuuemo tûoche behúlter . trûog er án dero zéseuuun
éinen flúrenten drácchen . dér daz iâr bezéichenet . sînen zágel
slíndenten . dés námo sô man uuânet . tía iâr-zâla úns keóuget.
20 Táz íst fóne díu . uuánda er grece héizet tez . táz-tír chít *come-*
dens. Án démo námen bezéichenet tau .ccc. e. bezéichenet .v. ze-
ta bezéichenet .lx. Sô mánig tág íst ín iâre . íh méino .ccc.lx.v.

---

1 *hénde   3 *uuólti ferdôsen *gesâligôn   3/4 *bûháfte   4 *kemísselichôta sélb-
chostiger] 1 aus b rad.; *sélbchóstigêr   6, 22 2mal *in   6 *dero scóuuonde] o²
auf Rasur; *scóuuônde   6/7 hêrôte] 2. Zkfl. rad.; *hêrôte   8 qQ   10 *So uuîo
*gíengîn díe   *uuíha   10/11 *gótheíte   11 *námolôse   2mal *kágen *hêrôstên
*méist   12 zúeio *fórderôn *sie   13 [lázot]a aus o korr.; *lâzôta   14 *únspûo-
tîg uúas *is   17 *behúltêr *zéseuuûn   18 *trácchen   19 *tia   22 .ccc.lx.v.]
x.v auf Rasur   Punkt gehört hinter 3 férdôsen, 10 ín gíengin, 19 námo. Punkt
ist zu tilgen hinter 15 dextera.

---

14 hinter amictv] *tectus nach D L Br β N-T E-T   15 *suę   20 *tex   21/22 zeta =
7; *xi = 60

Únde ímo gefállet táz er héize comedens . uuánda tempus frízet ál dáz-
tir íst. Fóne díu chît iz in bíuuurte . álter ál genímet. *Ipsius autem caniti-*
es pruinosis niuibus candicabat. Sîn grâuui . uuás uuínterlichen snê-
uuen gelîh. *Licet etiam ille puer posse fieri crederetur.* Sôuuio man uuân-
5 di . dáz er áber chînt uuérden máhti. Uuánda iâr eráltêt ze͜ uuíntere .
únde er-iúnget ze͜ lénzen. *Eius coniunx grandeua corpulentaque mater*
7a .s. ops . *quamuis foecunda circumfusaque partubus . tamen floridam discolora-*
7b   *tamque*
uestem . herbida palla contexerat. Sîn chéna íst ketrágenlih únde fóllide.
Únde dôh sî féselîg mûoter sî . mít chínden befángeniu . dôh pedáhta
10 íro blûomféhun uuât . éin grásegiu húlla. Uuánda diu érda íst tîcche-
sta dero elementorum . sî íst óuh féselîg . únde grásegiu. *In qua totus gemmarum*
metallorumque census . atque omnium prouentus frugesque sationum . larga ad-
modum ubertate ferebantur. Ín déro-dir fólliglicho lâgen díe scázza gól-
des únde gímmon . ióh állero geuuáhste . únde álles tés rátes tero sâ-
15 mon. UESTA. ♄uic uesta quę etiam coeua eius fuerat adherebat.
Ze͜ íro hábeta sîh uesta . díu íro geáltera uuás. Fíur íst ében-ált te-
ro érdo . únde líget ferbórgen ín dien stéinen . únde ín dien érdlu-
cheren . álso ín ueseuo campanię skînet . únde in ethna sicilię. *Quę*
quod nutrix iouis ipsius suoque eum sustentasse gremio ferebatur . caput re-
20 *gis ausa est osculari.* Tíu getórsta ioui daz hóubet chússen . uuánda sî sîn
mágezoha íst . únde sî ín bármôta sô man ságet. Uuánda cęlestis
ignis íst óbe ęthere . únde úmbe ętherem . únde dáz chédent philoso-

---

2 *bíuuúrte 3 *uuínterlichên 4 *Souuío 6 *eriúngêt 7a circumfusaque] c² aus
r korr. 8 *ketrágenlîh *fóllíde 9 *befángeniu 10 *blûomféhûn 10/11 2mal
*grásegíu 13 *In *fólleglicho *díe scázza gól auf Rasur 14 *gímmôn ge-
uuáhste] u¹ auf Rasur von h 14/15 *sâmôn 15 hH adherebat] d auf Rasur von h
16 *íro² úuas 17 :ferbórge[n] auf Rasur von ferbórgen, das zuerst ohne Zwi-
schenraum geschrieben wurde. 2mal *in 17/18 *érdlúcheren 18 *in¹ ethn[a]
auf Rasur 19 ssustentasse] s¹ rad. 21 *mágezóha m[an] auf Rasur 22 Zu dáz
(= *fíur), *dén (= ignis) siehe Schulte S. 110/111. Punkt gehört hinter 1 ge-
fállet und frízet, 12 prouentus, 15 uesta und fuerat, 21 bármôta. Punkt ist zu
tilgen hinter 3 grâuui.

---

6 *grandęua 7a *fęcunda bzw. *fecunda 7ab *discoloramque nach D L Br β N-T
E-T 15 *coęua *adhęrebat 18 ueseuo bzw. *uesuuio *ętna

phi mít temo érdfiure gezúgedôt uuérden . SOL. *Post hos . candida* ^{J63} 38. D33,20 L128,6

cum sorore sol auratus expetitur . Nâh tíen uuárd tára-ín geêiscot . tér góld-
fáreuuo sol . mít sínero uuízun suéster luna. *Qui mox ut coepit ingres-
sui propinquare . purpurę rutilantis puniceus quidam fulgor anteuenit . et*
rosulenti splendoris gratia .i. uenustate . *totam aulę ipsius curiam* .i. conuen-
tum deo-
rum *luminauit . obstupefactis cęteris ornatibus* .i. occultatis cęteris stellis.
Tén
fúre-fûor . sô er begónda chómen . éin rôt skímo . púrpurun gelícher . P748
únde ín rôsfáreuuero skôni erskéinda er álla dia fálenza . ánde-
ren zíerdon dáz chít stérnon síh pérgenten. Táz íst tíu gáreuui
des hímeles . tía uuír séhen in mórgen . êr diu súnna ûf-kánge.
*Ast ubi primos honorati capitis radios ingressurus inmisit . ipse
etiam iupiter paululum retrogressus . sub inmensi nitoris numine
caligauit.* Íôh sélber iupiter túncheleta fóre sínero skínbari . uuí-
dere-uuíchender . sô er ín-gândo den hóubet-skímen êrist ôucta. Tíz
íst secundum rhetoricam emphaticos keságet . táz chít míchellicho . lati-
ne chít iz exaggeratiue. Íh méino uuío íóh sélbes iouis stella . tíu
fóre fílo glánz íst . tánne úrouge uuírt . sô diu súnna stât skínen.
*Sperę uero orbesque quos dextera sustinebat . ueluti speculo cognati
luminis refulsere* .i. contrafulsere. Sélben die spere die iupiter in hénde
hábeta . Íh méino sélben die stellę solis et lunę . díe skínen gágen dé-
mo speculo dés ín gelégenen líehtes. Síe infíengen ín síh . tíu líeht
tero góto . apollinis únde lunę. *Iuno autem diuersicoloris . illustris or-*

---

1 *érdfíure pPp] p¹ am linken Rand anrad. 2 expetitur. auf Rasur *tíen *geéi-
scôt *ter 3 *uuízûn 7 *púrpurûn gelícher 8 *in 8/9 *ánderên 9 *zíerdôn
*stérnôn *pérgentên 10 *tía uuír séhen Zu in mórgen (acc.) siehe Grimm 3, S.
151. 13 *sélbêr *skínbâri 14 *uuíchentêr *êrest ôugta 16 *uuío 17 úrôugeł]
Zkfl. und übergeschr. g rad.; g² auf Rasur; *úróuge 18 Speręq] q rad. 19/20
4mal *díe 21 *des [gelégene]n aus s korr. *in² Punkt gehört hinter 9 zíerdon,
16 méino, 18 orbesque, 19 spere. Punkt ist zu tilgen hinter 22 góto.

3 *cępit 6a ocultatis 12/13, 19 3mal *iuppiter 19 *sperę

natibus ac uaria . uelut speculo cognato . gemmarum .i. numinum luce resplendens .
candentibus serenis enituit. Áber díu gefêhta únde díu zîero gegáreta
iuno . erblîchendiu fóne íro líehte . sámoso fóne gelégenemo spîegele . uuárd
sî in uuîzero héiteri. Álso diu lúft îo dánne íst . sô diu súnna ûf-kât.

5 DESCRIPTIO ĘSTIUI TEMPORIS.   *Erat enim in circulum ducta*   39. D34,7 L129,1
                                                                      P749
fulgens corona . quę duodecim flammis ignotorum .i. *preciosorum lapidum fulgo-*
rabat. Apollinis corona uuás kerîngtiu únde glîzendiu. Zuélif
tíurero stéino glîzemen hábeta sî . dáz sînt zuélif mânoda des iâres.
Quippe tres fuerant a fronte gemme . lichynis astrites et ceraunos. Trî

10 uuâren án sînemo énde . dáz sînt trîu súmerzeichen . gemini . ún-
de cancer únde leo. Úbe dû díu nebechénnist . tîu zéigot tir ma-
ior ursa. Uuánda sô sî chúmit in altitudinem cęli . sô sînt gemini gá-
gen íro chélûn . cancer gágen dien fórderen fûozen . leo gágen
dien áfteren. Sélbiu ursa íst pî demo nórde . mánnelichemo zéi-

15 chen-háftiu . fóne díen síben glátên stérnôn . díe aller der líut
uuágen héizet . únde nâh êinemo glóccun-ióche gescáffen sînt .
únde ében-míchel sînt âne des míttelosten. Uuélee uuâren
dâr-ána? Lichinis tér purpureus íst . únde dánnan genámôt
íst . táz er lucernę gelîch íst . díu grece líchinis héizet. Dér

20 íst geminorum . únde iunii mensis . uuánda dánne purpurei flo-
res chóment. Áber astrites íst êin uuîz stêin . genámoter ab
astro . dáz chît a stella . uuánda man dâr-ínne síhet sámoso

---

2 2mal *diu   gefêhta] Zkfl. über rad. Akut   3 *erblîchentíu uúard   4 héiteri]
Akut aus Zkfl. korr. lúft î[o] auf Rasur von súnna   6 lapidum auf Rasur   7 uúas
*kerîngtíu *glîzentíu   8 zúelif   mânôda] Akut rad.; *mânôda   10 *súmerzéichen
11 dû] Zkfl. aus Akut korr. *nebechénnest *zéigôt tír   12 *chúmet   13 *fór-
derên   14 *áfterên *Sélbíu *mánnolichemo   14/15 *zéichenháftíu   15 *díen   *díe
*állêr   16 *éinemo glóccûn   17 *den míttelôsten *Uuéle bzw. *Uuéliche   18 *dán-
nân   19 *gelîh   *tíu *Tér   21 *éin *stéin *genámotêr   Punkt gehört hinter 9
líchynis, 11 cancer, 18 Lichinis.   Punkt ist zu tilgen hinter 14/15 zéichen háf-
tiu.

---

5 enim] *illi nach D L Br β; enim illi N-T E-T   6 *pretiosorum   9 *gemmę 9, 19
2mal *lychnis   18 *Lychnis

éinen stérnen uuárbelôn . Dér ist cancri únde iulii . uuánda er gelîch^J65
ist tîen uuîzen . únde ében-míchelen zuêin stérnon . díe in cancro méi-
sten sínt . únde aselli héizent. Ceraunos íst éin fáleuuer stéin . fóne
fulmine gehéizener. Dér ist leonis . ún-de augusti . uuánda diu sún-
na dánne prénnet . sámo-so blíg-fíur. *Quę eius effigiem reuerendam .
a cognitione conspicientium . uibrantibus radiorum fulgoribus occulebant.*
Tîe gemmę benâmen dáz mít téro drâti íro skímon . dáz in ána-sé-
hente ne-bechnâton. *Quarum alia cancri cerebro . leonis oculis al-
tera . geminorum fronte assumpta tertia dicebatur.* Únde éiniu uuás
kenómen sô man chád ûzer démo gílse cancri . ánderiu ûzer le-   P750
onis óugôn . díu drítta ûzer démo énde geminorum. Dáz chád man
fóne díu . uuánda sie díen gelíche sínt . álso iz keságet íst. UERIS. 40.
                                                                 D34,14 L130,3
A líę *sex ex utroque latere rutilabant.* Án-dere séhse skínen .
án díen sîton dero coronę. *Quarum smaragdus una.* Déro ist éiner
smaragdus . állero stéino grûonesto . fóne amaritudine gehéize-
ner . uuánda ío grûone éiuer ist. Tér íst kegében tauro únde ma-
io . uuánda dánne íst lóub únde grás ín alegrûoni. Taurus íst
únder demo síbenstirne . únde sîn hóubet ist mít fínf stérnon sô
gescáfôt . táz man éinen sîhet án dero mûlo . éinen án demo uuîn-
steren óugen . zuêne án demo zeséuuen zesámine-chlébente .
díe fúre éinen gezélet sínt. Zuêne án dien hórnen. Déro zuéio
íst ter zéseuuo . rôt únde fílo óffen. Díe fínfe héizent la-

1, 4 *2mal* *Tér   1 *gelîh   2 *uuîzên *míchelên zûein; *zuéin   2, 18 *2mal*
*stérnôn   2, 21 *2mal* *díe   3 *fáleuuêr   4, 15/16 *2mal* *gehéizenêr   5
*brénnet   7, 22 *2mal* *Tîe   7 *skímôn   *ín   8 *nebechnâton   *Hinter* 8
can [cri], 10/11 leoni [s], 12 á [lso] *Durchlöcherung wegen des ausrad.
Textes; Bindestrich bei* 8 can‿cri   9 *éiniu úuas   10 kenóme[n] *auf Rasur*
*ánderíu   11 *díu   *Táz   12, 14 *2mal* *díen   13 aA   14 *sîtôn   14, 21 *2mal*
*Téro   14 *éinêr   17 *in álegrûoni   18 *síbenstírne   19 *gescáffôt   20
óugen] e *aus* o *korr.*   *zéseuuen   21 *sínt . zuêne; Zúene zúeio *Punkt
gehört hinter* 10 kenómen *und* chád. *Punkt ist zu tilgen hinter* 4 leonis,
13 skínen, 22 zéseuuo.

6 *uibrantes *nach* D L Br β N-T E-T

tine suculę . grece hîades. *Scithis altera.* Ánderer héizet scithis . fóne scithia dánnân er chúmet. Têr îst óuh crûone . álso diu érda îst in aprili . sô diu súnna gât in ariete. Án arietis hórnen stânt fílo gláte stérnen fîere . nâh tien hórnen gechrúmpte. Díe mág man óuh
5 uuóla bechénnen fóne demo síben-stírne . uuánda sie uuésterhálb sîn sínt . unde únder-zuîsken ándere nehéine nesínt . âne des trianguli daz deltôton héizet . táz mít úndarlichen stérnon gebíldot íst. Áber aries hínder-síhet síh ze tauro . únde be
díu sínt óuh sîne posteriora bechéret óstert . zû díen fîer stérnon .
10 die úns óugent . în zîlun stânde . sámo-so ába-fersnítenen taurum
ze dien lánchon. Mít tîen béinen tréttot ér cętum . tér ímo súnthálb íst. *Iaspis tertia uocabatur.* Ter drítto héizet iaspis fóne aspide serpente dér in ín demo hôubete tréget . sô man chît . únde dér íst óuh éteuuaz crûone . álso óuh in martio éteuuaz pegín-
15 net crûen . sô diu súnna íst in piscibus. Tér piscem bechénnen uuélle dér aquilonius héizet . tér séhe fóne cornibus arietis uuóla férro uuéstert . nórd-hálb tes signiferi . dâr síhet er éin fílo skînbarîg triangulum . uuîto indânez . únde íóh ûzer fínf stérnon . die án dien órten . únde án dien sîton stânt . kebíldotez. Án
20 démo bechénne sîn hôubet. Tánnan férro súndert . síhet man án demo signifero dáz kemáhcha triangulum . ûzer fîer stérnon nâh ében-míchelen . álso gebíldotez . álso in arithmetica diu mínnes-

sta pyramis kemâlet íst. Íh méino dáz trî stérnen daz triangulum má-
chont . únde der fîerdo . réhto in míttemen stât. Án démo bechénne
des mínneren hóubet . tér notius héizet. Fóne díen zuéin trian-
gulis píugent síh ûf ôstert íro uincula . mít tíen die zágela ze-
5 sámine-gechnúpfet sínt. Ín demo bíugen síhet man pegasum . sá-
mosô únder-zuísken físken betânen. *Inter quarum uirorem foeta
mari lumina .s. resplendebant . interiorisque coruscatus fonti .i. fôn-
tibus* qu*e*̨dam *suauitas resplendebat.* Únder déro gímmon grûoni .
skínen demo mére féseligiu líeht . uuánda díu lénzesca súnna
10 getûot féselen diu méretíer . únde díu sûozi des ínneren blíc-
ches . erskéin díen rínnenten uuázeren . uuánda óuh tíu núzze
uuérdent iṇ lénzen. AUTUMNI. *I*acincto dentrides . etiam 41. D34,17 L130,21 P752
eliotropios utrimque compacti. Témo in míttemen stánden iacincto
uuâren gefûoget péiden-hálb dentrides únde eliotropios.
15 *Qui lapides coloribus suis terras ratis temporum uicibus herbida-
bant.* Tíe stéina gegrásegoton dia érda iṇ guíssen hérton
dero zíto. *Quos ei .i. apollini ad obsequium numinis .s. sui . recurren-
tes uer dicebatur . et autumnus munere contulisse.* Tíe man ságet
ímo ze sínemo díoneste brâht háben . díe zesámine-gerárten
20 zuêne gnôza hérbest únde lénzen . tía éina temperiem máchont .
únde éina léngi dero tágo ióh tero náhto. Eliotropios íst crûo-
ne mít plûot-fáreuuen strímon . die ióh téro súnnun skímen

---

1 *kemâlêt   trî stérnen *auf Rasur* 1/2, 20 *2mal* *máchônt   3 *díen   4
*píegent   5 gechnúpfet   *In   5/6 *sámoso   6 *zuískên   betânen] n¹ *aus*
m *korr.*   uirorēm] m *rad.*   7 resplendebat̄   7/8 fôntibus] *Zkfl. verwischt*
8 gīmon *mit m-Strich;* *gímmôn   9 *féseligíu   *lénziska   10 *féselên   11
*díen rínnentên   12 Iacincto] *Initiale I nicht ergänzt*   13 *Temo   16, 18
2mal *Tíe   16 gegrásegotǫn] o² *aus a korr.; Korrekturpunkt bleibt;* *ge-
grásegotôn   *guíssên hértôn   19 díoneste] o *aus e geänd.;* *díeneste *die
20 *tíe   21 *náhto   22 *fáreuuên strímôn   *díe   *tero súnnûn *Punkt ge-
hört hinter* 1 méino. *Punkt ist zu tilgen hinter* 2 fíerdo, 8 grûoni, 10/
11 blícches, 18 dicebatur.

6 *fęta *bzw.* *feta   7/8 *fontibus   12 *Hyacintho   12, 14 *2mal* *dendrites
13/14 *2mal* *heliotropios   13 *hyacintho   21 *Heliotropios

blûotfáreuue . únde túnchele gemáchont . úbe er ín éinemo béc- J68
chine fóllemo uuázeres ûz-ketrágen uuírt. Pe͜ dị́u hábet er dén námen .
dáz er súnna-uuéndiger héizet. Dér ist uirgini únde septembrio gegé-
ben . uuánda diu grúoni ín͜ démo mânode begínnet kân in rôti. Ál-
5 so dû fóne demo mêren septentrione leonem bechénnen máht . tér
únder ímo íst fílo óffenero stérnon . sô máht tû únder leone séhen
éina smála strâza úndarlichero stérnon . die ydram máchont . ún-
de díh réhto léitent ze͜ uirgine. Tîa bechénnest tû sámfto . uuán-
da sî óffenero stérnon íst . únde gescâffeniu . álso éin ún-eben-sít-
10 tig quadratum. Târ síhest tû sia súnt-hálb tes signiferi . álso dû
óuh geminos únde aquilonium piscem nórd-hálb síhest tes signiferi.
Dentrites uuírt keántfristot arboreus . uuánda dentros gre-
ce arbor chît latine. Dáz íst éin uáleuuiu gemma . díu óuh su-
cinum héizet . tíu ûzer dien bóumen díuzet . álso flíed únde hárz . P753
15 únde diu ába dien bóumen ín dáz uuázer fállendo ze͜ stéine er-
hártet. Tíu íst mít réhte gegében librẹ únde octobrio .
uuánda dánne fáleuuet taz lóub . únde dánne suízzet méist
ûzer dien bóumen. Iacinctus íst náh temo blúomen gehéizen.
Únde uuánda er uuêitiner íst . únde uuîlon túncheler . be
20 díu íst er scorpioni gegében únde nouembrio . in démo nébel
únde túncheli íst. Uuárte des mánen férte . sô er ûzer leo-
ne gánge . ér léitet tíh . ér er ze͜ dehéinen stérnon chóme

---

1 vor blûotfáreuue] skímen rad. *gemáchônt 1, 15 2mal *in 1/2 *bécchîne
3 *uuéndigêr *Tér 4 :grûo[ni] auf Rasur von súnna *in¹ *mânôde 6/7,
9, 22 4mal *stérnôn 7 *úndárlichero *die *máchont 8 *Tîa 9 *gescáf-
feníu 9/10 *únêbensí/tîg 10 *sîa 12 uuirt *keántfrístôt 13 *Táz *uá-
leuuíu [gemm]a auf Rasur 15 *díu *daz 15/16 [erhárte]t aus n korr.;
*erhártêt 17 *fáleuuêt 18 *nâh 19 Únde] n aus u korr.; Korrekturpunkt
bleibt. *uuéitinêr *uuîlôn túncheler̂ 21 [Uuárt]e aus a korr. *mánen
22 *dehéinên Punkt gehört hinter 22 chóme. Punkt fehlt hinter 22 tíh,
steht dafür hinter êr.

---

5 septentrione bzw. *septemtrione 7 *hydram 12 *Dendrites *dendros bzw.
*dendron 18 *Hyacinthus

fúre uirginem gândo ze̜ libra . dáz sînt zuêne stérnen gnûog míchele . díe
chele scorpionis héizent. Sélber scorpio hábet tuuéres án demo rúk-
ke zuêne gláte stérnen ében-míchele . díe fílo réhto enchédent
tîen dánnan-ûf síh zíllenten stérnon serpentarii . dér ûfen scor-
5 pione stât . túrh tíe zuêne mítte íst tes mânen fárt . ún-
de ánderro planetarum. Fóne dîen máht tû ín bechénnen .
uuánda án ímo die zéichen-háftesten sínt. HIEMIS. *Poste-*   42. D35,2 L131,3
rior autem pars coronę ydathite adamante et cristallo lapidibus al-
ligabatur. Táz áftero téil dero coronę . uuás zesámine-gehéf-
10 tet ûzer ydathide dér fóne demo uuázere genámot íst .
únde óuh enidros héizet . uuánda man dâr-ínne síhet . sámo-
so éinen brúnnen springen. Únde ûzer adamante dér dero
hásel-núze-chernen gelîh íst . únde den nîoman ferbréchen
ne-mág . âne geuuîlchten ín demo búcchinen blûote. Únde
15 ûzer demo cristallo dér fóne glacie genámot íst . tánnan-
ûz man chît táz er uuérde. Ydathides uuírt kegében a-   P754
quario únde februario uuánda iz tánne fílo régenôt.
Aquarius íst zéichenháfte . án dîen béinen mêr dánne er fó-
ne dîen béinen ûf sî . únde án zuéin stérnon zesámine-chlé-
20 benten . díe án sínemo uuínsteren téile sínt . téro hálb er
ze capricorno bechêret íst . târ er urzeum hábet. Áber capri-
cornus íst zéichenháfte fóne demo lacteo circulo dér úber

            .zúene
1 sínt.   ; *zuêne   1, 3, 20 *3mal* *díe   2 [Sêlbe]r *auf Rasur;* *Sélbêr
tuuéres;* *tuéres 3, 5 *2mal* zûene 3 *inchédent 4 *tíen dánnán *zíllen-
tên *gegenüber* *zílentén *nach Kelle II, S. 321, Anm.* 4 4, 19 *2mal* *stér-
nôn *Hinter* 5 stât·, 8 ydathite, 17 únde *Durchlöcherung wegen des ausrad.*
Textes   5 *tíe   6 *dîen *vor* tû] tu *rad.* 7 *Initiale* P *nicht ergänzt;* p
am rechten Rand 8 ydathite *auf Rasur* 9 *Tér; Táz *n.* áftero *m.; vgl.* 70,
9 *Der fórdero teil.* uúas   10 tet *auf Rasur* 10, 15 *2mal* *genámôt   12
dero] r *auf Rasur von* m; *demo 13 *chérnen *dén 14 *ín *búcchinen 15
glaciȩ] *Häkchen rad.* *tánnân 16 uúirt 18 *dîen 19 zúein 19/20 *chlé-
bentên 20 *sínemo 21 urze[um] *auf Rasur* *Punkt gehört hinter* 8 ydathi-
te, 10 ydathide, 12 adamante, 15 cristallo, 16 chît, 17 februario, 18
béinen, 22 circulo.   *Punkt ist zu tilgen hinter* 9 coronę, 11 síhet, 18
zéichenháfte.

---

2 *chelȩ   8, 10 *2mal* *hydatide   8, 15 *2mal* cristallo *bzw.* *crystallo
11 *enhydros   16 *Hydatides, *eigentl.* *Hydatis   21 *urceum

sîn hóubet cât . únde óuh taz er áfter hábet fóre demo zágele   J70
drî stérnen uuîto zegréite . únde níder-gebógene . ándere
drî án demo zágele déro sélbun geskéfte . áber ûf-kebógene.
Témo îst adamans sáment ianuario mît réhte gegében . dúrh
5 tîa hérti álles tes tánne gefróren íst. Cristallus îst sagit-
tario únde decembrio gegében . uuánda in démo mânode îsên
gestât. Sagitarius îst éin fîlo óffen zéichen . únde uuóla geskéi-
denez fóne dien ánderen. Sîn gescáft îst nâh al sólih . sô dés
mínneren .a. Der fórdero teil îst uuîzero stérnon . der áfter
10 téil dér ze capricorno síhet . tér hábet éinen rôten stérnen .
mêren dánne die ándere sîn. ITEM DE EIUS HABITU ET FORMA.   43.
                                                            D35,5 L131,18
*I*psius uero diui auro tinctam cęsariem comasque crederes brat-
teatas. Tû uuândist sélbiz taz sîn fáhs uuésen gúldinez .
únde sîne lóccha gefédelgoldôte. Fédelgóld . táz chît fí-
15 lo dúnne góld . uuánda sô man iz túnnesta geslâhen mág .
táz héizet brattea .i. lamina tenuissima. *Facie autem mox ut
ingressus est pueri renitentis . in incessu medio iuuenis
anheli .i. sudantis . in fine senis apparebat occidui.* Án demo
ingánge hábet er éines scônis chíndes kelíchi . uuánda diu súnna   P755
20 na in mórgen chíndiskiu íst . áber ín míttemo gánge êines trâ-
tes iúngelinges . álso óuh tiu hízza stárchesta ist ín mít-
ten dág . áber án demo ûzlâze íh méino ze âbende éines

---

1 *kât *táz   2 uuîto] *von anderer Hand übergeschr.*; t² *anrad.*   3 *démo
*sélbûn   5 *tîa *tés *Hinter* 5 Cristal [lus], 8 Sîn, 17 medio *Durchlöche-
rung wegen des ausrad. Textes*   6 *mânôde   8 *ánderên *al *des   9 *Ter
*téil *stérnôn *áftero   12 *Initiale* I *nicht ergänzt; i am linken Rand*
13 *uuândîst sélbez   14 sínež] z *mit Korrekturpunkt rad.* *gefédelgóldôte
15 *geslâhen   16 tenuissim[a] *auf Rasur*   18 appare[bat] *auf Rasur*   19
*íngánge *scônes *Zu* 20 in mórgen *und* 21/22 ín mítten dág *(acc.) siehe
Grimm* 3, *S*. 151.   20 *chíndiskíu *in² gángę] ng *auf Rasur von* ge; *Kor-
rekturpunkt rad.* êine[s] *auf Rasur;* *éines   21 tes íungelin[ges] *auf Ra-
sur* óuh] 2. *Akut rad.* *íst in 22 dág] d *aus* g *korr.*; *tág *vor* íh] íh
rad. Punkt gehört hinter 10 téil, 22 ûzlâze.

---

4 *adamas   5 Cristallus *bzw.* *Crystallus   7 *Sagittarius   11 *hinter* sîn]
*Hos enim hiem(p)s undosa genuerat. *nach* D L Br β N-T E-T   12/13 *bratte-
atas *bzw.* *bracteatas   16 brattea *bzw.* *bractea   17 *renidentis

erlégenes álten. *Licet duodecim nonnullis formas conuertere crederetur.* Tóh sú-
melichen dûohti . dáz er zuélif pílde ôugti . nâh tîen zuélif stún-
don des táges. *Corpus autem eius flammeum totum.* Ér uuás sélbo fíurin . táz skî-
net án sînero héizi. *Pennata uestigia.* Sîne fûoze sínt kefíderet .
táz skînet án déro snélli. *Pallium coccinum .i. rubeum . sed auro plurimo
rutilatum.* Sîn láchen geuuórmôt . áber fílo hárto góld-rôt. *Sini-
stra autem manu clypeum coruscantem prǫferebat.* Án dero uuînsterun
trûog er éinen rôten skílt . uuánda sélbiu diu súnna éinemo
skílte gelîh íst. *Dextera ardentem facem.* Án dero zéseuuun éina
brínnenta fácchela. Álso die poetǫ ságent táz álliu diu uuérlt
lîeht hábe . fóne apollinis fácchelo. *Calcei uero similes . ex piropo.* Sîne
scúha uuâren gelîche . únde órcholchîne. *Piropos chît uisio ignis .*
álso daz metallum ôuget uisionem ignis . tánne góld . únde zuífalt
chúpferes zesámine-gegózen uuírt. LUNA. *Quem iuxta* 44. D35,13 L132,21
luna leni quodam teneroque uultu . ex fraterna fulgorem lampade re-
sumebat.* Pî ímo stûont sîn suéster luna . mít mánmentsáme-
ro únde líndero ána-síhte . uuánda sî neuuíder-sláhet tiu
óugen nîeht . sô diu súnna. Únde sî enfîeng íro lîeht . fóne des
prûoder lampade . uuánda íro nemáhti nîeht eclipsis keskêhen . P756
úbe sî iz fóne íro sélbun hábeti. PLUTO ET NEPTUNUS. *Post* 45. D35,14 L132,26
*hos admissi fratres iouis quorum alter maritima semper inundatione uiridior .
alius lucifuga inumbratione pallescens.* Nâh tîen uuúrten

1/2 *súmelichên 2 *ôugti 2/3 *stúndôn 3 uûas *fíurîn 5 dér[o] *auf Rasur;* *de-
ro 7 *uuînsterûn 8 *sélbíu 8/9 ski/skílte] ski *rad.* 9 *zéseuuûn 10 *állíu
12 :gelîch[e] *auf Rasur von* gelîche *órcholchîne 13 zúifalt; *zuífált 14 *Ini-
tiale Q nicht ergänzt;* q *am rechten Rand* 16/17 *mámmentsámero 18 nîeht *in-
fîeng 19 *keskêhen 20 *sélbûn *Initiale P nicht ergänzt;* p *am rechten Rand* 21
quorū. *Punkt gehört hinter* 10 ságent, 21 iouis.

---

5 coccinum *bzw.* *coccineum 7 clypeum *bzw.* *clipeum 11 *pyropo 12 *Pyropos

în-ferlâzen iouis prûodera . éiner uuás fóne demo méreuuâge pláuuer . J72
ánderer uuás fóne náhtlichemo scáteuue pléicher. *In capite uterque*
dominandi sertum . pro regni conditione .i. qualitate gestabat. Îro îo-
uuéderer trûog sîn diadema álso chúning sólta. *Nam unus albidi*
5a *salis instar candidum . atque per spumarum canitiem concolorum . alter ebenum*
5b .i. ebe-
ninum *ac tartareę noctis obscuritate furuescens.* Éiner trûog
uuîzez únde ébenfáreuuez tero grâuui des féimes . únde des
mére-sálzes . ánderer trûog keuuórhtez ûzer ébeno . únde
suárzez fóne dero héllolichun náhttimberi. *Qui quidem multo di-*
10 *tior fratre . et semper eorum quę gignuntur conquisitionibus opulentus . alius*
uero propter molem elationemque corporis renudatus . ac dispuens diuiti-
as obpressione quesitas. Tér uuás ríchero dánne der brûo-
der . únde gechíster fóne átehaftemo guuúnne dero gebór-
non . uuánda diu hélla ferslíndet ál daz-ter lébet . sî ne-uuír-
15 det níomer sat . ter ánder uuás fóre mícheli . únde fóre héui
erbárôt . únde feruuérfende mít nôte guúnnenen ríchtuom.
Míchel íst ter mére . únde în uuélla sîh héuendo álde în cés-
sa . uuírfet er ûz táz er íoner guán. STIX ET PROSERPINA.   46. P757
*U*erum utrique diuersa coniunx. Íro chénâ uuâren úngelíh. D36,2 L133,20
20 *Nam hic nudus . omnium nutricem deorumque hospitam secum ducit . il-*
le puellam accessibus .i. incrementis gratulantem. Uuánda dí-
ser . íh méino neptunus . práhta mít ímo sîna chénun stigem .

---

1 *éinêr 1/2, 12, 15 *4mal* uúas 1 *bláuuêr 2, 8 *2mal* *ánderêr 2 *bléichêr 4 *uuéderêr 5a spuma[rum] *auf Rasur* 6 [tartare]ę *auf Rasur von* ż *Éinêr 7 *téro 9 héllichun; *héllelichûn *náhttímberi múlto] u *aus* n *korr.; Korrekturpunkt bleibt.* 13 *gechístêr *átehàftemo guúnne; *guínne *bzw.* *guínne 13/14 *gebórnôn 14 *dáz tir 15 *níomêr sât] *Akz. rad.;* *sát héui 16 *ríhtûom 17 *2mal* *in 17/18 *zéssa 18 *íonêr 19 *Initiale U nicht ergänzt;* u *am linken Rand* chénâ *ausnahmsweise nach der* ō-*Dekl.;* *chénun *nach der* n-*Dekl.* 21/22 *dísêr 22 *práhta *chénun *Punkt gehört hinter* 4 diadema, 14 ferslíndet, 18 ûz. *Punkt ist zu tilgen hinter* 20 nudus.

5a *Zu* per spumarum canitiem *siehe Schulte S. 105;* canitiem *nach* Br L; *canitiei *nach* D; canitie β; canicie N-T E-T ebenum *bzw.* *ebeneum 12 *quęsitas 18 *STYX 22 *stygem

dáz chît purificationem . állero góto mágazohun . únde gást-kébun.   J73
Uuánda dii *terrestres neuuúrtin nîomer cęlestes . úbe sîe in sti-
ge palude neuuúrtîn purificati*. Díu tóufi gáb în cęleste consor-
tium. Fóne díu ne-múoson die góta síh nîeht fersuéren be̜ stige.
5 Áber pluto bráhta éina díernun . *Ih méino proserpịnam . uuáhsen-
nes mándaga*. Proserpina dáz ist álles érd-rátes tîehsamo . díu ist
puella . uuánda érd-samo iâro-gelîches níuuer chúmet. *Quę
ita plerumque frugem exposcentibus tribuat . ut magni numi-
nis uota sint . eidem redibere centesimam*. Tíu sô chórn gébe
10 îro bétâren . dáz sie îro gehéizên ze̜ gébenne dia cênzegos-
stun. Pe̜ díu héizet sî óuh échate . dáz chît centum . uuánda
der érduuôocher ófto chúmit zên-zegfáltiger.
MARS ET LIBER.   *D̲ehinc admissi tonantis ipsi-*   47. D36,7 L134,6
us filii. Sô uuúrten dô în-ferlâzen iouis súne. *Inter quos*
15 *primus quidem ruber iuuenis ac uorax omnium . sititorque etiam san-
guinis gradiebatur*. Téro zuéio uuás ter fórderoro éin
rôt iúngeling . uuánda sîn stérno rôt îst . únde slíndâre
íóh túrstesare des plúotes. Pe̜ díu héizet er mars . álso mors.   P758
Alter suauis et comis. Tér ánder uuás mámmende únde
20 mínnesam. Uuáz íst húgelichera únde mínnesamera
uuîne? *Falcemque dextera . leua gestans cratera somni-
ficum*. Sîn rebemezers án dero zéseuuun trágende .

---

1 *mágezóhûn *kébûn 2 *neuuúrtîn nîomêr *sîe 3 neuúrtîn *Tíu 4
*nemûosôn *nîeht 5 diêrnun; *diêrnûn 6 *mándega tîehsamo] a *aus* e *ge-
änd.*; *tîehsemo 7 *sámo *níuuêr chúmet] e *aus* i *korr*. 10 *bétaren 10/
11 *zênzegô/stûn 12 *chúmet zênzegfáltigêr 13 *Initiale* D *nicht ergänzt*;
d *am linken Rand* 15 [ruber]s *rad*. sitîorq̇ 16 zúeio *fórderôro 17
*slíndare 18 túrstæsare] a[1] *rad*. plutes 19 *Ter 20 *mínnesám Uuáz
í[st] *auf Rasur* mínnesamera] m[2] *auf Rasur*; *mínnesámera 22 *rébemézers
*zéseuuûn *Punkt gehört hinter* 6 Proserpina.

2-4 *2mal* *styge 8 tribuat *nach* D Br; tribuit L β N-T E-T 9 *redhibere
11 *hecate 21 *lęua

únde sînen slâf-máchigen chópf án dero uuînsterun. *Ac pronus in petulan-* J74
tiam referebatur. Ióh spilogerner chád man dáz er uuâre. *Huius gres-*
sus incerti. Sîne génge uuâren scránchelige. *Atque olacis .i.* odo-
rati . *temeti madoribus implicati.* Únde feruuúndene fóne de-
5 ro trúncheni des stárchen uuînes. C A S T O R   E T   P O L L U X.   48.
                    D36,12 L134,22
*P*ost *hos duorum una quidem germanaque facies.* Nâh tîen châ-
men zuêne brûodera gelîcho getâne . uuánda sie gezuînele
sînt . éinero mûoter chínt . tíu leda hîez . náls éines fáter. *Sed*
alius lucis sidere . noctis alius refulgebat. Dér éino chám mít
10 táges-stérnen . ánderer mít nâht-stérnen. Uuánda man in íro
ortu . únde in íro occasu den éinen síhet âne den ánderen . pe díu
chít man dáz ter éino sî des táges . ánderer dero nâht. Ter mín-
nero dér pollux héizet . tér gât êr ûf . mít éinemo míchelemo
stérnen . dér án sînemo hóubete skînet. Án dés fûozen skînet
15 ter gemácho . uuóla fílo mínnero. Únder díen zuísken skí-
nent trî . díe éin lángez triangulum máchont. Téro sínt fín-
fe. Ándere fínfe síhest tû án demo mêren dér castor héizet.
Tér hábet tára-gágene den mínneren án demo hóubete . dén
mêren án dien fûozen . únde óuh éin triangulum stérnon únder-zuísken.
20 Ze déro uuîs sínt téro zéichen gelîh . tîe sélben gelîh uuâren . P759
dóh pollux mínnero be díu sî . uuánda er échert homo íst . ún-
de castor méroro . uuánda er óuh deus íst . álso iouis sún sól.

---

1 chópf *auf Rasur* *uuînsterûn   2 *spílogérnêr   [H]uius gres *auf Rasur*   3
[scráncheli]ge *auf Rasur*   3/4 [odorat]i *auf Rasur von* e   4/5 *déro   5
[stárche]n *aus* s *korr.*   6 *Initiale* P *nicht ergänzt;* p *am linken Rand* *tîen
9 *Ter   10, 12 *2mal* *ánderêr   10/11 *2mal* *in   11 éinen] *Akut auf Rasur*
eines Zkfl.   14 [fûoze]n *aus* s *korr.*   15 *díen   15, 19 *2mal* zúisken; *zuí-
skên   15/16 skînenᵗ   16 *díe   *máchônt   17 *síhest   18 *den²   19
stérnon. ;⁀únder *stérnôn.   20 *tîe   *uuâren   22 *mêrôro   *Punkt gehört hinter*
2 *und* 12 *2mal* man, 12/13 mínnero, 17 mêren.

HERCULES. *D*ehinc quidam roboris inauditi . et exstirpandis
semper aduersitatibus preparatus. Sô chám dô éiner mícheles mágenes . sóli-
ches man êr negehôrta . únde îo geéinoter síh ze éruuérenne
álles úngefûoris. Uuánda hercules állen monstris síh îo eruué-
5 reta . dáz chît állen egetîeren. Uuáz sínt áber égetier . âne
éigesin gelîchiu tîer? Sô ydra uuás . únde arpię . únde cen-
tauri . án dien er sígo nám. *Sed eius miros lacertos . rictusque cleoneos .i.*
nobiles . sublimis .s. oculis iuno cernebat. Áber iuno uuárteta mít
tuuérên óugon . án sîne grôzen árma . únde án sîn gûollih kéinôn.
10 *Quis inter eos decernentes feminę . quarum una .i. diana uirgo fere-*
batur . alia .i. uenus . generationum omnium mater. Uuâren óuh ánderiu
uuîb chîesende . uuér er únder ín uuâre . dáz chît . uuîolich er
únder dien ánderen uuâre. Téro uuás éiniu mâged . ánderiu
uuás mûoter állero gebúrtô . Éiniu lóbeta gehîte . ánderiu ún-
15 gehîte. *Illi . id est diâne arcus cum pharetra . huic id est ueneri ro-*
sis decusatim iunctis sertata contextio. Énero uuás kehénde
der bógo mít temo chóchere . uuánda sî uenatrix íst . tírro
lícheta dáz zíero gerígena geflúhte . úzer gedrúngenên
róson . dáz man brûten máchot. *Quam et conspicere nitentem . et fantem*
20 *audire dulces illecebras . et attrahere flagrantissimi spiritus hala-*
tibus redolentem . et osculis lambere . et contingere corpore . eiusque uel-
les cupidine suspirare. Tîa máhtist tú gérno séhen glízenta .

únde hóren chóson álle lústsamina . únde gérno erstínchen tóumen-
ta fóre íro hírlichun stángmachúngo . únde chóssôn . únde íro lí-
de hándelon . únde chélen nâh íro mínnon. *Quę quidem licet amorum*
uoluptatumque mater omnium crederetur . tamen eidem deferebant pu-
5 *diciti̧ę principatum*. Tíe châden sie uuésen méistrun állero chíu-
ski . dôh sî uuâre mûoter álles níotes . únde állero uuúnnolîbi.
Uuánda zuô ueneres sínt . éiniu pudica ánderiu inpudica.
CERES. *Cum his .s. diana et uenere grata ceres uidebatur.*   50. D37,3 L136,4
Sáment tíen gíengh tíu líebsáma ceres . táz chît chórn-gé-
10 ba. Uuéliu íst táz âne diu érda? *Admodum grauis femina.* Éin
suâre uuîb. Uuánda sô suâre íst tiu érda. *Alumnaque .i. cultrix*
terrarum . ac nutrix mortalium. Állero lándo bûuua . únde mén-
niscon zúgedâra. UULCANUS. *Quidam etiam claudus faber*   51. D37,5 L136,12
uenit. Chám óuh éin hálz smíd. Uuánda fíur hábet ío úngréh-
15 ten gángh . únde iz príchet ío zę éin-uuéderro hénde . sámosô
der hálzo. *Qui licet crederetur esse iunonius .i. aerius.* Su-
spensio. Únde dôh er lúftlîh kehéizen sî. Zíu? uuánda fóne
dero lúfte chóment tiu blíg-fíur. Únde bę dîu ságent fabu-
lę . dáz ín iuno stîeze ába hímele . únde er ín lemnum fállendo
20 hálz uuúrte. *Totius múndi ab eraclyto dictus est demorator .i.*
detentor. Depositio. Dôh uuás er sô eraclitus ságet . pehéftâre ál-
lero dero uuérlte. Uuélih téil dero uuérlte . íst âne fíur?

---

1 *hóren chôsôn *lústsáminâ 2 *hírlichûn stángmáchungo Zu chóssôn bzw.
*chússen siehe Kelle II, S. 318, Anm. 3 und Schatz I, S. 371. 3 *hándelôn
*mínnôn 5 *Tîa châden] Zkfl. aus Akut korr. *méist(e)rûn 6 *níetes
uúunnolîbi 7 zûo *éiníu *ánderíu 8 Initiale C nicht ergänzt; c am
linken Rand 9 *tíen gíeng tiu 10 *Uuélíu 12/13 *ménniscôn 13 UULC-
[ANUS] auf Rasur Initiale Q nicht ergänzt; q am linken Rand 15 *gáng
íz] Akz. rad. *sámoso 16/17 Sus/spensio] s¹ rad. 17 *Uuánda 19 *in²
20 uúurte 21 *Tôh uúas *pehéftare 22 Uúelîh] Zkfl. rad. Punkt gehört
hinter 7 pudica, 21 er. Punkt ist zu tilgen hinter 22 uuérlte². Halbhoher
Punkt steht hinter 11 uuîb.

---

20 *mundi   *heraclito   21 *heraclitus

Áber dóh sínt tríu fíur ze uuízenne. Éin fíur íst iouis . únscade-   J77
háftiz . ánderiz íst uulcanus scádonde án dien blícchen . daz
trítta íst uesta . dâr uuír únsíh pî uuármen.
FORTUNA ET RELIQUI. *Tunc etiam omnium garrula pu-*   52. D37,7 L136,24
5 *ellarum . et contrario semper fluibunda luxu . leuitate pernix desul-*
toria gestiebat. Dô chám óuh állero díernon ferchróndo-
sta . únde díu ío fóne únstátero gnúhte . únde uuíderuuár-
tigero . in dagáltlíchero líehti . suépferlicho sprúngezta.
Sî gáb uuílon fílo . fílo nám si óuh. Díu gnúht íst uuíderuuar-
10 tíg. Táz téta si óuh káhes . únde ungeuuándo . únde sámoso
sprángondo. *Quam alii sortem asserunt . nemesimque nonnulli . tychenque*
.i. *fortunam quamplures . aut nortiam* .i. *infirmitatem.* Día héi-
zent súmeliche sortem . súmeliche nemesim . uuánda sors
latine . únde nemesis grece éin bezéichenent. Súmeli-
15 che héizent sía uuîlsalda . súmeliche chráftelôsi. Uuánda
umbe infirmitatem . uuúrten lôz fúnden. *Hæc autem quoniam gre-*
mio largiore totius orbis ornamenta portabat. Suspensio.
Uuánda sî áber în uuítemo scôzen . álle uuérltzíerda
trúog. *Et aliis impertiens repentinis motibus conferebat.*
20 Et hîc. Únde sî súmelichen gáhes múotes káb. *Rapiens his*
comas puellariter. Et hic. Súmeliche róufende . álso díer-   P762
non spíl íst . íh méino íro gúot în zúcchendo. *Caput illis*

1/2 *únscádoháftez 2 *ánderez *scádônde 3 *uuír únsíh *uuármên 4
Initiale T *nicht ergänzt;* t *am linken Rand* 6 *Tô diêrnon; *díernôn 6/7
*ferchróndôsta 8 ín] *Akz. rad.* *tágaltlichero [lîeht]i *auf Rasur von* ê
9 *uuîlôn óuh* Díu íst gnúht*] : *zur Umstellung;* *Tíu 9/10 *uuíderuuár-
tíg 10 *úngeuuándo 11 *sprángondo Quam] a *aus* o *korr.* 12 *Tía 14
grece] c *auf Rasur von* z 15 *sía uuîlsálda súmeliche *auf Rasur* 16 *úm-
be uuúrten] n-*Strich rad.* 18 *in scôzen: *von anderer Hand auf Rasur*
von bárme *uuérltzíerdâ 18/19 tr/trúog] tr¹ *rad.* 20 *súmelichên 21/22
*díernôn *Punkt gehört hinter* 2 uulcanus. *Punkt ist zu tilgen hinter* 16
infirmitatem, 18 scôzen.

---

16 *Hęc 20 *hic

uirga comminuens. Et hic. Súmelichen mít temo stábe daz hóubet J78
in érnest préchende . álso sî dîen tûot . tîen sî íro geédele nímet .
únde síe scálchet. *Eisdemque quibus fuerat eblandita ictibus crebris
uerticem . complicatisque in condilos .i. in nodos digitis uulnerabat. Depo-*
5 *sitio.* Iôh tîen sî fóre zártota . dîen sélben ‿uuárta sî blíuuen-
do daz hóubet . mít tero fíuste. Uuáz íst tiu fúst . âne sô diu
hánt sîh petûot. Tánne bérgent sîh tie fíngera . únde óu‿-
gent sîh tie chnóden. *Hæc mox ut facta conspexit omnia sub-
notare . quę gerebantur in iouis consistorio . ad eorum .s. fatorum li-*
10 *bros et pugillarem paginam currit .s. quam albo dicunt.* Sô
díu gesáh parcas príeuen . álliu díu ín iouis hóue getân
uuúrten . líuf sî dára ze‿dîen brîef-pûochen . únde ze‿dé‿-
ro hántsámun pagina . día sie héizent albo. *Et licentiore
quadam fiducia . quę conspexerat . inopinata descriptione*
15 *corripuit . ut quędam repente prorumpentia . uelut rerum
seriem perturbarent.* Únde sîh fertrûende . zúhta sî dáz
sî dâr sáh . ze‿íro úngeuuândun gebrîefedo. In dîen uuór-
ten . dáz ételíchiu gáhes chómentíu . dero díngo ríhti ge‿-
írtín. Uuánda sî tûot sô úngeuuánden uuéhsal . sámo-sô
20 gótes penéimeda ín sínemo albo féste ne-sî . únde álliu díng
fóne íro geuuálte stúzzelingun geskéhen. *Alia uero quę
causarum ratio prospecta uulgauerat . quoniam facere inprouisa*

---

1 *Súmelichên   2 Zu in érnest (acc.) siehe Grimm 3, S. 151. préchende]* c¹
*durch Punkt getilgt   3 *síe   5 *tîen *zártôta *dîen sélbên   6 *fíuste mit
i-Umlaut von û *fûst   7 *petûot?   9 factorum] c rad.; ‿ zur Verbindung   11,
20 2mal *álliu und *in   12 *dîen   13 *hántsámûn *día   17 *úngeuuândûn ge-
brîefedo . in   18 *ételíchiu *chómentíu   19 *so² 20 féste auf Rasur   21
*stúzzelingûn geskéhen   Alia] Akz. rad.   Punkt gehört hinter 3 Eisdemque
und eblandita, 16 sî, 21 uero.*

---

4 *condylos   8 *Hęc   facta *nach* Br β; fata D L N-T E-T

non poterat . suis tamen operibus arrogabat. Uuánda sî áber dîu nemáh- J79
ta tûon . ûn-fore-geuuîzeniu . dîu dô îu ermâret hábeta . dîu fó-
resíhtiga réda dero úrhabo . tíu ána-zócchota sî síh tóh. Uuán-
da mánige uuândon . dáz nehéin gótes prouidentia dia uuérlt   P763
5 nerîhti . únde álliu dîng âne órdena tuuárotîn . únde âne
úrhab. *Post hanc uulgo cęteri deuenere.* Náh îro dúzen
die ándere sáment zû. CONSESSUS CELITUM.   53.
D38,6 L138,5
Iupiter nunc solio resedit . pręcepitque cunctos pro meriti ordine
residere. Tô sáz sélber iupiter án sinemo stûole . únde hîez
10 tie ándere álle bę hêri sízzen. *Tuncque subsellia flammabun-*
da .i. micantia . cętum suscepere sidereum. Tô inthábeton scô-
ne sidéllâ . día hímeliscun mánigi. *Uerum quidam redimitus pu-*
er ad os compresso digito salutari . silentium commonebat. Únde
éin zîero gáro chînt . kebôt stílli mít sînemo chétefín-
15 gere úber den múnt kelégetemo. Táz íst ter nahôst
temo dûmen stât . tér óuh index héizet. Mít témo ché-
tent síh îo nóh saraceni . áfter áltemo síte. Táz ke-zîer-
ta chînt íst cupido . démo cupidini úngelîchiz . tén man
nácheten mâlet . uuánda er deus turpidinis íst. *Conticu-*
20 *ere omnes . intentique ora tenebant.* Tô gedagetôn sîe álle .
únde fernâmen dára-uuért. *Tunc iupiter cepit.* Dô spráh iupiter.
IUPITER INSINUAT DIIS . NUPTIAS UELLE FILIUM.   54.

---

2 *únfóregeuuîzenîu *îu 3 *úrhábo *zócchôta 4 *uuândôn 5 *álliu dîn$\dot{g}$]
Korrekturpunkt wohl wegen der ausgefüllten Schleife des g   *tuárotîn 6
*úrháb *Nâh 7 *zûo 8 *Initiale* I *nicht ergänzt;* i *am linken Rand* 9
*sélbêr *sînemo *hîez 11 *inthábetôn 12 *dia hímeliscûn 13 [commone-
b]at *auf Rasur* 14/15 *chétefíngere 15 *tér nâhôst 16/17 *chét/tent 17
*Taz 18 *úngelîchez 19 *mâlêt er deus *auf Rasur* 20 *gedágetôn sîe 21
Tu.^{nc}] Tu *auf Rasur* *Tô *Punkt gehört hinter* 15 íst. *Punkt ist zu tilgen*
hinter 2 tûon, 22 DIIS.

7 *CĘLITUM 8 upt̃; *Iuppiter nunc *nach* Br; tunc D β N-T E-T   9, 21 *3mal*
*iuppiter 21 *cępit 22 *IUPPITER

N*i nostra astrigeri nota benignitas . conferre arbitrium co-*
geret intimum. Suspensio Úbe míh nescúnti mín gûotuuílligi . mí-
nen tóugenen uuíllen mít íu áhton. *Et quicquid tacito*
uelle fuit satis . id ferre in medium collibitum foret. Et hic Únde
5 úbe míh nelústi fúre íuuih príngen . dés mír suígente-
mo sámo uuóla spûoti. *Possem certa .i. mea decreta meis*
promere ductibus .i. sententiis. Depositio Ánderes-uuío máhti íh éin-
ráte gefrúmmen míne benéimeda. *Nec quisquam illicitis*
tollere nisibus . concertans cuperet .i. ualeret iussa deum pa-
10 *tris .i. mea iussa.* Únde níoman nemáhti eruuénden
mín gebót . dóh er síh óuh péitti únmûozhafto dára-gágen-
ne stríten. *Sed tristis melius censio .i. decretio clauditur .*
atque infanda premit sensa silentium. Áber únfrólíh rát .
uuírt íuuih páz ferhólen . únde báz uuírt fersuuíget
15 léidsam uuíllo. Zíu? *Ne uulgata cieant corda doloribus.*
Nío síe irmárte . diu hérzen neléidegoen. *At cum lęta*
patrem promere gaudia deceat. Suspensio. Sô míh áber
lústet húgelichiu díng ze áhtonne. *Et certo foedere .*
iungere pignora . palam .i. coram perpetuis nutibus .i. diis.
20 Et hic. Únde mínen sún ze féstemo gehíleiche síton
fóre íu góten. *Cassum est nolle loqui sensa decentia.* Depo-
sitio. Sô íst únnúzze den rát íuuih ze hélenne. *Uo-*

80,1-83,13 *lat. Text in Versen* 1 *Initiale N nicht ergänzt; n am linken Rand* 2 Suspensio, 4 Et hic, 7 Depositio *übergeschr.; Verweisungspunkt oben und in der Zeile* 2 nescúnti] t *auf Rasur von* d **gûotuuílligi* 2/3 mínen] ne *auf Rasur; *mínen* 3 **áhtôn* 5/6 **suígentemo* 7 uuío *auf Rasur; *uuío* 8 **benéimedâ* 11 gebót] *Akut auf Rasur eines Zkfl.* **tóh* **péiti* **únmûozháfto* 13 únfrólíh] *2. Zkfl. rad.; *únfrólíh* 14 **fersuígêt* 15 **léidsám* 16 **Nío síe ermárte* **neléidegoén* 18 **húgelichíu* **áhtônne* 20 **gehíléiche síton* 22 rât *auf Rasur* *Punkt gehört hinter* 2 Suspensio, 4 hic, 7 Depositio, 18 lústet, 22 únnúzze. *Punkt ist zu tilgen hinter* 9 nisibus, 13 rât, 16 irmárte, 18 foedere, 19 pignora.

18 *fędere

1a *biscum ergo o grata dei propinquitas conferre studium est uota propa-* J81
1b   *ginis.* Mîn lîe-
ba gemâgeda . sáment íu líchet mir zę ȃhtonne mînes súnes uuíl-
len. *Ęquum quippe puto . orsa maiugenę . inclyti nostri pignoris . quę*
sectanda forent . probarier foedere .i. sanctione cęlitum. Únde dún-
5 chet mir réht . mít íuuer góto gelúbedo geféstenôt uuérden .
sîne bedígeda . die zę fóllonne sînt. *In nostris merito degere sen-*
sibus. Únde dáz mít réhte lígen ín mînemo sínne. *Quę nec fru-*
stra mihi insita caritas . ut sueuit stringere patria pectora. Nóh
árdingun neíst mir ánạ díu mínna . díu míh níeht éin ne-duuín- P765
10 get . álso sí óuh ánderro fátero mûot tûot. *Nam nostra ille fides.* Nú-
be óuh târ-úmbe . dáz er íst mîn tríuua. *Sermo benignitas.*
Mîn spréchen . mîn únst. *Ac uerus genius .i. adiutor.* Mîn uuâ-
re hóldo. *Fida recursio.* Mîn getríuua uuíderfárt. *Inter-*
presque meę mentis. Chúndâre mînes uuíllen. *Honos sacer.* Uuí-
15 hiu êra. *Hic solus numerum promere celitum.* Ér éino uuéiz tîa má-
nigi dero góto. *Hic uibrata potest noscere sidera.* Ér chán ge-
zéllen die glízenten stérnen. *Quę mensura sit polis.* Uuélih
uuíti ąn̦ dien hímel-gíbelen sî. *Quanta profunditas.* Únde uué-
lih íro hóhi sî. *Qualis sit numerus marmoris haustibus .i. guttis.*
20 Únde uuío mánige trópfen des méres sîn. *Et quantos rapi-*
at margine .i. litore cardines .i. reditus. Únde uuío mánige
uuíder-zuccha êr tûe ąn̦ demo stáde. *Quęque nexio liget*

---

2 *líchêt 2, 5, 9 *3mal* *mír 2 *ȃhtônne 5 *íuuer 6 *bedígedâ *fól-
lônne 7 *ín 9 *árdingûn *níeht 9/10 *neduínget 11 *târ 14 *Chúndare 14/15 *Uuíhíu 15 *tîa 17 glízenten 20 Únd[e] *auf Rasur von* Et 20/21 *2mal* uuío; *uuío 22 *zúcchâ ér líget] *Akz. rad. Punkt gehört hinter* 11 Sermo.

3 maiugenam *(acc. mit* 6 degere) D L Br β N-T E-T 4 *fędere 12 uęrus 15 *cęlitum

elementa dissona. Uuélih pánt zesámine-hábe díu míssehellen ele-   J82
menta . sô fíur únde uuázer íst . lúft únde érda. Tés íst álles mercu-
rius únderchleíne . uuánda sermo grúndet táz ál. *Perque hunc ip-*
se pater foedera santio. Mít témo íh ióh mín sélbes kehíleiche
5 féstenon. *Sed forsan pietas .s. dea sola recenseat . quę parens .i.*
obediens probitas .s. mercurii munera pensitet .i. impleat. Nû mág
keskêhen daz pietas éiniu gezálôt . uuáz sîn gehôrsama gûoti .
díonestes ketûoe. *Qui phoebi anteuolans sepe iugalibus .i. equis in sortem*
.i. in modum famuli nonne relabitur? Tér dero súnnun rós fúre-lóufen-
10 de . áber ze íro iruuíndet . ne-îlet tér ín díonestmánnes uuîs na? *Hic*
quoque sic patruis seruit honoribus . ut dubium sit quis mage proprium uendicet.
Ióh sînên féterôn uulcano neptuno plutoni . íst ér sô gedíene . dáz ín   P766
zuîfele sî . uués er éigenôsto sî. *Illum flagitant sęcla iugarier conu-*
bio . rite suadentem .i. exposcentem meritis laboribus . et additum .i. **gran-**
15 **de** *robur flagitat thalamo.* Nû ládont ín ze híion sélben die zí-
te . uuóla dáz ferdíenonten mít lóbesamen árbeiten . únde sîn
sélbes chréftîg éllen . héizet ín nû ána-gehíien.
ITEM QUALIS SIT QUAM ADAMAT. *At uirgo pla-*   55. D40,8 L140,27
cuit docta nimis et compar studio. Nû íst ímo gelîchet éin dierna
20 fílo chúnnig . únde ímo ében-flízig. *Sed cui terreus ortus . propo-*
situm in sidera tendere. Áber sô íst iz kelégen . dáz sî búrtig
fóne érdo . sîn hábe ze hímele. Sî uuîle hímeliskiu uuérden .

---

1 *míssehéllen   3 *únderchléine   4 *kehíléiche   5 *féstenôn   recensebat] b
rad.;—zur Verbindung 7 *keskêhen dáz *éiníu gezálôt·uuáz auf Rasur *gehôrsáma
8 *díenestes ketûe ánteuolans] Akz. rad. 9 *súnnûn 10 *eruuíndet 10, 12 2-
mal *in 10 díonestmánnes; *díenestmánnes 15 *ládônt *hîôn 16 *ferdíenônten
*lóbesámên árbéiten 17 *gehíien 18 Initiale A nicht ergänzt; a am linken Rand
19 *gelîchét 20 *chúnnîg flízig· auf Rasur; *flîzîg 21 *búrtîg 22 *hímeli-
skíu Punkt gehört hinter 7 keskêhen, 11 sit, 12 féterôn, uulcano und neptuno,
18 SIT. Punkt ist zu tilgen hinter 7 gûoti, 17 éllen.

---

4 *fędera *sancio 6 obediens bzw. *obędiens 8 *phębi *sępe 15 *thalamos 19
hinter docta] *quidem nach D L Br β N-T E-T

dóh sî írdiskiu sî. *Plerumque et rapidis preuolat axibus . ac means exsuperat*
sepe globum mundi. Únde tûot sî ófto dîa fúrefart . ûfen dráten
réiton . dáz chît . íro rósken sín fúre-séndet sî. Únde fárendo . dáz
chît íro mûot récchendo . úberstîget sî ófto dîa sínuuelbi des híme-
5 lis. Uuánda sî dénchet . tés ûzerhalb tero uuérlte íst. *Censendum ergo o*
superi . et qui recolitis tenerier terris uestra crepundia . que occultant sacra
.s. templa latentibus aditis . quo nihil cune officiant edite. Nû íst ze áh-
tonne mít íu góten . ír-dir óuh pechénnent ín érdo íuuera uuésteruuât .
díu ín dien chîlechon líget kehálten . dáz íro sô gebórnero díe chînt-
10 uuága . netuên nehéina tára. Ír súlnt ténchen . uuío sî uuérde in-
mortalis ex mortali. Iungantur paribus nam decet auspiciis. Kébe man
sie mít héilesode zesámine . dáz íst kezáme . dáz líchet mir. *Et nostris*
cumulent astra nepotibus. Únde fúllên sie den hímel . únserro né-
fôn. DEORUM FAUOR ET CONSENSUS. *Sed postquam finem lo-*
15 *quendi iupiter fecit . omnis deorum senatus in suffragium concitatur.* Náh tîen
uuórten . uuárd is fólchete . állez taz hérote. *Acclamantque cunc-*
ti . fieri protinus oportere. Únde cháden álle dáz man iz hálto frúm-
men sólti. *Adiciuntque sententie iouiali . ut deinceps mortales .*
quos uite insignis elatio . et maximum culmen meritorum ingenium . in
20 *appetitum celitem . propositumque sideree cupiditatis extulerit . in deorum*
numerum coaptentur. Únde légeton sie zû ze jouis rédo . dáz óuh
ánauuertes tîe ménnisken . ín dero góto zála genómen uuúrtîn

---

1 *írdiskíu 2 *dîa fúrefárt *dráten 3 *réitôn Zu rósken siehe Schatz II,
§49. 4 *dîa sínuuélbi 4/5 *hímeles 5 *úzerhálb 7/8 *áhtônne 8 pechénnĕ 8/
9, 22 3mal *ín 9 *tíu *chîlechôn *die 10 *uuágâ *netuên *súlent *uuío 12
zesámine mít héilesode• zur Umstellung; *héilesôde *líchet mír 14 Initiale S
nicht ergänzt; s am linken Rand 15 suffrag[ium] auf Rasur 16 *fólchéte ál-
lez] ez auf Rasur *hérôte 17 :protinus] Rasur 20 appeti̅[tū] auf Rasur; l.
m-Strich rad. 21 *légetôn *zûo 22 *ánauuértes Punkt gehört hinter 17 álle,
22 uuúrtîn. Punkt ist zu tilgen hinter 2 fúrefart, 9/10 chînt uuága, 13 hímel,
16/17 cuncti.

---

2 *sepe 6 et qui] quique D L Br β N-T E-T 7 *adytis 15 *iuppiter

tîe dehéin zéichenhaft púrlichi íro líbes . álde íro sínnigi . díu ióh mêist
uuírde máchôt . erhéue ín dia hímel-gelúst . únde ín dén uuíl-
len dára-géronnes . álso philologia dára-géreta. *Ac mox inter alios quos aut*
4a *nilus dabat . aut thebę . ęneas romulus aliique . quos postea astris doctrinę*
4b   *no-*
5 *men .i. fama nominis inseruit . designati .i. descripti cęlites nominentur.*
Ióh sâr únder ánderen . díe fóne egypto sínt . sô isis íst . únde osiris . álde
fóne thebis . sô cadmus íst filius agenoris . ęneas únde romulus . kebrí-
efte góta híezín. Únde ándere dâr-míte . díe síd íro líbe . íro líumen-
digo námo ze ánderên góten gestôzen hábet. *Ut post membra corpo-*
10 *rea . deorum fierent curiales .i. consortes curię.* Dáz sie nâh írdiskên lí-
den dero góto hûsknoza sín. *His quoque annuente ioue . iubetur quędam*
grauis insignisque femina . quę philosophia dicebatur . hoc superi se-
13a *natus consultum .i. consilium . ęneis incisum .i. insculptum tabulis . per or-*
13b   *bes et com-*
peta publicare. Ioue dáz ál gelóbontemo . híez man sâr éina ge-
15 trágenlicha fróvuun . únde hêrlicha . díu philosophia híez .
tía sélbun fróno éinunga an êrinen tábellon gescríbena .
mâre getûon áfter állên hímel-ríngen . únde vuégen. *Tunc*
iuno condicit . propter prędictorum thalamum iuuenum .i. mercurii et phi-
lologię . et nuptialia peragenda . uti posttridie omnis ille deorvm
20 *senatus . diluculo conuenirent in palatia . quę in galaxia iouis ar-*
bitrationem potissimam faciunt. Tára-zûo gébôt iuno . dáz
sie álle des trítten dáges frúo châmín dára in díe fálanza .

---

1 *zéichenháfte búrlichi 1/2 mêist/ist] ist¹ nachgetr.; ist² rad.; *mêist 2
2mal *in g—elûst] vor e Rasur;—zur Verbindung 3 *gérônnes géreta bzw. *gé-
rôta 4a thebę· auf Rasur 6 *ánderên *díe 6 egypto bis 22 fálanza· andere
Schrift 10 .i. consortes curię auf Rasur *Táz 10/11 [lí/]den am linken Rand
auf Rasur nachgetr. 11 *hûsknôza 14 ˙ᵍᵉ.lóbontemo; *gelóbôntemo 15 *fróuuûn
16 *sélbûn *án êrînên tábellôn 21 *gebôt 22 *táges *fálenzâ Punkt gehört
hinter 3 alios, 4a ęneas, 10/11 líden, 22 dáges. Niedriger Punkt steht hinter
10 curię.

---

6 *ęgypto   13a *aeneis   19 p̃tridie; *postridie

dîe în lacteo zirculo iouis sprâcha állero námohaftestun máchont .   J85
dáz chît . târ díu námolichosten díng ergânt. Táz téta sî . sâr ze ge-
frúmmenne dén gehîleih . únde dîe brûtloufte dero iúngon.
His igitur actis solio rex ipse surrexit. Sô in énde gesáztero sprâ-
5 cho . stûont ter chúning sélbo ûf. *Omnisque ille deorum numerus . se-
des proprias cursusque repetiuit.* Álliu dero góto mánigi eruuánt . ze
îro hérebergon . târ sie stationarie stellę fóre uuâren . álde ze îro
férten . án dien sie fóre uuâren.
  E X P L I C I T   P R I M U S   L I B E R .   I N C I P I T   S E C U N D U S.
10 C O N S U L T U M   I O U I S   P H I L O L O G I Ę   I N N O T U I T.¹· P769
    S*ed purum .i. serenum cęlum scandebat nox .i. luna . astrificis* D42,2 L143,1
    habenis reuocans merso .i. occidente phoebo fulgentia
sidera. Hína ze âbende uuárd . kîeng ter mâno ûf . mít sînemo
gestérnôten brîdele . dáz chît án dés prídele guónehêite íst stér-
15 nen ze málenne . áber ze ôugon brîngende . nâh súnnun sédelgan-
ge dîe skînenden stérnen. *Ardua tunc senior succendit plaustra
bootes.* Únde bootes hérosto dero nórd-zéicheno zúnta die uuá-
gena. Uuánda er plaustris fólget . tîe ében-glát sínt fácchelôn .
dánnan uuírt er síe geságet zúnden. *Et spiris toruo nituerunt
20 astra dracone .i. torui draconis.* Únde glízen dîe stérnen án de-
mo geuuúndenen drácchen . Ér uuíndet ten háls úmbe cyno-
suram . den zágel úmbe elicem. Bootes hábet stánde drî stérnen

---

1, 3 *2mal* *dîe   1 *in *námoháftestûn máchont   2 *táz *diu námolichôsten
2/3 géfrúmmenne] *Ansatz eines Akuts auf* e¹; m¹ *aus* n *korr.*   3 *gehîleih
*brûtlóufte *iúngôn   5 [sélb]o ûf *auf Rasur*   6 *Álliu   7 *hérebérgôn   8
*dîen   85,11-87,16 *lat. Text in Versen*   11 *Initiale* S *nicht ergänzt; s
am linken Rand*   14 guónehéite] *Akut auf Rasur Zkfl.;* ę] ⁊ *rad.;*
*geuuónehéite   15 oûgon; *óugôn *súnnûn   15/16 *sédelgánge   16 *die ski-
nenten   17 *hérôsto   18 *fólgêt   18 tîe *und* 19 síe = uuágena *bzw.* stér-
nen; *tîu *und* *siu = plaustra; síe *auf Rasur*   18 fác[chelôn] *auf Rasur
von* fách   19 *dánnân   21 geuuúndenen d[rácchen] *auf Rasur;* *trácchen
Punkt gehört hinter 4 actis, 12 habenis, 14 chît *und* íst.

---

1 *circulo   7 *stationarię   12 *phębo   20 dracone] *draconi *nach* D L Br
β N-T E-T   22 *helicem

nâhében-míchele . éinen án demo hóubete . zuêne án dien áhselon. Drî
hábet er tuéres ín zîlun stânde . gágen dien tútton . únde éinen níder-
or sámoso ín sînemo scôzen . dér arcturus héizet . rôten únde míchelen.
Gágen dien chníuuen hábet er óuh stérnen. Únde sô síhet man ín . sámo-
5 so ûf in uirgíne stânden . únde die áhsela hábenten . ínében dien béinen
maioris ursę. *Auratis etiam flagrans splendebat in armis . qui trahit
ęstifero fulgentem sirion ortu.* Skéin óuh orion mít sînemo scônen
suérte . dér sirium stérnôn glátesten in lingua maioris canis nâh ímo
fûoret . hízza máchonten. Tér begínnet ûf-kân sáment tero súnnûn
10 quinta decima kalendas augustas . sô die tága héizesten sínt . Pe
díu sínt tîe tága fóne cane caniculares kehéizen. Uuér íst tér
orionem ne-bechénne? Án dés cúrtele séhs stérnen míchellicho zéi-
chenháfte sínt . íh méino . uuánda íro drî tuuéres stânt . trî ní-
der-hángent . sô gréhto ín zîlun . únde sô ében-ferro . únde sô ében-
15 zórfte . únde sô gelîche ín ánasíhte . dáz sie spectaculum tuên án
hímel uuártenten . sô-uuío éiner dero níder-hángenton dúnche-
lôro sî . dánne die ándere. Âne dáz sínt án sînemo hóubete drî
stérnen gnûog óffene . tîe éin éngez triangulum máchont. Únde
án dero zéseuuun áhselo éin rôter gláter . únde án dero uuínste-
20 run ánderer uuízer . sámo gláter. Trî sínt óuh óffene . án sínen
suértskéiden die über sîn uuínstera dîeh kânt. Zuêne án dien fûozen zuene án dien
chníuuen. Déro zuéio íst ter uuínstero sô óffen . táz in állen

---

1 *áhselôn *Trî 2/3, 14/15 4mal *in 2, 14 2mal *zîlûn 2 *túttôn 2/3 *níderôr
4 *Kágen 5 ûf·^{in} *áhselâ *in² *díen 9 fuôret *máchônten 11 Uuér 13 *tuéres
stânt] Zkfl. aus Akut korr. 14 *hángênt *férro 15 tuên·] ên auf Rasur; Korrek-
turpunkt rad.; *tuên 16 *uuártentên *so *éinêr [níder]on rad. *hángentôn 16/
17 *túnchelôro 18 óffe·^{ne} *máchont 19 *zéseuuun *rôtêr 19/20 2mal *gláter
*uuínsterûn 20 *ánderêr uuízêr *sînên 21 *suértskéidôn die Zuêne bis fûozen
übergeschr.; Verweisungspunkt oben und unter der Zeile *zuene 22 *Tére *állen
Punkt gehört hinter 11 íst, 21 suértskéiden und fûozen. Punkt ist zu tilgen hin-
ter 5 hábenten. Niedriger Punkt steht hinter 21 kânt.

---

10 kalendas bzw. *calendas

súnt-zéichenen ne-héin mêro ne-íst . âne sirium. Nóh tánne inchédent   J87
témo fíere tie sáment ímo quadratum máchont. Áber canem án
démo sirius íst . síhest tû súndert ferstráhten . únde állen sô gemâ-
leten mít stérnon . dáz ióh síniu béin óffeno únder-skéiden sîn . diu
5 fórderen ióh tiu áfteren. *Hoc quoque sertum quod ardet sparsum nisiacis flo-
ribus* .i. *floribus nise montis indici redimitur ambitum multiplici
lumine.* Ióh tíu corona . díu mít indisken blúomon geféhet íst .
díu glánzta síh . úmberíngtiu mít stérnon gnúogen. Nisa héi-
zet ter bérg ín india . dâr liber gebétôt uuárd. Tés uuírten uuás
10 ariadnes . téro uulcanus ze íro brûtlóuften día coronam bráhta
secundum fabulas . tía man ín hímele síhet. Sí rûoret bootem án dien   P771
áhselon . hárto skímbariu éina-hálb . únde áber ánderhálb tún-
chelíu. Híer íst ze uuízenne . dáz er ételíchiu nórd-zéichen
únde ételíchiu súnt-zéichen némmendo . álliu zéichen ferfâ-
15 het. *Uirginis interea trepidas perlabitur aures fama* .s. *dea* . *iouis ma-
gno dum complet tecta boatu.* Únz táz mâre dô den iouis hóf er-
fúlta . sô chám iz óuh téro íligun mágede ze ôron. Sí uuás ílig
álso iz keságet íst . álliu díng ze ergrúndenne . únde inmor-
talis ze uuérdenne. MEDITATIO EIUS. Denique ip-   2. D42,12 L144,20
20 *sa philologia compertis superum decretis . adultaque* .i. *profunda iam nocte
peruigilans . multa secum ingenti cura anxia retractabat.*
Únde sí sélba dero góto éinunga . ge-éiscót hábende . únde

---

1 sírium] *Akut und Zkfl. rad.* t[ánne] *auf Rasur von* d   2 *tíe *máchónt 4, 8 2mal *stérnôn   4 *síníu béin   7 *índiskên blúomôn   8 *tíu *úmberíngtíu *gnúo-gên   9 *tér   9, 11 2mal *in   9, 17 2mal uúas   10 *brûtlóuften   11 tía] *Zkfl. aus Akut korr.*   *síhet   12 *áhselôn *skínbáriu   12/13 *túnchelíu   13 *Híer uuízenne   13/14 2mal *ételíchiu   13 zéichenñ] n *mit Korrekturpunkt rad.*   14, 18 2mal *álliu   14/15 *ferfáhet   17 *tero íligûn   *ôrôn *ílig   19 Denique] De *fehlt;* d *am rechten Rand*   21 mu[lta] *auf Rasur   Punkt gehört hinter* 2 fíere *und* canem, 5 sertum, 6 redimitur, 17 ílig. *Punkt ist zu tilgen hinter* 22 éi-nunga.

---

5 *nysiacis   6 *nysę   8 *Nysa   10 *Zu* *ariadne *bzw.* *ariadna *siehe Schulte S. 108.*

únz hína férro náhtes uuáchende . dâhta sî hárto sórgendo in máni- J88
giu. *Ingrediendum primo senatum deum . iouisque subeundos inpręmeditata*
3a .i. repentina *uisione conspectus . exiliendumque sibi . in superum cęlitum-*
3b *que sortem.*
Sî dâhta fúre die góta ze̥ ȇrist spûotigo ze̥ chómenne . únde fú-
5 re sélben iouem . únde hína-ûf ze gespríngenne . ín daz lôz téro
ûf-uuértigon únde dero hímeliscôn. Uuánda fóne gótes sélbes
lôze íst fúnden uuémo díu érda súle . únde uuémo der hímel.
Álso iz chît. *Cęlum cęli domino . terram autem dedit filiis hominum. Deinde
ipsi sociandam esse cyllenio*. Dára-nâh tâhta sî . dáz sî gehîen sólta
10 ze cyllenio . álso íro fama ságeta. *Quem licet miro semper optarit ar-*
dore . tamen uix eum post unctionem palestricam recurrentem . dum flores P772
ipsa decerperet . pręlectis .i. ualde electis *quibusdam erbusculis conspica-*
ta est. Sô-uuîo sî áber sîn hárto gér uuâre . sî hábeta ín dôh chû-
mo bescóuuot eruuîndenten nâh témo sálbe des rángleiches . dô
15 sî blûomonde gîeng . súmelichen chrûteren gnôto dára-zû er-
uuéliten . sî neuuólta níeht chrûteliches plûomen bréchen.
Uuánda er deus palestrę ist . pę díu chît er fabulose . dáz sî ín án̥ de-
mo gánge gesáhe . únz sî gîeng plûomondo . dáz chît rationes
sûochendo állero tóugenero díngo . díu núzze sínt ze̥ eruá-
20 renne. Álso paulus scríbet. *Non plus sapere . quam oportet sape-*
re sed sapere ad sobrietatem. Tér dés fólget . témo begágenet
mercurius . táz chît eloquentia. *Díe ín olimpiade palestram*

---

1 :únz hí[na] *auf Rasur von ausgerücktem* únz hína sórgendo] *Akut auf An-*
satz eines Zkfl. 1/2 *mánigîu 3a exilie[ndumque] *auf Rasur* 4 *êrest
spúotigo 5, 22 *2mal* *in 5 *dáz *tero 6 *uuértigôn 9 *Tára 13 ta est
auf Rasur *So 14 *bescóuuôt eruuîndenten] *de auf Rasur von* te *rángléi-
ches *tô 15 *blûomônde 15, 18 *2mal* gîeng 15 *súmelichên chrîuteren *zûo
15/16 *eruuéleten 16 *bréchen 18 [plûomond]o *auf Rasur von* e; *plûomôndo
19 suôchendo 19/20 éruárenne] *l. Akut rad.* 21 sobrietatȩ̄] o *auf Rasur von*
á; ə] ˋ *rad.* [Té]r *aus* s *korr.* *fólgêt 22 *Tíe Punkt gehört hinter
7 fúnden, 12 erbusculis, 20/21 sapere.

3a *superam *nach* D L Br β N-T E-T 10 Quȩ̄ 11 *palęstricam 12 *herbusculis
17 *palęstrę 22 *olympiade *palęstram

ûobton . die sálboton sîh . nîo îro congressores án demo rîngenne sîe sô fá-
sto gesuérben nemáhtin . dáz sîe sie níder-bráhtin . Táz sálb hîez
ceroma . Be díu chád hieronimus . Ceroma perdit et inpensas . qui bouem
mittit ad palestram . Dáz chît. Sîn sálb ferlíuset . únde sîna frûon-
5 da . dér den óhsen frúmet ze ránguuîge. Uuánda diu palestra
sól mêr uuérden ratione . dánne uiribus . Ter óhso hábet áber uires . sî-
ne ratione. *Quid quod utrum sibi hęc nuptialis conduceret .i. conueniret
amplitudo anxia dubitabat?* Uuáz túnchet tír áber dés . táz
sî ángestlîcho zuîfelota . úbe îro núzze uuâre súslîh hígûolli-
10 chi? *Nam certe mithos .i. fabulas poeticę etiam diuersitatis delicias
milesias . historiasque mortalium . postquam supera conscenderet . se penitus
amissuram . non cassa opinatione formidat.* Sî fórhta dés si nîeht
úndurftes ne-fórhta . dáz si ferlîesen sólti ze hîmele fárendo .
díu mêterlîchen spél . únde die mísselichen mêteruuúnna   P773
15 milesii . dér fóne îro scrêib . únde álle die historias tero mén-
niscon. Sî dárbeta úngerno dero îrdiskon uuúnnon . dóh si hí-
meliskiu uuérden uuólti. C O N I E C T U R A   E X   N U M E R O.   3.
                                                                D43,4 L145,26
*I*taque primo conquirit numero . conducatne conubium . atque
etherii uerticis .i. mercurii *pennata rapiditas .i. uelocitas . apto*
20 *sibi foedere copuletur . ex nuptiali congruentia.* Tô sûochta sî
ze êrist zálondo îro sélbero námen únde mercurii . úbe îro
der gehîleih kefîele . únde úbe îro dés în bóre fárenten snél-

---

1 *ûobtôn sálbóton] o¹ *auf Rasur; Korrekturpunkt rad.;* *sálbotôn nîo] Zkfl.
aus Akut korr.* *sîe 2 *nemáhtîn *bráhtîn *Taz 3 *Pe 4 *Táz 5 díu] Akz.
rad. 6 hább&:ᵃᵇᵉʳ 7 nuptialis· *und* conueniret·, 10 fabulas·] *Punkt rad.* 9
*ángestlicho zuîfelôta 9/10 *hîgûollichi 12 [opin]átio[ne] *auf Rasur von
ione; Korrekturpunkt rad.* *nîeht 13 *úndúrftes 14/15 2mal *díe 14 *mêter-
uuúnnâ 15 *scrêib 15/16 *ménniscôn 16 *úngérno *îrdiskôn uuúnnôn sî] Akz.
und Korrekturpunkt rad. 16/17 *hîmeliskíu 18 Initiale I nicht ergänzt; i am
linken Rand 19 [apt]ô auf Rasur von a; Korrekturpunkt rad. 20 ex nuptial[i]
auf Rasur von zu hoch geschr.* ex nuptiali *sûohta 21 *êrest zálôndo 22 *ge-
hîléih *in Punkt gehört hinter 7 Quid, 12 *fórhta

---

3 *hieronymus 4 *palęstram 5 *palęstra 6/7 *sine 10 *mythos 11 *con-
scenderit *nach* D Br β N-T E-T   12 opinatione formidat *nach* D Br β; opinione
formidabat N-T E-T; opinione formidat L   19 *ętherii   20 *fędere

11 . dáz chît . úbe íro déro snéllo uuíne . ze gemáchero míte-uuíste ge-   J90
spírre uuérden sólti . áfter gehîlêihlichemo gelímfe. *Moxque nomen suum .
cilleniique uocabulum . in digitos calculumque distribuit*. Únde sâr dâr-
míte . zetêilta sî únder dien fíngeren . únde chêrta si ín zála . íro
5 sélbero námen . únde cyllenii. *Sed non quod ei dissonans discrepantia
nationum . nec diuersi gentium ritus finxere . pro locorum causis et cultibus*.
Náls áber nîeht tén námen . dén îmo gescáffôt hábeta . díu mís-
seliutigi . álde díu míssesitigi dero díeto . dâr er mercurius . ún-
de cyllenius . únde arcas . únde trimegistus hîez . náh tîen díngen .
10 únde dîen gedéhten dero stétô. *Uerum illud quod nascenti .s. mercurio .
ab ipso ioue siderea .i. c*ę*lesti nuncupatione compactum est . ac per sola egip-
tiorum commenta uulgatum . fallax mortalium curiositas asseuerat*. Nú-
be dén námen . dér îmo gescáffôt uuárd . fóne sélbemo ioue . dô er
gebórn uuárd . íh méino xyrios .i. *dominus* . únde dén échert fóne
15 egipzisken úrdâhten dero líuto lúcca fíruuízze ságet uuésen er-   P774
márten . únde ersprángten. Síe ne-erdâhton ín . nóh fóne ín ne-
uuárd er ersprénget . súnder fóne *iouis auctoritate* chám er. *Ex quo
finalem utrimque literam sumit*. Fóne démo nám sî . dén béiden-hálb
slóz-hábigen bûohstab . íh méino chi . dér âne slóz súslîh pílde há-
20 bet .x. únde .dc. pezéichenet. *Qu*ę *numeri primum perfectumque terminum
claudit*. Tér áber sús ketáner .[x]. íh méino mít slóze . dáz êrista .
únde daz fólleglichôsta énde numeri máchôt . uuánda er sô

---

1 déro] *der *uuíste 2 *gehîléihlichemo 4 :zetêilt[a] *auf Rasur von zuerst
mit weniger Zwischenraum geschr.* zetêilta; *zetéilta *in 7 nîêht ímo ge-
[scáffôt] *auf Rasur* 7/8 *mísseliutigi 8 *míssesítigi déro 9 trímegistus]
Ansatz eines Akuts rad. *nâh 10 *dîen *stéto [U]erum *auf Rasur* íllud]
Akz. rad. 12 [uulgat]ū *auf Rasur; Korrekturpunkt rad.* 14 *gebóren xyrios]
i *aus* e *korr.* 15 *egýpziskên *lúkka fíruuízze] *Zkfl. rad.;* *fúreuuízze 16
*Síe neerdâhton 17 súder 19 *bûohstáb ânǣ] *Zkfl. aus Akut,* e *aus* a *korr.*
21 *ketánêr [x]. auf Rasur* *êresta 22 *dáz fólleglichôsta ·uuánd[a] auf
Rasur von* uuánda *ohne Punkt Punkt gehört hinter* 10 illud. *Punkt ist zu til-
gen hinter* 12 uulgatum, 18 sî.

---

3 *cylleniique 6 et cultibus *nach* L; cultibusque D Br β N-T E-T 11/12 *ę-
gyptiorum 14 *sonst* kyrios 17 auctorite

beslózener . millenarium bezéichenet. Án mille íst táz énde des zél- J91
lennis . târ-fúrder nemág níoman dia zála brîngen . er ne-ábere
sia . dáz er chéde . duo milia . tria milia. *Dehinc illud* .s. sumit .i. consi-
derat . *quod in fanis omnibus soliditate cubica* . dominus .s. mercurius
5 adoratur. Dára-nâh chós sî dáz tár-ána . dáz er ín állen sînen chîlechon
hérro gebetôt uuîrt . ke-zéichender mít téro fólleglichi dés sélben
cubi. Uuánda óbe sînen statuis uuárd ío dáz sélba beslózena chi.
gescrîben . dáz er nû cubum héizet . úmbe millenarium numerum . dér
in arithmetica cubus kehéizen íst. Uuáz íst cubus âne daz pîl-
10 de . dáz ében-láng . únde ében-brêit . únde ében-hôh íst . álso máni-
ge áltara ín chîlichon gescáfen sínt. Úbe dû dánne dia ében-
míchili sûochest án mille . sô uuîrt sî dir án díu geôuget . táz
tar-ána sínt cên-stunt cêniu cên-stunt. Dánnan héizet er cubus .
álso óuh .lx.iiii. cybus héizet . uuánda dâr-ána sínt fîerstunt fîe-
15 riu fîerstunt. Táz íst tíu gelîchi dero longitudinis . únde dero
latitudinis . únde dero altitudinis . án díen numeris . tánnan
sie cybi héizent. *Literam quoque quam prudens samius* .i. phitagoras *esti-* P775
mauit asserere uim mortalitatis . in locum proximum sumit. Sî nám
óuh nâh témo chi. dén bûohstab dén phitagoras . fóne samo insu-
20 la . uuánda dero ménniscon lîb zéigon . íh méino .y. dér fóne éine-
mo cínken ín zuêne sîh spáltet . álso óuh ter ménnisco nâh tero
chíndiscun éinfalti . éinuuéder gefáhet ze zéseuuun . álde ze

---

1 *vor* beslózener] sô *rad.;* *beslózenêr 1/2 *zéllennes 2 *ér 3 *sîa 5
*Tára *chôs 5, 13 *2mal* *târ 5, 11, 21 *3mal* *ín 5 *állên 5, 7 *2mal* *sînên
5, 11 *2mal* *chîlechôn *bzw.* *chîlichôn 6 *hérro gebétôt *kezéichendêr 7, 19
2mal *.chi. 8 úm[be] *auf Rasur* 9 Uúaz *dáz 9/10 pílde] i *auf Rasur von* ẹ
10 *brêit *ist? Álso 11 *gescáffen 12 *mícheli suôchest hinter sô] d́
rad. *dír *geóuget táz] z *auf Rasur* 13 *2mal* *zênstúnt *zêníu *Tánnân
14/15 *2mal* *fîerstúnt *fîeríu 15 longitudinis] n² *auf Rasur von* ṡ 16 *díen
númeris] *Akz. rad.* *tánnân 18 mortalitatis] i² *auf Rasur* 19 *temo bbúoh-
stab] b¹ *rad.;* *bûohstáb dén²] *tén 20 *ménniscôn *zéigôn 21 *zínken 22
*chíndiscún éinfálti *zéseuuûn *Punkt gehört hinter* 17 quoque, 19 bûohstab.
Punkt ist zu tilgen hinter 4 cubica, 22 éinfalti.

---

4 cubica *bzw.* *cybica   7 cubi *bzw.* *cybi   8 cubum *bzw.* *cybum   9, 13 *3mal*
cubus *bzw.* *cybus   14 cybus *bzw.* *cubus   17 cybi *bzw.* *cubi   17, 19 *2mal*
*pythagoras   17/18 *ẹstimauit

uuînsterun . dáz chît ad uirtutes . álde ad uitia. *Ac sic mil-* J92
le ducenti .x. et viii. numeri refulserunt. Ze dero uuîs ôugton sîh
án sînemo námen . îh méino XYPPIH . zuélifstunt cênzeg únde
áhtocêniu. Uuánda chi bezéichenet dc .y. bezéichenet cccc. Ro.
5 bezéichenet .c. Sô áber ro .c. Iota .x. Eta viii. Dánnan uuérdent
kesámenot mille .cc.xviii. *Quos perita restrinxit in tertium nume-*
rum . per nouenariam regulam . minuensque per monades subrogatas .i.
detractas decadibus. Tîe numeros práhta sî chlêindâhtiga ze
drîn . mît tero regula níunonnes . tie cênunga mînneron-
10 de mît ába-genómenen unitatibus. Sî zálta îo éines mînnera
dánne cêniu . únz álliu dîu zála genîunôt uuárd . únde
drîu échert úbere uuúrten. *Suum quoque uocabulum per septin-*
gentos xxiiii. numeros explicatum . in quaternarium duxit. Íro
sélbero námen . ΦΙΛΟΛΟΓΙΑ brâhta sî óuh kenîunoten fóne
15 septingentis xxiiii. ze fîerin. Uuánda fi bezéichenet d. Io-
ta x. Lauta xxx. O lxx. Sô áber lauta xxx. Únde áber .O.
lxx. Gamma iii. Áber iota x. Alfa i. Téro sînt állero dccxx
iiii. *Qui uterque numerus . congruenti ambobus ratione signatur.*
Díe zuêne numeri îh méino iii. únde iiii. gefállent în zuêin .
20 áfter gelîmpflichero rédo. *Nam et ille quod ratio principium me-*
dium finemque dispensat . pro certo perfectus est. Uuánda ternari- P776
us îst fóne dîu perfectus . dáz îo ratio drîu gescáfôt . îh

frigida, et humoris celi tepere renidebat. hanc dicebant eam
vernalem eni tepus astruebat totius qa serene et temperate esse aer
risu iouis. Illa u metalli grauioris plena undose hiemis atq al-
gidi frigoris. nec n eam pruinarum beolani uocabat et rerum;
hec illa sale resplendentis aut q. ad ipsi di dextra sua aeris
uocuis seminibus, erat referta. hanc u nouis ubera memorabat
hebet igit urnis deus alternans quantu dispositu sat erat hauri-
ebat. Ita quotiens orbi coplacito uitalis sps salubres
ministrabat auras. ex illa clementia argenti aeris hausti
puiscens semina teperat. Cu u peste dira comeritis mor-
talibj minabat. aeris similiter anhelos ignes. aut torpentis
frigoris uenena miscebat et inadstegendu meare cogebat
orbe. tali diei temperamto uirg ammonitta. magisq;
eu salutares auras miscere c spicere ceci posce grastu
nersu mercurio coptante comemorat. hoc coekipcohom
[Greek letters] taq peste fugari
nosse mercurus si uocet prime uestigiis eius accede
re amonebat. subdeoq. tam clarto fidibs psonanti

... anagenne. unde mittj. unde énde. Also ih chit Sapientia pin-
git a fine usq; ad finem fortit' & disponit omnia suauit. Quippe ine
iſt solus. Er eino máchot ten reiſ. unde den ſtrih. tar diu lengi
ouh iſt. mu anda nehein ſtrih nemág ſin. ane mittu. unde medium
unde fine. bi solidorum ſtromeſ. meineranť absolutū. Unde umbe-
bezēr diu ende dero inhóhi. erháſt non numeros. unde ca-
pacitas longitudine. latitudine. profunditateq; censeri. Also
dēr ána ſkinet. táh ſiu an drin máſon geſtán. ih méino in
lengi. unde inbréiti. unde inhóhi. An dero máſon iogeliche
veſtint zuei ſtromeſ. In longitudine. ante & retro. in latitu-
dine. dextra & ſiniſtra. in profunditate. ſurſū & deorſū. Deh hinc
quaternario ternarii triplicatio. prima ex imparibz. cybon gi-
..... lāra. náh iſt er ouh. tar umbe pſeel. táh ſin driu ſtet
... méino nouenarius. er iſto dero ungerádon. cybū máchot
... tri máchont noue. ter noue. máchont xx. vii. Dáh ſint
... ter. Unde dah iſt cybus. ſone dero eben micheli dero ſpa-
...... ih méino longitudinis. latitudinis. altitudinis. also ouh
qui quatuor quater cybus iſt. ſo ih fore ſageta. Tres aū ſimpho-
...iqui ignorat in muſicis. Vuer iſt ouh. ter dri eſonan
...b méino diateſſeron. diapente. diapaſon nebechenne
...... Vuer iſt. ter ouh án dien ternariū néereē. Nume-
... impar marib; & anib; Ungerad numerus iſt

Aus dem Codex Sangallensis 872 (J), Notkers des Deutschen Bearbeitung des Martianus Capella, S. 93

Carsten Seltrecht, dipl. Fotograf, St. Gallen

méino ánagenne . únde mítti . únde énde. Álso iz chít. Sapientia pertin- ⌡93
git a fine usque ad finem fortiter . et disponit omnia suauiter. *Quippe lineam facit solus.* Ér éino máchôt tén réiz . únde den stríh . târ diu léngi
ána íst . uuánda nehéin stríh nemág sín . âne initivm . únde medium .
5 únde finem. *Et solidorum frontes . incunctanter absoluit.* Únde ér vuúrchet díu énde . déro in hóhi erháfenon numerorum . únde corporum. *Nam longitudine . latitudine . profunditateque censentur.* Álso
dâr-ána skínet . táz siu an drín mâzon gestânt . íh méino in
léngi . únde in bréiti . únde in hóhi. Án déro mâzon íogelíchero
10 . sínt zuéi frontes. In longitudine ante et retro . in latitudine dextra et sinistra . in profunditate sursum et deorsum. *Dehinc
quod numeri .s. ternarii triplicatio . prima . ex imparibus cybon gignit.* Tára-nâh íst er óuh târ-úmbe perfectus . táz sín dríualti .
íh méino nouenarius . êristo dero úngerádon . cybum máchot.
15 Tér terni máchont nouem . ter nouem . máchont .xx.vii. Dáz sínt
ter terni ter. Vnde dáz íst cybus . fóne déro ében-mícheli dero spatiorum . íh méino longitudinis . latitudinis . altitudinis . álso óuh
quater quatuor quater cybus íst . sô íh fóre ságeta. *Tres autem symphonias quis ignorat in musicis?* Uuér íst óuh . tér drí consonan-
20 tias . íh méino diatesseron . diapente . diapason nebechénne
in musica? Uuér íst . tér óuh án dîen ternarium neêree? *Numerusque impar . maribus est attributus.* Úngerad numerus íst

---

1 *ánagénne   2 *ab* Quippe *der Schreiber von* 84,6-22   3 *dén   4 *íst] i aus 1
korr.   5/6 vuúr/chet ér *zur Umstellung*   6 *tíu *dero *erháfenôn   8 *án   8/9
2mal *mâzôn   9/10 *íogelíchero   10 zuéi *énde; *zuô frontes   10 longitudine.,
10/11 latitudine., 11 profunditate.] *Punkt rad.*   12/13 gig/gnit] g² *rad.*   13
*dríualti   14 *êresto *úngerádôn *máchôt   15 *2mal *máchônt *Táz   16 Vnde dáz
íst *auf Rasur*   18/19 sỹmphonias   20 diapason *auf Rasur*   22 *Úngerád *Punkt
gehört hinter* 12 imparibus, 20 diapason. *Punkt ist zu tilgen hinter* 5 frontes, 6 énde, 12 prima, 15 nouem², 22 impar. *Hoher Punkt steht hinter* 12 prima.

---

7 latitudine *nach* N-T E-T, *fehlt* D L Br β.   14 cybum *bzw.* *cubum   15 *Ter   16,
18 2mal cybus *bzw.* *cubus   20 *diatessaron

tien gómenen gegében . uuánda er stárchero íst . tánne par sí . únde er ún- J94
spáltig íst . álso dára-gágene par dien uuíben úmbe íro uuéichi geuuíder- P777
3a mézot íst. *Omne uero tempus . tribus uicibus .i. uicissitudinibus uariatur.*
3b   Únde álle zíte
4a hábent trí uuéhsela . presens . preteritum . et futurvm. *Atque idem numerus*
4b   .i. ternarius .
5a *seminarium perfectorum . sexti uidelicet atque noni . alterna diuersitate*
5b   iuncture. Vnde
íst er sâmo senarii . únde nouenarii . díe béide perfecti sínt . in ụ́ngelíchero
zesámineléǵi. Vuánda gezuíualtoter . máchot er senarivm . gedríual-
toter . nouenarivm. Senarius íst perfectus . uuánda er erfóllot uuírt fóne
sínen partibus . nouenarius íst perfectus . uuánda er fóne ternario gestât . tén
10a er fóre híez perfectum. *Rite igitur .i. iure attribuitur deo rationis.* Pe diu
10b   háftet
ternarius mit réhte demo góte dero rédo .i. mercurio. *Philologia autem . quod*
etiam ipsa doctissima est . licet femineis numeris estimetur . absoluta tamen
ratione perficitur. Áber philologia . uuánda óuh sí diu uuv́nderchúnniga
íst . dóh sí ze geráden numeris kezélet sí an íro quaternario . sí uuírt
15 tóh tar-ána gescáffot ze fólleglichero rédo . dáz chít ze perfecto nu-
mero. *Nam quaternarius suis partibus complet decadis ipsius potestatem.*
Álso dâr-ána skínet . táz er denarium . dér perfectus íst . erfóllot mít sínên
stúcchen. Ér íst quatuor . be diu íst er óuh tres . únde duo . únde vnum.
Vnum . duo . tres . quatuor . erfóllont denarium. *Ideoque perfectus est.* Pe diu
20 íst er perfectus sáment denario. Dér únzuíueligo fóne díu perfectus íst .
uuánda állêr der numerus túrh ín gât . únde an ímo erfóllot
uuírt . únde ze ímo eruuíndet. *Ideoque perfectus est.* Pe diu íst quaternarius

---

1 gegében· 1/2 *únspáltig 2 íst· 2/3a *geuuídermézot 3a [uic]ibus .i. *auf*
Rasur 6 *úngelíchero 7 zesámine—légi] - *zur Verbindung* *gezuíualtoter *máchot
7/8 *gedríualtotêr 8 er] *Punkt zur Tilgung des Akz.* 8, 17, 21 3*mal* *erfóllôt
9 *sínên 10a :.[i.] *auf Rasur* 10b *háftet 11 *mít [réht]e *auf Rasur* 13
A[ber] *auf Rasur* ·si ⁀óuh uuv́nderchúnniga] n³ *aus* e *korr.; Korrekturpunkt rad.*
14 *tóh *geráden 14, 21 2*mal* *án 15 *târ *gescáffôt 18 únde¹] *Ansatz eines*
Akuts 19 *erfóllônt 20 *denario . dér Punkt ist zu tilgen hinter* 3a tempus.
Halbhoher Punkt steht hinter 15/16 numero.

---

12 femineis 22 Ideoque perfectus est. *Diese Wiederholung von* 19 *steht nicht in*
den lat. Hss.

1a fólleglih. *Et habetur quadratus . ut ipse cillenius .i. ternarius . cui*
1b   *conueniunt anni tempo-*

ra . *c̨eli climata . mundique elementa.* Únde íst er gefíerot . uuánda ímo ében-
mánigiu tempora sínt . únde climata . únde elementa . álso óuh ternarius ke-
fíerot íst . únde án díen sélbên dríostunt fíeren . fíerstunt fúnden uuírt.
5a *An aliud confitetur illa deieratio .i. attestatio . senis .i. phitagor̨e . qui*
5b   *mathen-*

tetradan .i. doctrinam quaternariam non tacuit . nisi perfect̨e rationis nu-
merum? Uuáz uuíle ánderes tíu féstenunga phitagor̨e . dér día fíer-
zinkun méisterscáft lêrta . âne día réda dero dúrh-nohtun zálo?
Fóne díu téilta er sia in quatuor . in arithmeticam . geometricam . mu-
10 sicam . astronomiam . uuánda er dén numerum bechnâta perfectum. *Quippe*
intra se unum secundum . triademque ipsum bis binum tenet . quis collatio-
nibus simphonįe peraguntur. Álso dâr-ána skínet . táz er díe uuídermâ-
zâ begrífet . íh méino . éin únde zuéi . únde dríu . únde fíeriu .
mít tíen die simphonįe getân uuérdent. *Nam tres ad quatuor .*
15 *epitritus .i. supertertius uocitatur . arithmetica ratione . ac diatesseron per-*
hibetur in musicis. Vuánda dríu gágen fíeren héizet . sô iz in arith-
metica síh kezíhet . epitritus . álde sesquitertius . dáz chît . tes trít-
ten téiles mêr . áber in musica héizet iz diatesseron . dáz chît
ex quatuor. Zíu íst táz? Âne dáz in quarto loco díu consonantia
20 geskíhet. Tero fíerdun suégelun enchédunga án dero órganûn .
álde des fíerden séiten án dero lírun . álde óuh in monochordo
des fíerden búohstabes . máchot ío día consonantiam . díu diatesseron

---

1a *fólleglíh   2 *gefíerôt   3 *mánigíu   3/4 *kefíerôt   4 *dríostúnt *fíer-
stúnt   5a senis·ⁱ·   5b/6 mathentetradan] t³ *aus* d *korr.*   7 *dia   8 *zínkûn
*dúr(h)nóhtûn   9 *sía   13 zúei   *fíeríu   17 *táz   19 quatuor,Zíu] , *zur Abtren-*
nung Âne] Zkfl. *auf Akut*   *díu   20 *fíerdûn suégelûn inchédunga   21 *lírûn   22
*búohstábes   *máchot *Punkt gehört hinter* 11 unum, 13 éin. *Punkt ist zu tilgen*
hinter 13 méino, 14 quatuor, 15 uocitatur, 17 chît. *Halbhoher Punkt steht hin-*
ter 2 elementa.

1a *cyllenius   2 *c̨eli   5a, 7 *2mal* *pythagor̨e   5b/6 < μὰ τὴν τετράδα   11 tria
denique   12, 14 *2mal* *symphonįe   15, 18, 22 *3mal* *diatessaron

1a héizet. *Item intra eum iacent . tres ad duo . quę emiolios forma est .i.* J96
1b *sesqualtera . simpho-*
niamque secundam . quę diapente dicitur reddunt. Sô sínt óuh târ-míte begríffen P779
dríu gágen zuéin . dáz *speciem collationis* uuír héizên emioliam . dáz chît
semisalteram . íh méino des hálben téiles mêr . fóne díen díu ánderiu *sim-*
5 *phonia* uuírt . tíu diapente héizet . táz chît ex quinque . uuánda sî in
quinto loco uuírt. *Tertia simphonia diapason in melicis perhibetur .*
dyplasioque conficitur . hoc est uno duobus collato. Tíu drítta consonantia héi-
zet diapason . dáz chît ex omnibus . únde díu uuírt fóne duplo . dáz
chît fóne éinemo gágen zuéin gebótenemo. Díu consonantia uuírt
10 in octauo loco. *Igitur quaternarius numerus omnes simphonias suis par-*
tibus perfectus absoluit .i. reddit. Pe díu skínet . táz quaternarius sélbo fól-
lêr an sînên téilen . álle simphonias erfóllôt. *Omniaque mela .i. me-*
lodias armonicorum . *distributione .s.* membrorum suorum *conquirit.* Vnde
ér téilonde síniu stúcche . álle consonantias kemáchot. *Hanc*
15 *igitur discutiens numeri congruentiam . perita uirgo gratulatur.*
Dísa gelímflichí erfárende . an quaternario numero . fréuta si sîh.
QUOD NVPTIALES NVMERI IN VNVM COMPACTI . PERFECTIONEM 4.
Ꭰeinde *utrumque consociat . et trias quater-* ⎾OSTENDVNT. D45,13 L151,20
nario sociata . eptaden .i. septenarium fecit. Tára-nâh uuárf sî
20 sie zesámine . dô uuvrten síbeniu ûzer drín . únde ûzer fîe-
ren. *Qui numerus rationis superę perfectio est . sicut omallon .i. plana-*
rum illa docet plenitudo. Díu zála íst fóllunga dero híme-

---

3 zuéin᎑ dáz *píldé bzw. *día speciem 4 *ánderiu 7 diplaí oφ] i o *auf Rasur*
collato, 9, 22 *2mal* *Tíu 11 [abs]oluit .i. re[ddit] *auf Rasur* 12 án] *Akz.*
rad.; *án 14 *téilônde síniu [stúcch]e.: *auf Rasur von* ín; *Akz. bleibt.* *ke-
máchôt 15 gratulatur *auf Rasur* 16 *Tísa *án 20 *síbeniu úzer] *Akut rad.* 21
est᎑ *Unten die Federprobe* anima *rad. Punkt gehört hinter* 2 dicitur. *Punkt ist*
zu tilgen hinter 1 iacent, 16 erfárende.

1a *hemiolios 1b/2 *symphoniamque 3 *hemioliam 4-6 *2mal* *symphonia 7 *di-
plasioque 10, 12 *2mal* *symphonias 13 *harmonicorum 19 *heptaden fecit *nach*
Br; *facit *nach* D L β N-T E-T 21 *hinter* sicut] et N-T E-T, *etiam* L β; *beides*
fehlt D Br; *siehe Schulte S. 92, Anm. 2.* *homalon = ὁμαλῶν

liskun rárto . dáz chît . an îro uuîrt erfóllot tîu hîmeliska uuárba J97
dero planetarum . álso óuh tîu fólleglichi dero sléhton numerorvm P780
lêret. In arithmetica uuérden uuîr dáz keléret . uuîo fóne tribus
únde fóne quatuor . irrînnent álle planę figurę. Álle úngerá-
5 de chóment fóne tribus . álle geráde chóment fóne quatuor.
 Be dîu îst an în plenitudo. *An aliud testantur cursus fatalis tempera-
menti . syderumque circuli et motus?* Uuáz ságet úns ánderes tîu fárt
îro úrlaglichun métemungo . únde dîe rînga . ióh tîe rúccha
dero planetarum . âne dîa perfectionem septenarii? Án demo êre-
10 ren libello îst táz keságet . uuîo án dien planetis ménniskon
úrlag sî . únde métemunga îro lîbes. Dér úrlag héizet lati-
ne constillatio. Fóne dîu îst in homeliis keskrîben . uirtus constilla-
tionis . in ictu pungentis est . dáz chît . tîu chráft tes úrlages .
fergât in éines stôzes frîste. Uuánda mathematici uuânent
15 táz ter úrlag échert sî án demo ûf-rúcche dero stérnon .
Íh méino an îro ortu . dâr sie álles káhes ze óugon chó-
ment. Únde so-uuér în-in dîu gebóren uuérde . únz iouis
stella ûf-kât . táz témo prospera fólgeen . úbe áber stella mar-
tis în in diu chóme . dáz imo aduersa begágenen súlîn.
20 So-sámo uuéllen sie . úbe sîh gemini în in dîu óugen be-
gînnên . dáz er scóne uuérde . únde úbe taurus . táz er
gûot ácchermán uuérde. So-uuîo óuh fatum héize . dáz

96,22-97,1 *hîmeliskûn   1, 6, 16 *3mal* *án   1 *erfóllôt   2 *sléhtôn   3
*uuérdên   4 *errînnent   6 *Pe   8 *úrlaglichûn [métemung]o *aus a korr.*
10 *ménniskôn   11 *Tér   13 *táz   15 *démo   *stérnôn   16 *óugôn   18
fólgeẽ; *fólgeên   stęlla] *Punkt zur Tilgung des Akz.*   19 *dîu   *îmo   20
*óugen   22 áchermán; *áchermán   *Unten die Federprobe* anim rad. *Punkt ge-
hört hinter* 14 uuânent.

---

7 *siderumque   et motus *nach* L; motusque D Br β N-T E-T   12 *constellatio
12/13 *constellationis

1a iouis kesprĭchet . únde tres parcę gebrĭefent. Álso seruius chĭt. Fatum est   J98
1b   quod io-
2a uis fatur. *Intraque latebras uteri septimo mense absoluta* .i. uiuificata *mor-*
2b   *talitas.*
V́nde óuget úns óuh septenarium perfectum . diu chég uuérdenta ménnisghéit
tes síbendes mânodes . ín dero múoter vuúmbo . Fóne dero conceptu begín-
5 net taz chínt lében án demo síbenden mânode . sô physici chédent . *De-*
                                                                                    P781
hinc quod trias triplicata nouem numeros facit . quaternarius autem per diaplasi-
on geminatus . octo reddit. Tára-nâh skínet sîn perfectio óuh târ-ána . dáz
ternarius kedrífaltotêr . tûot nouenarium . únde quaternarius kezuí-
ualtotêr . octonarium máchot. *Nouem uero ad octo . epogdoi* .i. *superoctaui*
10 *numeri efficiunt iunctionem.* Sô máchont síe zuêne díe uuídermá-
za . díu des áhtoden téiles mêr héizet. *Tantumque pensat in numeris* .s.
epogdous . quantum symphonia diapason in melicis . quę tonon facit.
Vnde álso fílo gemág superoctauus in arithmetica . sô díu diapason
symphonia gemág in musica . díu tonum máchot. Táz íst álso er é-
15 chert châde . sô fílo tonus kemág in musica. *Qui* .s. *tonus . est consonę uni-*
tatis .i. *perfectę armonię continua modulatio.* Dér réhtes sánges éme-
zigosto níumo íst. Tonus líutet tícchor án demo sánge . dánne
semitonium . álde dehéin ánder enchédunga. *Ex quo* .i. ex qua ratio-
ne . *nihil est quod discrepet . aut resultet in medio.* Dánnan neíst
20 níeht . táz tar-ána míssehélle . álde únder zuísken ferstôze . íh méi-
no . únder tribus . únde quatuor . álde únder octo . únde no-
uem. Níeht neskéidet sie. *Consentaneaque congruit iugitate* .i. *coniuncti-*

1a gebrĭefent] g *aus* b *korr.*   3 díu] *Akz. rad.*   chég] g *aus* t *korr.*   4 *sĭbenden
*mânôdes   *in   déro²] *Akz. rad.;* dero *conceptione bzw.* *demo conceptu   5 *mânôde
8 *kedrĭfáltotêr   8/9 *kezuĭuáltotêr   9, 14 *2mal* *máchot   10 *máchont   *dĭa   10/11
*uuĭdermâza   13 *Únde   16 modulatiọ   *Tér   16/17 *émezigôsto   17 *tícchôr   18
*inchédunga   19 *Tánnân   20 níeht.tar; târ] *Akz. rad.;* *târ   *zuĭskên   *Punkt
gehört hinter* 1a est, 6 triplicata, 14 íst, 19 est.   *Punkt ist zu tilgen hinter*
20/21 méino.

6/7 diaplasion *nach* Br; *diplasion *nach* D L β N-T E-T   16 *harmonię

one .s. uterque numerus. Vnde be díu geuállet íro íouuederêr demo ándermo . J99
in gelímflichero fûogi. *Ergo prędictorvm nominum numerus concinebat.* Táz íst
nû dés sia lústet . táz íro zuéio námon zála sô gehíllet. *Sic igitur rata .*
4a i. diffinita inter eos .s. numeros sociatio . copiam nuptialem . uera ratione
4b   constrin-
5 xit. Sô guíssiu rárta dero numerorvm . féstenota íro den gehîleih mít uuâ-
rero rédo . uuánda numerus netríuget nîeht. *Ex quo commodissimum sibi conv-* P782
7a bium lętabunda concitauit .i. confirmauit . multiuida . alio mentis fluctu.
7b   Dánnan
gehîez si íro sélbun . uuíbo fréuuista . in álla uuîs kûoten gehîleih .
mánigtâhtigiu áber fóne ánderên sórgon.
10 REMEDIVM CORPORALITATI CONTRA CĘLESTES IGNES PARATUR.   5.
                                                                D46,11 L153,15
Nam nihil differens .i. hesitans *animo . decori formę . ac substantię cor-*
porę . cępit formidare. Vnzuíuelig tô uuórteníu des kehîleiches .
stûont si sórgen íro scôni . únde íro líchamhaftigun uuîste. *Quip-*
pe perferendos flammarum cęlestium globos . et ignes ardentium syde-
15 *rum . mortalibus adhuc artubus . et macilenta gracilitate siccatis . non*
cassum tremebunda formidat. Sí insáz íro fórhtelíu . sô si báldo
máhta ze lídenne an íro nóh tanne tôdigên líden . únde smá-
len fóre mágeri . díu sínuuelben hímel-fíur . únde díe brúnste .
déro zúndenton stérnon. *Sed aduersum illa pręparauit quoddam alimma*
20 i. incorruptum *abderitę senis* .i. saturni. Dára-gágene máchota sí
éina únuuartasáligi des álten saturni . dáz chít . éin únuuar-
tesalig sálb témperota sí mít témo fróste saturni . dáz sia fóre

---

1 *íouuéderêr 3, 22 2mal *sía 3 *námôn 3/4a *rata/.i. 5 *guíssiu *féste-
nôta 5, 8 2mal *gehîleih 6/7a con[vbium] auf Rasur 7b *Tánnân 8 *sélbûn
*fréuuesta uuîs.] Punkt rad. 9 *mánigtâhtigíu *sórgôn 10 CORPOR[ALITATI] auf
Rasur :CĘLESTES] Rasur 12 *Únzuíuelíg *uuórteníu *kehîléiches 13 *sórgên
*líchamháftigûn 14 globos˙ 16 *intsáz 17 *án *tánne :t[ôdigên] auf Rasur
von an 17/18 *smálên 18 *sínuuélben 19 *dero zúndentôn stérnôn 20 *.i.
*Tára *máchôta 21 *únuuártesáligi saturní˙ 21/22 únuuartesalig] r aus 1
korr.; *únuuártesâlíg 22 *témperôta Punkt gehört hinter 3 nû. Punkt ist zu
tilgen hinter 4a nuptialem, 7a multiuida, 18 brúnste.

4a copiam nach L Br β; copulam D N-T E-T   11 *hęsitans   14/15 *siderum   19
alimma bzw. *alyma

demo fîure skírmdi. Abderítes hîez saturnus . fóne démo stéine . dén grecí héizent abaddír . dén ér ferslánt fúre sînen sún. *Cui multa concesserat . lapil-*
3a *lis surculisque permixtis . herbarvm etiam et membrorum* .i. animalíum. V́nde
3b dára-zû
stéinen gemískeloten . únde zuîen . dáz chît póumen . uuárf si óuh zû
5 mánige sláhta chrûtero . únde líbháftero. *Vuánda physicam ûobendo* . tráhtota si fóne állén creatúris. *Cholchica etiam fiducia* .i. incantatio . *continuata* .i. *producta . in centum uoces signatur . inpressione adamantini acuminis.*
Ter chólchísko gérmenod uuárd óuh fóne íro gezéichenet . rézzondo mít adamantînero uuássun. Mít íro hérten grífele scréib si zóu-
10 uerlichíu carmina . ál sólchiu cholchi v̂obent . tíe in scithia sízzent . tánnan medea uuás . tiu hándega gálsterára. *Quod* .s. *carmen . summouebat* . i. *sursum mouebat in curiam aduersus ignes superos . et deorum confinia . preparata* .s. *ipsa . lumine decoris . et etiam uenustatis*. Táz carmen fûorta si ûf sáment íro . êrsamo únde zîero gáreuuíu . únder daz hértv̂om .
15 uuíder demo hímel-fíure . únde uuíder déro nâh-uuertígi dero góto . déro rínga si dúrh-slíefen sólta. *Denique allinebat apposito* .i. *appositum corpori unguentum irrorati liquoris . ex reuibratv* . i. *reaccensione mensis* .i. lunę. Dô sméiz si síh ána íro sálb . kemáchotez ûzer tóuue . dáz án des mánen níuui gelésen uuírt .
20 ih méino . únz er ío-ána níuuez líeht fóne dero súnnun enfáhet. PERIERGIA SVVM STVDIVM GRATIS EXHIBET. ⎡*catur* 6.
D47,4 L154,32
Ṣed *cum talia uirgo componit pedissequa* .i. *famula eius periergia conspi-*

3a permixtis] i² *aus a rad*. 3b/4 2mal zûo] o *rad*.; *zûo 4 *zuîen 5 *sláhtâ *chrîutero 5/6 *tráhtôta 8 *gérmenôd 8/9 *rézzôndo 9 *ádamantînero uuássûn *grif(f)ele 10 *sólichíu sízzent 11 *tánnân *gálsterara 11/12 *summouebat/.i. 14 êrsamo.] *Punkt rad*.; *êrsámo gáreuuíu ; *gáreuuíu 15 *uuértigi *déro² 16 sólta] o *auf Rasur von* 1 17/18 *reuibratv/.i. 18 *Tô sálb] Zkfl. *rad*. 18/19 *kemáchôtez 20 *íh *súnnûn 20/21 *infáhet *Punkt gehört hinter* 12 *curiam,* 22 *componit*.

---

2 concesserat *nach* L Br β N-T E-T; congesserat D 3a et membrorum *nach* L; membrorumque D Br β; -que *bzw*. et *fehlt* N-T E-T. 6 *Colchica 7 c[acuminis] *rad*.; *cacuminis 10 *colchi *scythia 11 Quod *nach* N-T E-T; Quid D L Br β 12 *aduersum 22 *pedis(s)equa

sollicita trepidatione . quid ageret . utrum missa matre uirginis .i.
fronesi . an sua .s. sponte . incertum est . utpote eius collactea .i. coeua.
Vnz sî dáz ál uuórhta . sô gesáh íro díonest-uuîb periergia . dáz-tír
chît studiosa operatrix . fúre sîa sórgendíu . uuánda sî íro geál-
5 tera uuás . uuáz si téta . sî dánches tára-cháme . álde dára-ge-
séndet uuâre fóne dero múoter. *Quam cum rimatim speculabunda*
ab hostio cognosceret prędicta disponentem. Únde sô sî gesáh
uuártendo dúrh tîa núot tero túron . sîa dáz állez réisonta.
Adhorta est increpare aliam eius ancillam . cui agrimnia uocabulum
10 *est . atque intra cubiculum prębebat excubias . quod non siuisset uirginem*
paulolum coniuere . gratia seruandi decoris. Sô begónda sî éi-
na ándera íro díu inchúnnen . díu agrimnia híez . dáz
chît uigilia . únde in íro chémenatun dero vuáhto flág .
zíu sî íro fróuuvn éteuuaz nelîeze slâfen . íro scôni ze be-
15 háltenne . uuánda uuáchun bléichi máchont. *Cum ipsa .i.*
periergia hęc cuncta si philologia iniungeret . ualeret im-
plere. Sîd sî iz állez fúre sîa tûon máhti . úbe sî iz íro be-
félehen uuólti. *Nam iam multa asserit circuisse et comperisse . quid soller-*
tię . quid ornatus . quid denique indumentorum sumerent dotalia mancipia.
20 Únde cháde síh erfáren hában mánige stéte . únde uuóla befúnden hában .
uuáz íro uuîdemdíuue . íh méino septem liberales artes quúnnen
éigin fóne íro brûte-gómen mercurio . ióh chléinlîstes . ióh vuîb-

---

3 *díenest 4 *sórgentíu 8 *túrôn .dáz sîa *réisônta 12 *táz 13 uigilia·/
*chémenâtûn 14 *fróuuûn éteuuáz 15 *uuáchûn *máchônt 20 únde· uuóla] Verwei-
sungspunkt auch am rechten Rand 21 uuîdemdíuuæ] e² aus a korr. *kuúnnen 22
brûote] o rad. *chléinlîstes Punkt gehört hinter 16 cuncta.

2 *phronesí *coęua   7 hostio nach Br β; *ostio nach D L N-T E-T   9 *Adorta
9, 12 2mal *agrypnia   11 *paululum   18 *circu(m)isse   18/19 et comperisse
nach L; mancipiaque D Br β N-T; -que bzw. et fehlt E-T.

zîerdo . iôh ánaslôufo. *Non sibi quoque nescitum . quid sponsus ipse perageret .*
quid iouis palatio gereretur. Vnde îro uuésen chúnt . uuáz sélber der
brûtegomo tûe . uuáz man iôh tûe in ̭ iouis hôue. *An leucothea .i.*
aurora succenderet facem . lumenque purpureum .i. pulchrvm. Vnde úbe

5 der tágerod sîna fácchelun . únde sîn scôna lîeht inzúndet há-
be. *Et an solis remigia .i. currus uigilarent . sonipesque phosphori*
comeretur. Vbe dero súnnun rêita in ̭ uuágo uuâre . únde des tá-
go-stérnen rós káro uuâre. *Id genus innumera astruebat . quę cu-*
riosis perscrutationibus aspexerat. Vnde sô getânes knûoge ságe-

10 ta si . dáz sî ál erlûoget hábeta . mít fúreuuîzlichero spého.

N O V I S M A T E R I N D V M E N T I S F I L I A M O R N A T.   7.

Uerum secretum cubiculi . repente phronesis .i. prudentia mater irrum-
pit. Tô gîeng în álles káhes îro mûoter. *Quam cum uirgo conspiceret .*
ad eam accurrens . honorandumque pectus exosculans . pręparatorum boema-
15a *tum .i. auxiliorum . consciam fecit.* Sî sâr . sô sî sîa gesáh . gágen îro
15b lôufende .

únde sîa chússende . ságeta sî îro . uuáz sî uuárnungo gemáchot
hábeta. *Verum illa exuuias filię . ornatusque detulerat . quîs induta .*
deorum sociari cętibus non paueret. Áber sî gáb îro uuât . únde zîerda .
mít tîen sî gegáretíu . síh neercháme . dero gôto míteuuîste.

20 *Itaque uestem peplumque lactis instar fulgidum dedit.* Sî gáb îro uuât
ze ̭ lîche . dáz íst tíu înuuertiga *ratio .* únde überslôufe skîn-
haftez . ében-uuîzez mílche . dáz íst tíu scôni îro *honestatis .*

---

1 Ña] a mit m-Strich rad.   2 *sélbêr   3 brûotegomo] o¹ rad.; *brûtegómo   5
*tágerôd   *fácchelûn   7 *súnnûn   uuáṛe·   10 *erlûogêt   *fúreuuîzlichero
15a *kágen   16 *gemáchôt   17 detulerat·   18 *zîerdâ   21 *tíu înuuértiga   21/
22 *skînháftez   22 *mílîche   Unten die Federprobe dreimal anima, einmal ani
rad.   Punkt ist zu tilgen hinter 12 cubiculi, 19 neercháme.

12/13 irrumpit nach N-T E-T; irrupit D L Br β   14/15a boe(the)matum = βοηθημά-
των gen.pl. des n. βοήθημα   17 quîs = quibus

1a únde íro sapientię. *Quod uel uidebatur esse ex illa lana felicium .i.*   J103
1b   preciosarum *herba-*
rum . qua perhibent indusiari uates indicę prudentię . et accolas montis um-
bratii. Dáz síe uuólton uuízen geuuórhtez uuésen . ûzer déro uuóllo
dero tíurron chríutero . mít téro síh káreuuent tíe frúoten bíscofa in
5 india . únde díe ánasídelinga umbratii. Vuánda indis uuáhset tíu uuól-
la án dien chríuteren . mít téro sie íro bíscofa gáreuuent . álso óuh seribus
tia sídâ uuáhsent . án dien bóumen . ûzer díen die féllola uuérdent.
8a *Et uidebatur hoc peplum esse . ex netibus .i. filis candentis bissi . quantum*
8b   usus eius tel-   P786
luris .i. indię *apportat.* Únde uuás iz ûzer bíssinemo gárne . sô iz târ
10 in lánde síto íst . târ dér fláhs uuáhset . tér bissus héizet. *Dehinc appo-*
nit uertici diadema uirginale . quod maxime medialis gemmę lumine
pręnitebat. Tára-nâh légeta si ûfen íro hóubet mágedlichen góld-
ring . tér méist clánzta fóne déro scóni . dero míttun gímmo . íh méino
díu gágen míttemo énde stûont. *Ex qua .s. gemma resplenduit quę-*
15 *dam galeata uirgo . obtectaque uultu . incisa penitus .i. profunde . instar se-*
creti troiani. An déro gímmo stûont tíefo gegráben . éin gehélmot
tíerna . gefúrehúllotíu . sámo-so dáz pílde getân uuás tero tro-
iâniscun tóugeni. *Palladium* stûont târ-ána gegráben . dáz chît
effigies palladis . táz troiani gebórgen hábeton . uuánda iz ín fó-
20 ne hímele chómen uuás . sô síe iz uuízen uuólton. So-uuío éin án-
der palladium dâr ze ánasíhte uuâre . míchelez . hólzinez. Áber
daz uuárra palladium uuás filo lúzzelez . trólicho séhentez .

Vor 1a únde, *hinter* 11 quod *und* 12 ûfen, *unter* 20 síe *altes Loch im Pgm.*   2/3
umbra/bratii] bra¹ *rad.*   3 *Táz   3, 20 *2mal* *uuólton   4 *tíurôn   *tíe   5
umbratii] m-*Strich rad.*   7 tia] *tíe   *féllôla   9 *bíssinemo   13 *míttun
16 *Án   *gehélmot   17 *gefúrehúllotíu   17/18 troiâniscun] n² *auf Rasur;* *tro-
iâniscûn   19 *hábetôn   21 *hólzínez   22 *uuâra   *fílo ꝉúzzelez] *Ansatz eines*
z *rad. Punkt gehört hinter* 13 méino. *Punkt ist zu tilgen hinter* 3 uuésen, 7
uuáhsent, 8a esse, 13 scôni.

1b *pretiosarum   2 et accolas *nach* L; accolasque D Br β N-T E-T   8a *byssi   10
*byssus

únde uuéne-scáftontez. Dés kelíhnisse trûogen díe troiânisken chú- J104
nínga . an íro coronis in jaspide gemma. At cingulum quo pectus annecte-
ret . sibi prudens mater exsoluit. Aber íro sélbun nám sí dén béndel
ába . dén sí íro gáb síh ze brúst-péndelonne .i. fasciam pectoralem . mít téro
5 síh fróuuvn íu zíerton . tíu caritatem bezéichenet. Et ne philologia
ipsius phronesis careret ornatibus . eius pectori quo uerius comeretur
apponit. Únde nío íro tôhter âne sía gegáreuuet neuuúrte .
be díu bánt sí íro . dáz íro iz sô fílo báz zâme. Calceos preterea ex
papiro textili subligauit . ne quid eius membra pollueret morticinum.
10 Âne dáz skûohta sí sía . mít keflóhtenemo bíneze . nío íro líde
ieht stírbiges nebeuuúlle. Der bínez pezéichenet inmor- P787
talitatem . uuánda er ío grûone íst . fóne dero názi . an dé-
ro er stât . únde dánnan er námen hábet. Acerra autem multo
aromate grauidata .i. plena . eademque candenti . manus uirginis
15 oneratur. Áber mít uuízemo róuh-fáze . fóllemo stánctíur-
don . uuárd íro hánt pehéftet. Taz róuh pezéichenet tén
líument tero túgedo . díe án dien uuísen ío súlen uuésen.
ANTE FORES VIRGINIS . INVITANTES EAM 8.
AD CAELESTIA CAMENAE ASSVNT. ⌈peplo.
20 Et iam tunc coeperat aurora subtexere .i. operire sidera . roseo D48,20 L158,3
Sô uuárd táz ter tág pegónda décchen die stérnen. Prodens pu-
dorem .i. turpitudinem ambronum. Irbáronde día únera dero

---

1 *scáftôntez *Tés *die Hinter 1 chú, auch hinter 11 nebeuuúlle. und 12
grû [one] altes Loch im Pgm. 2, 12 2mal *án 3 *Áber *sélbûn 4 gáb·⸍síh] sí
auf Rasur *péndelônne 5 *fróuuûn *zíertôn 10 *scûohta 11 Dér] Akz. anrad.;
*Ter 13 *dánnân 15/16 *stángtíuredôn 16 róuh n. ‚incensum' gegenüber 116,6
róuh m. ‚vapor' 17 *uuísên 18 vor ANTE] uuésen. rad. 104,20-105,16 lat.
Text in Versen 22 *Erbárônde únera] Akut auf Rasur eines Zkfl.; *únêra Punkt
gehört hinter 2 cingulum, 6 pectori und comeretur, 21 uuárd. Punkt ist zu til-
gen hinter 1/2 chúninga.

---

9 *papyro 15 onerantur D L Br β N-T E-T 19 *CĘLESTIA *CAMENĘ 20 *cęperat
21 *Promens

mán-ézon. Cibus héizet grece brosis . dánnan sínt ambrones kenámot. Díe　J105
héizent óuh antropofagi . dáz chít commessores hominum . in scithia
gesézzene. Síe ézent náhtes . tés sie síh táges scámen múgen .
álso man chít . táz óuh házessa híer in lánde tûen. Áber uuele-
5 tabi díe in germania sízzent . tíe uuír uuílze héizên . díe ne-
scáment síh níeht ze chédenne . dáz síe íro parentes mit mêren
réhte ézen súlín . dánne die vuúrme. Cum .i. quando alma
lux gemmata .i. adornata decore creperum micat. Sô iz únder-
zuísken líehten íst. Cum nitet phosphorus . et cum fit aurato
10 astro. Sô der tágo-stérno in scônero fáreuuo skínet. Tunc .s.
cum candens pruina glaciatur . tenero rore. Sô der gráuuo
rífo uuírt án demo éccheroden tóuue. Et greges quatiunt cau-
las in matutina pascua. Únde diu scâf ûz án dia uuéida dríngende .　P788
die stígâ eruuégent. Cum mordaces curę pulsant languida pecto-
15 ra. Sô áber die sórgun grûozent tiu hérzen. Et expulsus somnus . fu-
git ad lęthea litora. Únde der slâf hína-flíhet ze loetheo fluuio .
dâr síne séldâ sínt secundum fabulas . uuánda er obliuionem máchot .
álso óuh tíu sélba áha tûot tien sêlon post mortem dâr trínchentên.
Ecce ante fores quidam dulcis sonus . multifidis suauitatibus suscitatur. An
20 díu uuárd éin suôze stímma fóre íro túren . mít mánigfaltero
lústsami. Quem concinebat chorus conuenientium musarum . tinnitibus
doctę modulationis . inpendens illum nuptialibus sacramentis.

---

1 *ézôn *tánnân gegenüber *Tánnân nach Weinberg S. 9 *kenámôt *Tíe 3 ge-
sézzene; *gesézene *scámên 4 házessa] Zkfl. aus Akut korr.; *házessâ *tûen
.síh
5 *uuílze 5/6 *nescáment 6 ·níeht *mít 7 héizen] h i rad. 9 *zuískên 12
*éccherôden 14 diæ] e aus a korr.; a anrad. 15 *sórgûn 17 *máchôt 18 *sê-
lôn trínchentên] unter n² altes Loch im Pgm. 19 *Án 20 *túrôn *mánigfál-
tero 21 *lústsámi 22 modulationis⸱ Punkt gehört hinter 4/5 uueletabi. Punkt
ist zu tilgen hinter 11 glaciatur.

---

2 *anthropophagi *comesores *scythia 16 *lethęa *lethęo

Tén sonum máchota díu manigi déro gesámenoton musarum . mít méister- J106
licho gerárten lûtôn . ze̜ êron dien uuíhên brûtlóuften. *Nam nec*
tibiarum mela deerant . nec ex fidibus sonitus . nec ydraularum armoni-
ca plenitudo. Dâr negemángta suégelsánges . nóh séitsánges .
5 nóh téro fólleglichî dero órgenlûtun. *Sed collata in blandum can-*
tum . ac compactum modificato fine . fecere ratum silentium uoci uirgi-
num .i. musarum . spatio complementi. Áber gerárte ze̜ mámmentsa-
memo sánge . ióh keduúngenemo ze̜ mézhaftigemo ûzlâ-
ze . getâten sie sáment stílli dero mágedo sánge . únz sie óuh
10 táz erfólloton. Ze̜ êrest súngen diu musica instrumenta . dára-
nâh súngen sélben die muse̜. *Ac tunc omnis ille chorus pre̜uer-*
tit .i. superat . et pre̜it omnes organicas suauitates . canoris uo-
cibus . dulcique modulatu. V́nde dô úberuuant íro gesémine .
álla día órganlichun sûozî . béidiu . ióh in déro lûtreisti
15 dero stímmon . ióh in déro lústsami dero vuísun. *Et cum nume-*
ris .i. rithmis . sacre̜ cantilene̜ he̜c dicta funduntur. V́nde mêterlícho P789
súngen siu dísiu uuórt. M V S A R V M I N T E R C A L A R I S. 9.
                                                               D49,17 L159,22
Scande ce̜li templa uirgo . digna tanto foedere. Te socer subire ce̜l-
sa poscit astra iuppiter. Nû fár ûf tíerna in hímeliske séldâ . gerístig
20 píst tû sólche̜mo gehîleiche. Dín suêr iuppiter héizet tíh fún-
den . úber díe hóhen stérnen. L A V S P H I L O L O G I A E   10.
D E   A S T R O N O M I A.   V R A N I A.

---

1 *máchôta   *mánigi dero gesámenotôn   1/2 méisterlicho] lî *auf Rasur*   2
*gerártên   lûtôn·   *êrôn dien   Nā] a *aus* ec *korr.*   4 *Târ   5 *órgen-
lûtûn   7/8 *mámmentsámemo   8 *keduúngenemo   *mézháftigemo 9 síe] *Akz.*
rad.   10 *erfóllotôn   13 *úberuuánt   14 *dia órganlichûn   *béidíu lût-
reistî] i² *aus* e *rad.*; *lûtréisti   15 *stímmôn   *lústsámi   *uuísûn   17
súngen] n² *übergeschr.*   *sie dísiu   18/19 *lat. Text in Versen*   18 *hinter*
Sca [nde] *altes Loch im Pgm.*   19 tíerna] e *aus* r *korr.* *gerístîg   20 *só-
lichemo gehîléiche   *Tín   21 *die   22 ASTRONOMIA; *Punkt ist zu tilgen*
hinter 13 gesémine, 20/21 fúnden.   *Niedriger Punkt steht hinter* 11 muse̜.

---

3 deerat, *aber erst vor* 4 plenitudo D L Br β N-T E-T   *hydraularum   3/4
*harmonica   16 *rhythmis   18 *fe̜dere   18/19 *celsa   21 *PHILOLOGIE̜

Liber secundus

Tunc urania cęteris paulolum reticentibus cępit. Tô sáng sús urania . dien
ánderên gesuígentên. *Uide sydereos cętus . et culmina sacra polorum . nil
iam conitiens numine fisa.* Nû fár . únde síh tia hímeliskun mánigi .
únde die hóhina dero hímelgíbelo . únzuíueligíu . únde báldiu
5 fóne dero góteheite. *Dea uuérdendo . uuírdest tû dés álles kuís .
tés tu fóre uuâre únguis. Olim disquirens .s. eras . quid torqueat ne-
xos orbes . nunc pręsul .i. magistra . ipsa dabis causas .i. leges raptibus.* Tû
uuâre êr frâgende . uuáz tie zesámine-háftenten rínga dero
planetarvm úmbe-uuárbti . nû uuírdet táz tû sélba scáffunga
10 tûost íro férten. *Quę circos textura .i. compositio liget aspicies.*
Tû gesíhest tir sélba sô dû dára-chúmest . uuío getân geflúhte
die rínga bínde. *Quę nexio claudat.* Uuélih núsda sie úmbe-
hábee. Uuánda ultima spera . dáz chít cęlestis spera . úmbe-
hábet tie ándere. *Et quantos .i. quot globos ambiat curua
15 orbita.* Únde uuío mánige dero éngeron . der uuítero ríng
úmbehábe. *Quid cogat uel retardet sydereos cursus.* Uuáz
tero planetarum férte íágoe . uuáz sie óuh lézze. Dáz tûot tíu
chráft tero súnnun. Síe gíbet in éin-uuéder . spûot álde tuâ-
la. *Quis lunam flammet . uel minuat radius.* Únde uués skímo
20 den mânen getûe . uuáhsen . únde suínen. Sô er férrost
kât fóne déro súnnun . sô mág si ín únder-skínen . be díu
íst er dánne fól . sô er áber bi íro gât . uuánda si ín dán-

---

2 gesuíget ên 107,2-119,15 *lat. Text in Versen* 3 *hímeliskûn 4 *hóhinâ *bál-
díu 5 *gót(e)héite 6 *únguís ·eras 8 f âgende *auf Rasur; fr übergeschr.* 9
vor úmbe *altes Loch im Pgm.* 11 *tír 13 hábee *ausnahmsweise nach der 3. Kl.
gegenüber* 16 hábe *nach der 1.* 15 *éngerôn 17 *Táz ·tíu 18, 21 *2mal* *súnnûn
18 gíbet ; *ín ·álde] *Punkt rad.* 19 radiís 20 mâne *férrôst 21 *dero
mág] *Akut aus Zkfl. korr.* skínen´ *Punkt gehört hinter* 3 conitiens, 9 uuírdet,
10 liget, 11 sélba, 16 cogat. *Punkt ist zu tilgen hinter* 20 getûe.

---

1 *paululum 2, 16 *2mal* *sidereos 3 *coniciens 16 uel] *quidque nach* D L Br
β N-T E-T

ne óbenân ána-skînet . pe̬ dîu îst er dánne uuáner únseren óugon.   J108
Qui ce̬lum stellet .i. *illuminet fomes* .i. *flamma.* Vuélih fîur den hîmel irlîeh-
te. Vuélez . âne dero súnnun? *Et quanta* .s. *sydera reuoluat.* V́nde
uuîo mánige stérnen sî uuîdere-getrîbe. Dáz tûot si die planetas .
5   sô sî sie *retrogradas* máchot. *Que̬ sit cura* .i *prouidentia diis* . *uel modus*
s. *gubernandi aspicies.* Târ sîhest tu . uuîo getân dero góto flîht sî .
únde uuélih scáf íro ríhtennes sî. *Scande ce̬li templa uirgo .*
digna tanto foedere. Te socer subire ce̬lsa poscit astra iup-
piter. Fár hîna-ûf tîerna in̬ hîmeliske sélda . uuîrdig píst tv
10   dáz tu sô gehîest. Tîh héizet fúnden iuppiter úber die stér-
nen dîn suêr. LAVS DE PERITIA MVSICAE. TVNC CALIO-   11.
S̨emper complacitis amica musis . cui .i. *tibi magnesia flu-*   ⌐PE.   D50,15 L161,6
enta pocula tulerunt. Dîe brúnnen magnesie̬ hábent tîh ke-
trénchet . tû hólda dîerna dîen dír gelîcheten musis. Ma-
15   gnesia îst in̬ thesalia. Dâr îst libetros fons . úmbe dén má-
nige poete̬ sízzent . sámo-so dîe nôte sîn poete̬ . dîe în
trínchên. Vuánda óuh tû *philologia musicam chánst* .   P791
pe̬ dîu skînet . táz tû libetron getrúnchen hábest. *Et*
fons gorgonei caballi .i. *pegasi* . *tulit tibi poculum.* V́n-
20   de dér brúnno dés rósses pegasi . dáz ûzer démo
blûote uuárd gorgone̬ . hábet tîh .s sáment tien *poetis*
ketrénchet. Pegasus chît fáma . uuánda poete̬

---

1 *uuánêr únserên óugôn   2/3 *erlîehte   3 *súnnûn   4 *Táz   5 *máchot   *.i.   6
*.s.   8 über undeutl. poscit] sc (später rad.) poscit; posc¹ auf Rasur   9 *séldâ
hinter uuír [dig] altes Loch im Pgm.; *uuîrdîg   10 *gehîest   11 MVSICAE DE ꝶI-
TIA; zur Umstellung   13 *Tîe   14 *dien   15 *Târ   libetros] tr über undeutl. tr
16 poete̬ sîn. zur Umstellung   21/22 *.s sáment tien poetis/tîh zur Umstellung;
hinter .s kleines Loch; *.s.   Punkt gehört hinter 6 gubernandi, 9 tv, 10/11
stérnen.

---

3 *sidera   5 deis D L Br β N-T E-T   8 *fe̬dere   *celsa   11 *MVSICE̬   11/12 TVNC
CALIOPE. gehört zum lat. Text; *CALLIOPE   13 *poculum   15 *thessalia   *libe-
thrus = Λειβηθρός   18 *libethrum = Λειβηθρόν   22 *fama

sînt famosi . be díu chît man sîe getrúnchen háben dés prúnnen . dén   J109
pegasus ûzer dero érdo slûog . mît sînemo fûoze. *Cui* .i. tibi *frondet uer-*
tex aonidum .s. montium .i. aonis montis . *uirens* .i. florens *coraulis* .i. poe-
tis. Tír stât óbenan gelóuber aon . gezíerter mít poetis. *Aulę héi-*
5 *zent tîe fistulę . coraulę héizent corneę fistulę .* dáz chît tubę cor-
neę. Coraulus sélber der cornicen. *Violas parante cirra.* Apollinis
pérge dír gágene blûomen hábentemo. *Tu scis mela uatum . dulcibus*
camenis. Tû bechénnest tero poetarum carmina mít sûozen metris. *Et*
scis referre pindaream chelin .i. cytharam. Dû chánst keánteron citha-
10 ram pindari musici. *Te dictante . nouit fidis et sacrum plectrum sonare*
treicium carmen. Dír irdénchentero . chán der séito . únde daz zíter-
fin síngen in traciskun . dáz chît also orpheus sáng fóne tracia. *O lux*
nostra . suesce probare sacros cantus. Vnser óuga . hábe in geuuónehéite .
únser héilig sáng ze lóbenne. *Atque beare organicis circis.* Vnde
15 uuírt kesâligôt fóne órganiskên . dáz chît sánglichen ríngen.
Álso dánne ring án demo sánge uuírt . sô iz îo uuídere-eruuíndet .
ze déro sélbun stéte . dâr iz ána-fîeng. Héue únde síng *o sapien-*
tia . sô fíndest tû día sélbun lûtun án demo .a. díu ze êrest uuás án
demo o. Dér sô getâno perhiodus . dáz chît circuitus . héizet colon .
20 úbe dáz uuórt târ-ûz-kât . sô íh tir nû zéigota. Vbe dáz neíst .   P792
sô héizet er comma. *Scande cęli templa uirgo . digna tanto foe-*
dere. Te socer subire cęlsa poscit astra iuppiter. Fázo díh tíerna .

---

4 *óbenân gelóubêr   *gezíertêr   5 *tîe   6 *sélbêr   8 tero übergeschr.; Ver-
weisungspunkt oben und in der Zeile   *sûozên   9 *Tû   *keánterôn⸝   10 Te] un-
deutl. e   11 *Tír erdénchentero   11/12 *zíterfín   12 traciskun·; *traciskûn
13 *Únsêr   14 *únsêr   héiliga] a *rad.;* *héilîg   lóbenne *bzw.* *lóbônne   15
*uuírd kesâligôt   *sánglichên   17/18 *2mal *sélbûn   18 *lûtûn   19 *.o. *Ter
*táz   20 *daz¹   *tír   *zéigôta *Punkt gehört hinter* 8 carmina, 12 chît. *Punkt*
ist zu tilgen hinter 22 tíerna. *Niedriger Punkt steht hinter* 5/6 corneę.

---

6 *cirrha   9 *chelyn   *citharam   10 fidis *nach* Br; *fides *nach* D L β N-T E-T
et sacrum *bzw.* *sacrumque   11 *threicium   12 *thracia   19 *periodus   21/22 *fę-
dere   22 *celsa

ûf hína in himela . sólih kehíleih kezímet tír. Iuppiter dín suêr . héizet J110
tíh fáren úber díe stérnen. L A V S   D E   G E O M E T R I A.   12.
A C   S I C   P O L I M N I A.
                                                                 D51,6 L162,23
*T*andem carpis fructus laboris . ęthram fulgidam . et sedes diuum . et consortia .
5 i. affinitatem iouis . prouecta .i. sublimata de terris ad cęlum . ·et indito numi-
ne .i. addita tibi diuinitate. Án stéte infáhest tû ze lône . díne-
ro árbéite . den scônen hímel . únde dero góto gesâze . únde día
síppa iouis . táz tu sîn snóra uuírdest . hína-ûf-kefûortíu . únde
gótheit infáhentiu. Quę sueta eras dudum .s. dum mortalis eras .
10 iugare .i. coniungere . cruenta rithmica .i. noua carmina. Dû-dir íu êr
geuuón uuâre níuuíu carmina ze máchonne. Ac mixta dis-
pari regula. Ióh kemísgtíu mít músselichero . únde úneben-
mâzero regula. Vuío mánigfalte dir sî díu mísselichi dero ní-
umon . uuér mág táz kezéllen? Mox solita .s. probare . quid recur-
15 uet .i. figuret trigonus . iacente linea .i. protensa . quid iugata .s. in
angulo. Vnde uuáz tríscôzi máchoe . mít strácchentemo réi-
ze án dien síton . únde gefûogtemo án dien órten. Dáz íst
álso si châde. Dû chúre in geometria . uuío drî réiza gréh-
te . án dien órten síh chússente . triangulum máchont. Et
20 quid torqueat circulus. Vnde uuáz ter ríng úmbe-bíege .
dáz chít . uuío ál úmbe-gebógener réiz . ten ríng má-
choe. Probare .s. solita . melos .i. tropos . ac tonos .s. musicos .

---

1 *kehíléih 2 *díe 4/5 *consortia/.i.   9 *gótheít infáhentíu   10 coniungere] g
                 .rithmica
auf Rasur   .i.   10, 18 2mal *Tû 11 *níuuíu máchonne᛫, *máchônne 12 *ke-
mísktíu 12/13 únében/mâzero] mâ am linken Rand nachgetr. 13 *mánigfálte dír 13/
14 *níumôn 15 figuret] i aus u, u aus a korr.   [trigo]n· auf Rasur 17 *sítôn
*Táz 19 *máchoên 21 *gebógenêr Punkt gehört hinter 17 íst. Punkt ist zu til-
gen hinter 1 suêr, 6 lône, 21 réiz.

---

3 AC SIC POLIMNIA. gehört zum lat. Text; *POLY(HY)MNIA 4 et sedes bzw. *diuumque
et²] *ac 5 et indito bzw. *inditoque 10 *rhythmica 19/20 Et quid nach L; cir-
culusque D Br β N-T E-T

et crusmata .i. *pulsus chordarum. Quuóniu* zẹ chíesenne . díe uuárbâ   J111 P793
des sánges . únde díe uuísâ . únde díe rûorâ dero séiton. *Artesque cunctas
solita probare . et quẹ possunt parare culmina* .i. *prẹcellentiẹ cẹlitum . adacta
mente* .i. *sursum acta mente.* Vnde álle líste zẹ chíesenne . únde ál . dáz
5 hímel-sâzen máchon múgen . mít íro hóhen sínne. *Scande cẹli . et
cẹtera.* L A V S   D E   A R T E   P O E T I C A .   T V N C   M E L P O M E N E . 13.
                                                                           D51,19 L163,14
$ueta .s. es . *depromere . coturnatos* .i. *tragicos cantus in scenis.* Tû
bíst quón in scenis zẹ síngenne díu sáng . tero gescúohton tra-
gicorum . mít coturnis. Coturni uuâren zẹ béiden fûozen geskáffe-
10 ne scúha. *Scena* uuás éin fínster gádem in míttemo *theatro.* Dâr-
ínne gesâzen díe *auditores tero fabularum tragicarum . álde comi-
carum. Soccumque ferre comicum.* Vnde ána-hában dáz kescúhe dero
comicorum. Et reboare carmina quẹ tulimus .i. *portauimus .s. nos mu-
sẹ tua cura.* Vnde síngen díu sáng . tíu uuír fóne dír trúogen .
15 díne trútun. *Fauente* .i. *applaudente rithmico melo* .i. *dulci
carmine.* Sûozemo sánge únsih lúcchentemo . únde scúndente-
mo . dáz uuír siu trúogin . únde gehíeltin. *Nunc cano tibi . uersa .
i. mutata . et deificata uirgo tenore* .i. *protractione carminis . spes
atque assertio* .i. *facundia nostra.* Nû síngo íh tír máged mít témo
20 dúnse des sánges . uuánda dû gútin uuórten bíst . únsêr
trôst . únde únser zúnga. *Nam iuuat redimire* .i. *ornare
thalamum .s. tuum . tu probato .* hoc est sinito *placere . serta* .i. *or-*

---

1 *Keuuóníu   2 *séitôn   4 Vnde álle   5 *máchon   8 ::q̣ uón] q *auf Rasur; auch
davor Rasur;* ‿ *zur Verbindung;* *keuuón   gescúohton] *vor* g *Rasur von* s; *ge-
scúohtôn   9 *béidên   10 *Târ   11 fabularum·] · rad.   15 *trútûn   applaudente]
en *auf Rasur   17 trúogin] i *aus* e *korr.;* *trúogín   gehíeltin] i² *aus* e *korr.;*
*gehíeltîn   17/18 *uersa/.i.   19 máged] d *aus* g *korr.*   20 *gúten   21 únser]
Punkt rad.; *únsêr   22 serta .i. *auf Rasur   Punkt gehört hinter* 13 carmina.
Punkt ist zu tilgen hinter 1 chíesenne, 7 depromere, 8 sáng, 22 placere.

3 et quẹ *bzw.* *quẹque   5/6 *Der vollständige Refrain steht in* D Br β N-T E-T.   6
TVNC MELPOMENE. *gehört zum lat. Text.*   7 *cothurnatos   9 *cothurnis   *Cothurni
15 *rhythmico   19 *hinter* assertio] *nostri nach* D L Br β N-T E-T

1a namenta . *tuis ritibus* .i. usibus . uel moribus. Tînen brûte-stûol lústet
1b mîh zę zîeren-
ne mît sánge . díe zîerdâ lâ dû lîchên dînên sîten. *Digna semper uidearis
maritali olimpo* .i. marito olimpi. Vuérd mûozist tû sîn dînemo hímelis-
ken chárle mercurio. *Decentiorque cęlitum*. Vnde állero hímel-fróuuon
5 zímigôsta. *Scande cęli* . et cętera. L A V S   D E   R H E T O R I C A. 14.
Tu quę sollers eras clangere .i. declamare ⌈A C   S I C   C L I O. D52,8 L164,5
rhetorico sirmate .i. rhetorico habitu . uel prolixa sententia artis rhe-
toricę. Suspensio. Nû do philologia . dû-dir îo chúnnig uuâre .
dîna gespráchi zę geóugenne . mít lángemo díng-chôse. Álso M. cę-
10 sar . únde cato censorinus tûont in catilinario . dâr man díngot úber len-
tulum . únde cethegum . socios catilinę. *Atque absoluere reum rabido* .i.
commoto *pectore*. Et hic. Vnde den scúldigen genéren mít prá-
zeligemo mûote. Álso óuh tô cęsar uuíder catone uuólta genér-
en . díe sélben socios catilinę. *Quę nunc ligans* .i. ligas *horrida*
15 *sensa* .i. sententias . *nexibus* .i. syllogismis. Et hic. Tû uuîlon dîne
ántsazigen rédâ féstenôst mít pánden. Ántsazig sínt tîe
rédâ . díe mít syllogismis kebúnden uuérdent . uuánda syl-
logismi sínt nôt-féstiu gechôse . dára-uuídere nîoman nîeht ke-
tûon nemág. Tîe héizent latine ratiocinationes . uuánda
20 álso ratio íst . quę discernit inter uerum et falsum . sô íst ratiocina-
tio . rationis certę exhibitio. Vuénne geskíhet tíu? Âne sô
éin fóne ánderen geóuget uuírdet . únde fóne díen guíssot

---

2 dînên] d *auf Rasur von* t   sîten., 3 *mûozîst   4 *fróuuôn   8 Nú] Akut
aus Zkfl. geänd.; *Nû do] *dû   *chúnnîg   9 ge spráchi .M.] 1. Punkt rad.
10 censoriṇ: tûont   *díngôt   15 *uuîlôn   16 *ántsâzigen *Ántsâzîg   18 *fé-
stîu   21 exhibitio. 22 *ánderên   *guîssôt   Unten die Federprobe anima
mea turbata *rad*. Punkt ist zu tilgen hinter 13/14 genéren.   Niedriger
Punkt steht hinter 9 díng chôse, 11 catilinę.

---

3 *olympo   *olympi   5 *Der vollständige Refrain steht in* D Br β N-T E-T.
6 AC SIC CLIO. *gehört zum lat. Text*.   7 *syrmate   9 M.] *G.J.   10 *cen-
sorius, eigentl. *uticensis

uuîrdet. Tés îst târ-fóre exemplum gegében . dâr iz chît proponendo. Éteuuan-
ne feruéret tér in férte îst. Vnde assumendo. Der hîmel îst in férte. Vnde
concludendo. Dánnan feruéret er. An dîrro rédo îst éin guuîssot fóne
zuéin . uuánda fóne dero propositione . únde dero assumptione .
5 úbe sie uuâr sînt . uuîrt tíu conclusio geuuâret., Fóne díu int-sízzent
tîe den syllogismum . díe sîna chráft uuîzen. Aggerans .i. colligens
soritas .i. minutissimas rerum collectiones accessibus .i. incrementis cumu-
li. Et hic. Tero mícheli des hûfen zûo-légende . díe geráspoten
chléinunga. Álso iz tánne féret . sô man dero mínneron dîngo
10 nîeht fersuîgen neuuíle . úmbe díu mêren . dóh is án dien mêrên
gnúoge uuâre. Nunc stringere .i. arguere . quid grammatica re-
gula. Et hic. Únde éteuuaz lásteron mît crámatichis êo. Sô man
ófto tûot barbarismum . álde soloecismum. Sollers quod conterat .i. perfrin-
gat ordinem fandi ambiguis. Et hic. Kelóuuiu . uuáz zuîuelchô-
15 sondo dîa rîhti des kechôses írre. Dáz tûot amphibolia in grammati-
ca . álde sophisma in dialectica. Déro béidero chît si sîa chún-
niga. Sollers ludere docticanis sensibus. Et hic. Kelóuuiu ze trî-
egenne mît rértigên rédon. Nunc conspice stellata limina
poli. Depositio. Dû dés álles méistra únz hára uuâre . dû fár
20 nû . únde scóuuo díe gestérnoten ínferte . des hîmeles. Et u-
tere sacro candore ętheris . quem noscere uero lumine pretium est.
Únde lébe dâr in déro héiligun zórfti des hîmeles . dîa dû

1/2 *Éteuuénne 2 *Ter 3 *Tánnân *Án *guîssôt 5 *tiu geuuâret,fóne
int sízzent auf Rasur 7 [coll]ectiones auf Rasur 8 *Téro *die geráspô-
ten 9 *chléinungâ *mínnerôn 10 *fersuîgên 12 *éteuuáz lásterôn *cra-
mátiches 14, 17 2mal *Kelóuuíu 14/15 *zuîuelchôsôndo 15 kechôses über
Rasur von fan[di] geschr. *Táz 16 *Téro 18 *rédôn 19 *Tû *méist(e)ra
20 *gestérnôten ínferte 21 ętheris. 22 Únde] U auf Rasur von I *héili-
gûn *tîa hinter dû] ze rad. Punkt gehört hinter 2 feruéret, 13 Sollers.
Punkt ist zu tilgen hinter 20 ínferte. Niedriger Punkt steht hinter 2 îst[1].

13 *solęcismum *quid nach D L Br β N-T E-T

ze lône dînero árbeito chúnnên sólt . in uuâremo lîehte. J114
Scande cęli . et cętera. LAVS PHILOLOGIĘ DE PHISICA. MOX 15. P796
Inclita uirgo . caput artibus . cui panditur aula to- TERATO. D52,21 L165,8
nantis . merito subditur tibi orbis .s. *uisibilis . rationibus ante* .s. *ui-*
5 *sibilem repertus.* Mâre dîerna . ánagenne dero lîsto . dîr nû in-
dân uuîrt iouis fálanza . mit rêhte dîenot tîr dîsiu ánasihtiga uuérlt . in gótes ratione îu êr úngesîunlicho uuésen-
tîu. *Canimus* .s. hęc *phisica carmina . tibi soli cognita . cur rutilescant sacra* .i. *execrabilia fulgura.* Dîr éinun sînt chúnt
10 tîsiu fóne naturis ketânen sáng . íh méino. Zîu dîe léidsámen blíccha geskéhen . dáz chît . uuánnan sie geskéhen. *Unde intonet resultans fragor.* Uuánnan der chláfondo
dóner geskéhe. Sô der uuînt ín dien uuólchenen betân
uuírt . tánnan ûzpéitendo chláfot er . dér chláfleih héi-
15 zet tóner. Áber ûzfárendo . únde diu uuólchen brechendo . mít mêrun hírlichi dánne iz íoman geságen
múge . irrécchet er daz fíur. Dáz fíur íst sô fílo máhtîgera . sô iz chléineren gezîuges íst . uuánda diu lúft kebíret iz. Sî íst is materia. *Quid agat madorem per aperta* .i. *spa-*
20 *tia aęris . modo* .i. *aliquando imbrificatis nubibus.* Uuáz óuh
taz régen-uuázer máchoe . dien uuólchenen uuîlon
trúobenten . uuîlon názenten. Uuáz . âne dáz síu sô gedíc-

---

1 árbeito] o *auf Rasur von* e; *árbéito 2 PHISICA. 5 *ánagénne 6 *fálenza
*mít *dîenôt *dísiu 6/7 *ánasíhtiga 7 *íu 9 *Tír éinûn 10 *tísiu
sáng *méino . zíu die 11 *geskéhên[1] *uuánnân 12 *Uuánnân *hinter* chláfondo] uuînt *rad.;* *chláfônto 13 *in 14 *tánnân *chláfôt *chláfléih 16
*mêrûn 17 *errécchet *Taz 17/18 máhtîgera *bzw.* *máhtigôra 20 [a]ęris 21/
22 *2mal* *uuîlôn 22 *trúobentên *názentên *síu *Niedriger Punkt steht
hinter* 15 tóner.

---

2 *Der vollständige Refrain steht in D Br N-T E-T, während* β *nur den ersten
Vers (bis* foedere; *siehe* 109,21/22) *wiedergibt.* *PHYSICA 2/3 MOX ERATO.
gehört zum lat. Text. 8 *physica 9 *exsecrabilia 20 *aeris

chênt . únde sô gerínnent in uuázerîne zásamen . dáz tíe gesámenô- J115
te . únde ze trópfôn uuórtene . be díu hára-níder-fállent . uuánda
siu diu lúft târ óbenan intháben nemág. *Quid euntibus* .i. receden-
tibus *nimbis* .s. hiemalibus . cum *agmine* .i. impetu . *reuocet nitidissima*
5 *uerna.* Uuáz úns nâh tien uuínterlichên úngeuuíteren . áber
den lénzen hára tûe eruuínden. *Rotet omnia sęcla . properanti-* P797
a claudere . circulus anni. Zíu der iârríng úmbe-tríbe álle
zíte . ílende ze íro énde. *Quid habent rationis operta* .s. aliis.
Uuáz tíu álliu rédo hábên . ánderên tóugeníu . âne dír . dáz sín-
10 gen uuír. *Scande cęli . et cętera.* L A U S D E A R U S P I C I N A. 16.
                                                                    D53,12 L166,1
L̨aetor o uirgo pro *meritis* .i. pro re- ⌐A C T V N C T E R P S I C O R E.
muneratione *honoris* tui .i. deificationis tuę. Frô bín íh úmbe
día êra dínero gótheite. *Astra conspicis.* Ten hímel síhest tu . dér
dîn lôn íst. *Hoc tibi peperit sollers ingenium . et labor* .i. seduli-
15 tas tua. Dáz hábet tír guúnnen dîn gedâhtigi . únde dîn íligi.
Cura uigil . peritis lucernis tribuit tibi ista .i. tibi peritę cum lucernis.
Tíz hábet tír gegében dîn sórgen . únde dîn uuáchen mít líeh-
te. *Perdia* .s. ipsa cura . *pernoxque.* Dáz tír tág . únde náht ána-uuás.
19a *Namque tulisti docilis* .i. apta ad discendum . *anhelis semper fomitibus* .i.
19b   sensibus uel
20 lucernis . *onerata sacris cartis* .i. libris . *pręscia futuris . quicquid dant*
agentes .i. disputantes *stoasi* .i. in porticibus. Tû hábest kelírnet
spúotigo . dénchennes mûodíu . bûocho geládeníu . uuízega

---

3 siu = uuólchen; *sie = zásamen *óbenân 9 *álliu 9/10 *síngên 10 ARUSPI-
CINA. 11/12 remu/muneratione] mu¹ *rad.* 11 TERPSICORE. 13 *gótheíte 15, 18
2mal *Táz 17 *sórgên *uuáchen 18 cura] c *auf Rasur* 19a semper *überge-*
schr.; Verweisungspunkt oben und in der Zeile   20 cartis] c *auf Rasur von* k
pręscia] s *auf Rasur von* c   21 *kelírnêt 22 *mûodíu *geládeníu Punkt ist*
zu tilgen hinter 16 uigil. *Niedriger Punkt steht hinter* 13 conspicis.

---

10 *Der vollständige Refrain steht in* D Br β N-T E-T.   *HARUSPICINA *bzw.* *HA-
RUSPICIO   11 *L̨etor   AC TVNC TERPSICORE. *gehört zum lat. Text;* *TERPSICHORE
14 et labor] et labos L; labosque D Br β N-T E-T   20 *chartis

uuórteniu . so-uuáz tie uuíssprachonten lêrent . in͜ dien uuítchél-   J116
len. Dáz sînt stoici . die íro uuístuom ze͜ athenis in͜ porticibus ûobton.
Nam nec dubitans anteuortis .i. preuenis intrepidis fatibus . quid edat
uapor sabaeorum . rapidis .i. ardentibus aris . Tû gefúreuan-
5 gost mít pálden uuízegtûomen únzuíueligo . uuáz án͜ sabaeorum
altaro fíuren der róuh chúnde . Dîn uuístûom gíbet tir   P798
día prescientiam futurorum . día sie suôchent án démo tóume des áltaris.
Quid paret fumida aura turicremis fauillis . uel quid ferant
certa omina auguratis uocibus. Únde uuáz ter rúghstang uuél-
10 le . dâr tura brínnent in͜ áscun . álde uuáz tíe héilesoda uuéllen .
die augures fórderont an͜ fógelrárton . dáz uuéist tû ál. Scande
celi . et cetera. LAVS DE ARVSPICIO ET DE AVGVRIO . ET   17.
Virgo preuia perite sortis .i. sapi- ⌈CONIECTVRA.   TVNC EVTERPE.$^{D54,4\ L167,3}$
entie . que potuisti .i. meruisti scandere celum. Zéigara des uuí-
15 stûomes . pîst tu dierna . dû ze͜ hímele stégon máhtôst. Et ferre
.i. tribuere castis .i. philosophis sacra dogmata . quîs uoluere
noscere semet. Únde uuîsên gében die lêrâ . dánnan sie
chúnnin bechénnen sîh sélben. Uuánda dáz prouerbium chám
fóne hímele . gnoti seauton . dáz chît . scito te ipsum. Dáz
20 íst fóre állemo uuístûome. Quisque .s. dogmatibus . uidentes
.i. prophete . cernere .i. cernebant lumine claro . numina
fati .i. fortune . et uultus geniorum .i. deorvm. Únde dánnan

---

1 uuórten[iu] auf Rasur; *uuórteníu   *uuíssprâchônten   *in   2, 19 2mal
*Táz   2 *uuístûom   2/3 *ûobtôn   4/5 *gefúreuángôst   5 *páldên   6 *áltaro
róuh m. ‚vapor' gegenüber 104,16 róuh n. ‚incensum' *Tîn *tír   7/8 *áltares
9 *rúgstáng   10 áscun.; *áscûn   *héilesôda uuéllên   11 *fórderônt án fógelrárton
  13 CONIECTVRA.   EVTERPE.   14/15 *uuís/tûomes   15 *stégôn   16
.i.² ohne Zwischenraum nachgetr.   17 *dánnân   Punkt ist zu tilgen hinter
4 sabaeorum, 21 claro.

4-6 2mal *sabeorum   11/12 Der vollständige Refrain steht in D Br β N-T E-T.
13 TVNC] *DEHINC; DEHINC EUTERPE. gehört zum lat. Text. 15/16 Et ferre gegenüber
sacraque D Br β N-T E-T   16 quîs = quibus   *ualuere nach D L Br β
N-T E-T   19 *gnothi   20 Quisque = Quibusque

prophetę óffeno chúren dîa chráft íro sélbero úrlages . fóne démo   J117
sie múrgfare sínt . únde dîa uuîolichi dero góto . an déro sie ê-
uuîg sínt. *Et quę dedisti sydera esse mentes platonis . et phitago-
rę.* Únde bíst tû zéigara des uuîstûomes . tû dero philosophorum
5   sínna . fóne íro lêro getâte skînen . álso stérnen. *Tuque iussisti
caducis et mortalibus cernere numina cęli . nube remota.*
Unde dû geóndôst dien únuuîrigen . únde dien tôdigen
gót pechénnen. *Iure scande senatum tonantis.* Fóne démo
réhte fár dû nû hína ze demo hímelhêrote. *Quam decet unam*   P799
10 *mercuriali foedere iungi.* Díh échert éinun gezímet kehî-
en ze mercurio. *Scande cęli . et reliqua.* PRĘCONIA MERCURII.   18.
Beata uirgo quę tantis choreis .i. laudi- ⌈DEINDE THALIA   D55,4 L167,28
bus . *syderum capis iugalem .i.* maritalem *thalamum . ac sic fauente
mundo nurus aderis tonanti.* Sâliga . dû mít sólchemo ló-
15 be-sánge dero góto . gehîen sólt . únde sô uuérden sólt iouis
snóra . dero uuérlte dés fólchete uuésentero. *At cuius diui
contingit tibi esse maritam?* Áber uuéles kótes uuínia uuír-
dest tu? *Eius qui solus pręteruolans meante penna perrexit .i. excur-
rit astra mundi .i.* solem. Dér álles éiner flîegendo . fúre-îlet
20 tîa súnnun. Lucifer tûot iz óuh . náls áber flîegendo . nú-
be ûfen sínemo rósse . sô er fóre chád. *Uigil rapidis procel-
lis .i.* gressibus. Uuácherer in sînero gáhun férte. *Qui cum tra-*

---

2 *múrgfâre *án   2/3 *êuuîg   6 cęli·   7 Únde] Akz. rad.; *Únde *ún-
uuîrigên *tôdigên   9 *hímelhêrôte   10 *Tîh *éinûn   10/11 kehîen] h
aus z rad.   11 MERCURII·   13 thalamum·   14 *sólichemo   14/15 ló/be auf
Rasur von sán/ge   16 *fólchéte uuésentero·   18 solus] us aus em korr.
19 *Tér *éinêr   20 *súnnûn   21/22 procellis.í.   22 *Uuácherêr *gáhûn
Punkt gehört hinter 12 uirgo und THALIA, 14 mundo.   Punkt ist zu tilgen
hinter 5 sínna, 15 góto.   Niedriger Punkt steht hinter 20 súnnun.

---

3 Et quę bzw. *Quęque *sidera   3/4 et phitagorę bzw. *pythagoręque   5
*iusti   6 et mortalibus bzw. *mortalibusque   10 merculiali *fędere   11
Der vollständige Refrain steht in D Br β N-T E-T.   12 DEINDE THALIA ge-
hört zum lat. Text.   13 *siderum   14 aderis nach Br; *adderis nach D L β
N-T E-T   16 At bzw. *Ac   17 *contigit   18 perrexit nach Br N-T E-T; *per-
exit nach D L β   20 Lucifer bzw. *Phosphorus

nat superna . recurrit freta tartarum. Sô er díu ôberen erstríchen   J118
hábet . sô erféret díu níderen. Uuánda ér íst in sínero ábsida ófto
ôberôro dero súnnun . ófto níderôro . sô platonici châden. *Qui
solus est alti potens parentis ciere .i. mouere memorem uirgam .i. caducevm .*
5 *ante currum . et candidos iugales.* Tér éino hímel-geuuáltig
uuórten íst fóne ioue . uuénen sîna geuuáhtlichun gérta
fóre dero rîtentûn súnnun. *Qui libens reparat .i. excitat gra-
uari sationibus .i. frugibus . fata .i. messionem succidentis osiris .
repertis genitalibus .i. qui reperit genitalia .i. semina.* Dér gér-
10 no héizet áber geláden uuérden . dén áren des snîdenten
osiris . dér in egypto den chórn-sâmen fánt. Uuánda sîn
gérta tôdet . únde chícchet . strît zérendo . únde sûona   P800
máchondo . be díu gíbet er óuh sâte . nâh temo sníte. Dáz
osiridi sîne árbéite dîent . táz kelâzet ímo mercurius. Sîn
15 uuíllo récchet ten rât . quia prȩest frugibus. *Quem scit .i. diligit
pater deorum.* Dén iouis sélbo mínnôt. *Cui lacteam papillam de-
dit nouerca gaudens.* Tén sîn stîefmûoter uílo uuílligo sóug-
ta . dóh sî ánderíu íro stîef-chînt házetî. *Cuius uigente uir-
ga . dirum stupet .i. hebescit uenenum.* Dés kesprâchi síh fer-
20 múgentero . állêr árger strît sélchenet . táz chît stíllêt.
Cui fanti . facit gemellum orbem . omne uirus. Témo spréchen-
temo . állero strîtolih síh in zuéi téilet . íh méino . in tôd .

1/2 *2mal* *díu   2 *hinter* erféret] *er   3 *ôberôro] o³ *aus* e *korr.*   3, 7 *2mal*
*súnnûn   4 ·parentis
           ·ciere   5 *geuuáltîg   6 *geuuáhtlichûn   9 *Tér   11 osiris´ *tér
12 [sû]ona *auf Rasur*   13 *máchôndo   sn[íte] *auf Rasur* *Táz   14 *dîhent   15
ten rât· *auf Rasur*   16 *Tén   17 uíl o] 1 *auf Rasur von* [iu]n[o]; ‿ *zur Ver-
bindung*   18 *házeti   19 *Tés   20 *árgêr *sélchenêt   22 *strîtolîh *Punkt
steht hinter* 17 uílo. *Punkt ist zu tilgen hinter* 21 orbem, 22 méino.

---

2 *absída   11 *ȩgypto

únde iṇ lîb . tôd tero fîent-skéfte . lîb tero sûono . álso iz fóre chît.ᴶ119
Est doctus ille diuum . sed doctior puella. Ér íst tero góto chúnni-
gosto . nóh tánne bíst tû chúnnigora . uuánda ratio gemág mêr
dánne sermo. *Nunc nunc beantur artes . quas sic sacratis ambo . ut*
5 *dent meare cęlo . ut reserent caducis astra.* Nû u̯uérdent
sâlig tîe líste . díe ir béide sô gehéiligont . táz sie zẹ hímele léi-
tên . únde ménniskon den hímel indûen. *Ac dent subuola-*
re pia uota . usque ad lucidam ęthram. Únde sie gûot-uuíllige
ménnisken getûen fáren . únz hína-ûf zẹ demo óberen lí-
10 ehte. *Per uos uigil decensque NOYC .i. intellectus mentis . ima .i. homi-*
nes complet. Fóne íu zuéin . erfúllet sínnigi die ménnisken. Ír
gébent tien ménniskon múnderen sín . únde zímigen. *Per uos*
fert probata lingua glorias per ęuum. Fóne íu guuínnent kesprâ-
che ménnisken êuuiga gûollichi. *Uos sacrate disciplinas omnes .*
15 *ac nos musas.* Pẹ díu gehéilegont únsih . únde álle líste.
QVATVOR VIRTVTES EAM VISITANT . FRONESIS . DIKIA . SOFRO-   19. P801
*D*um hęc igitur musę . nunc solicanę . nunc con- ⌠SINI . ANDREIA . UÉL YSKIS. D56,23 L170,2
cinentes interserunt. Vnz tie musę uuílon súnderigo . uuílon sáment
sús súngen. *Uicissimque mela dulcia geminantur.* Únde sûoze stím-
20 mâ sús hértotôn. *Ecce conueniunt in penates . et in thalamum uirginis .*
quędam matronę . sobrio decore laudabiles. Uuâr châmen fró-
uvûn dára iṇ íro sélda . únde óuh ínnôr iṇ íro bétte-chámera . lúst-

---

1 chît] t *auf Rasur von* d   2 doctius] i *rad.*   2/3 chúnnigosto·; *chúnnigôsto
3 *chúnnigôra   5 cęlo·   6 *sâlîg   6, 15 *2mal* *gehéilegônt   7, 12 *2mal* *mén-
niskôn   7 *indûên   9 *getûên   12 sín·   13 *guínnent   18 *2mal* *uuílôn   21
Uuâra] Zkfl. *aus Akut korr.;* a² *rad.*   21/22 fró/uvûn] u¹ *am linken Rand nach-*
getr.   22 dára] d *auf Rasur von* t   *séldâ   *Niedriger Punkt steht hinter* 19
súngen *und* geminantur, 20 hértotôn.

10 NOYC = νοῦς   16 *PHRONESIS *DIKE *bzw.* *DICA   16/17 *SOPHROSYNE   17 *IS-
CHYS   20 et . . . thalamum *bzw.* *thalamumque

same fóne chíuskero zíeri. *Non uultuose .i. pulchre . circa faciem conquisitis figmentis rerum.* Scône in ánasíhte . ní fóne dehéinero irdâhtero máchungo. *Simplici quadam comitate prenitentes.* Fóne sélbsconi skímbare. *Quarum una dicebatur prudentia uocitari.* Déro hîez éiníu frûtheit.
5 *Intenta circumspectione cautissima.* Cnôto únde ínstendigo sîh úmbeséhentiu. *Et omnia discriminans uigili rerum distinctione.* Únde díngolíh skéidende mít quâremo únderskéite. *Huius germana ferebatur sortita uocabulum iustitię.* Íro suéster hîez iustitia. *Sua cunctis attribuens . nullumque eo quo non merebatur afficiens.* Mánno-
10 lichemo réhtonde . nîo-mannen ánderes héfenonde . dánne sô er uuérd íst. *Uerum tertia nomen acceperat ex morum temperantia . contemptis muneribus . atque abstinentia predicanda.* Díu drítta hábeta námen fóne déro mézhafti íro síto. Únmíotegerníu . únde fermídennes mâriu. *Quę supererat fortissima . ac tolerandis omnibus ad-*
15 *uersis infracta . subeundis etiam laboribus . robore etiam corporis preparata . uirium uocabulum possidebat.* Únde díu nóh tánne uuás . tíu hîez stárh . únde máhtig . in uuíderuuartigen díngen úngeuuéihtiu . únde gágen árbeiten ióh lído-stárchiu. *In amplexum eius osculumque deferuntur.* Díe ílton sîa hálsen . únde chússen. *Atque cum conspicerent*
20 *eam intra cubiculum per omnia trepidantem . et uelut lucifugam hesitationibus torpentem.* Únde sô sie sîa dâr in chémenâtun gesáhen fórhtela . únde sámo-so líehtskíhtiga . ióh râtelôsa. *Pectus eius . faci-*

119,22-120,1 lúst/samero] ro *rad.;* *lústsáme   2 *erdâhtero   3 *sélbscôni skínbâre   4 *Téro *éiníu frúothéit   5 *ínstendigo   5/6 *úmbeséhentíu   7 *díngolíh *keuuâremo   10 *réhtonde *héfenônde   12 *Tíu   13 *mézháfti *síto Únmíotegerníu] o *auf Rasur;* 2. *Akut rad.;* *Únmíetegerníu   14 *mâriu   17 *máhtig *uuíderuuártigên   17/18 *úngeuuéihtíu   18 *árbéiten *stárchíu   19 *Tíe ílton   21 sie] e *auf Rasur von* a   *chémenâtûn Punkt gehört hinter* 14 supererat. *Punkt ist zu tilgen hinter* 15 laboribus, 22 eius.

---

1 Non] *Nec *nach* D L Br β N-T E-T *uultuosę *pulchrę   14/15 *hinter* aduersis] *semper   15 etiam²] *quoque   20/21 *hęsitationibus

1a emque tractantes . in conspectum omnium . et publicam uenire faciem compulere.
1b   Íro brúste

únde íro ánasíune hándelonde . gnôton sie sia fúre-chómen ze̦ állero
óugon . únde ze̦ állero gesíhte. PHILOSOPHIA ACCESSIT NUNTIA.   20.
                                                            D57,14 L171,19
*P*ost has ingressa que̦dam grauis crinitaque femina . et ex eo admodum glori-
5 osa . quod iuppiter per ipsam cunctis tribuerit ascensum in supera. Sô chám dô
einíu getrágenlichíu . únde ánt-fáhsiu . nâh temo philosophorum
síte . únde dés kûollichíu . dáz fóne íro gót sie álle lázet ze̦ híme-
le chómen. *Quam cum uirgo conspiceret . ad eam omni studio affectuque cu-
currit.* Sô sí dia gesáh . sô uuás íro sâr dára ze̦ íro nôt . únde érnest.
10 *Quippe quadam fiducia compertorum . ipsa eidem augurata fuerat scanden-
dum ce̦lum.* Álso sí sólta . sí uuás tíu íro báldo fóne guísheite geuuíze-
gôt hábeta . dia hímel-fárt. *Et nunc transmissa ab ipso maiugena .
ad corrogandam eam in nuptias.* Únde nû bótescaft tríbet fóne
mercurio . sia ze̦ uuísenne . ze̦ brútlóufte. TRES GRATIE̦ . QUE̦   21. P803
15 *P*re̦terea conuenere tres puelle̦ ad uirginem /ET CARITAE.   D57,21 L171,28
parili decore . et uultu ac uenustate luculente̦. Châmen óuh
ze̦ íro drí díernun ében-zíere . únde ében-fróniske in̦ ánalútt-
te. *Sertis religate̦ inuicem manus .s. quia gratie̦ sibi coherent . ro-
sarumque speculis .i. floribus redimite̦.* Mít kerígen zesámine-
20 gebúndenên hánden . únde gezíerte mít róse-blûomôn.
*Quarum una deosculata est frontem philologie̦ . illic ubi gla-
bella .i. nuda medietas discriminat pubem .i. pilos ciliorvm.*

1b *brúste 2 *hándelônde *genôtôn *sía 3 *óugôn 6 *ántfáhsíu 7 írogót] ·
zur Abtrennung   10/11 scandendum] u aus a korr.   11 sí¹] Akz. rad. 13 *bóte-
scáft 15 CARITAE; 17 *díernún 20 *róse Punkt gehört hinter 11 uuás. Punkt
ist zu tilgen hinter 12 hábeta, 14 uuísenne.

1a compulere nach Br; compulerunt D L β N-T E-T   15 *CARITE̦, eigentl. *CHARITES;
dahinter *DICUNTUR   16 et uultu bzw. *decoreque   18 *coherent   19 speculis
‚Spiegelbilder(n)' nach L Br β N-T E-T; spiculis ‚Dornen' Kopp; sertulis ‚Krän-
ze(n)' D

1a Téro éiniu chústa sía án demo únderbráuue. *Alia os eius . tertia pectus* J122
1b *apprehendit.*

Ánderiu chústa sia án den múnt . tiu drítta án die brúste. *Uidelicet prima .*
ut lętos oculis afflaret honores. Táz téta diu êrista . dáz sî íro frôlichív
óugen gegâbe. *Secunda inspirabat gratiam .i. facundiam linguę eius.* Ánde-
5 riu . dáz sî íro gespráchi gegâbe. *Tertia comitatem animo. Diu drít-*
tta . dáz sî íro uuvnnesami in m̮uot kâbe. *Quippe ille cantes dice-*
bantur .i. ornamentorvm deę. Síe híezen cantes . nâh tîen lûtreisten sué-
gelon . mît tîen álliu guóniu sáng übersúngen uuérdent. *Et*
quicquid apprehenderant . uenustabant. Únde so-uuáz sie gefîengen .
10 dáz ketâten sie êrsam. *Quę quidem postquam repleuere uirginem .*
lumine . admixtę musis . dedere etiam consonas gesticulationes .i. motus
musicos . atque himeneia tripudia .i. saltationes. Sô díe sia dô getâten
fólla líehtes . tára-nâh mískton sie síh zû dien musis . únde
tâten în gerárte méttoda . dáz chît . síe tâten în síngentên . mít
15 íro líden . gehélle ánterungâ . únde brûtliche trétenôda.
L E C T I C A   Q U A   U E H E N D A   E R A T   I N   C A E L U M. 22. P804
                                                                    D58,10 L172,22
Sed ecce uniuersa dissultant magno crepitu .i. sonitu timpani . et
tinnitu crotalorvm .i. cymbalorum. Ín-in dés uuárd tôz in állen
stéten . fóne lûto skéllentên timpanis únde cymbalis. *Eo usque .*
20 *ut musarum cantus . aliquanto obtusior redderetur bombis tym-*
pani. Sô . dáz ióh tero musarum sáng túnchelôra vuúrde .
fóne déro lûtréisti dero timpanorum. *Et cum sonitu introfertur*

1a *éiníu   1b ápphendit] pp *auf Rasur;* ᵛʳad.   2, 4/5 2mal *Ánderíu   2, 12
2mal *sía   3 *êresta   4 facundiam·] *Punkt rad.*   5 *Tiu   5/6 *drít/ta   6
*uuúnnesámi   7 *lûtréistên   7/8 *suégelôn   8 *álliu geuuóníu úuérdent] u²
auf Rasur von b; *1. Akut rad.*   10 *êrsám   12/13 *getâten/ dô *zur Umstellung*
13 *mísktôn   *zûo *bzw.* *ze musis·   14 *méttôda   15 trétenôdâ] t² *und 2.*
Zkfl. rad.   18 *állên   21 *uuúrte   *Punkt ist zu tilgen hinter* 10 uirginem,
20 cantus.   *Niedriger Punkt steht hinter* 8 uuérdent.

---

4 inspirabat *nach* L N-T E-T; spirabat D Br β   6 *illę   12 *hymeneia   16 *CĘ-
LUM   17 *tympani   17/18 et tinnitu *bzw.* *crotalorumque   19 *tympanis   22
*tympanorum

lectica . interstincta syderibus . cui ritu mistico .i. more diuino crepitus
pręcinebant. Sáment temo skálle chám éin trágebétte gestérnotez .
témo díe sélben dôza fóre-skúllen . áfter bezéichenlíchemo síte. *Qua
mos fuerat peruenire nubentes deas in consortia cęlestis thalami. In*
5 démo trágebétte síto uuás tíe gehíenten gútennâ . hína-ûf-chó-
men in déro hímeliskon chámerlingo gnôzskefte. ⌐P U R G A T.
A T H A N A S I A P E R U O M I T U M A M O R T A L I T A T E E A M 23.
Ante hanc .s. lecticam . pręminebat quędam femina . augustioris uul-
tus . ac sacro lumine . ęthereoque resplendens . uenerabili antisti-
10 *tio .i.* pręsulatu. Dâr-fóre fûor éin fróuua . chéiserlíchero getâ-
te . in héiligemo . únde in hímeliskemo líehte skínentíu . ún-
de in êruuírdigero bíscofheite. *Quam cum omnes qui affuere conspi-*
cerent . reueriti sunt inclitam maiestatem . ut deorum omnium . mundique
custodem. Álle díe dâr uuâren . únde síä ersáhen . díe êre-
15 tôn íro mârun mágenchráft . sámo-so háltarun dero gó-
to állero . ióh tero uuérlte. *Huic athanasię nomen fuit.* Té-
ro uuás námo *inmortalitas.* Sí máchot *deos inmortales .*
et ęternos . únde *mundum perpetuum. Et heus inquit uirgo.* Ún-
de hôre hára mágeti chád si. *Precepit deorum pater . hac regali*
20 *lectica . in cęli palatia subueharis.* Tero góto fáter hábet
kebóten . dáz tû ûfen dísemo chúninglíchen trágebétte
fárêst ze hímele. *Quam quidem nulli fas attrectare terrigenę.*

Dáz nehéinemo dero írdiskôn mûoza neíst zę handelonne. *Sed nec tibi* J124
quidem licet ante poculum nostrum. Nôh tír sélbun êr mínemo tránche. *Et cum di-*
3a *cto . leniter dextra pertractat pulsum cordis eius . pectusque.* Únde mít témo
3b   uuór-
te . ergréifota sî íro brúste . únde dén sprúngezôd íro hérzen. *Ac re-*
5 *spiciens . nescio qua intima plenitudine distentum .s. ipsum pulsum . magno cum*
turgore . ni hęc inquit . quibus plenum pectus geris . uomueris coactissima
egestione . forasque diffuderis . inmortalitatis sedem nullatenus optinebis.
Ióh sî sâr guuár uuérdende . In fóne neuuéiz uuélero fúlli erspárten .
únde inbláhenen . dáz chît fóne inbláheni . únde fóne irspérredo
10 uuórtenen . sô-se chád si . tû neirspîêst tîsen glónken . dés tu fólle brú-
ste hábest . únde dû neuuérfêst tén ûz . nóh tû dára-nechúmest .
târ dû úndôdig sîst. *At illa omni nisu magnaque ui . quicquid intra pe-*
ctus semper senserat . euomebat. Tô erspêh sî sâr hírlicho sîh péitendo
ál dáz . tés sî ín íro guuár uuárd. *Tum uero illa nausia . ac uomitio . la-*
15 *borata . conuertitur in copias omnigenum literarum.* Dára-nâh uuárd . táz
sî mít árbeiten irspêh . zę állero sláhto bûochen. Uuánda fóne éine-
mo fonte rationis . chóment álle bûohlíste. *Cernere erat . qui libri .*
quantaque uolumina . quot linguarum opera ex ore uirginis defluе- P806
bant. Târ máhtist tu séhen . uuîo mánigív bûoh súnderigiu .
20 únde zesámine-gebúndeniu . únde uuîo mánigero spráchon
scrífte ûzer íro múnde fûoren. *Alia ex papiro . quę cedro .i.*
resina cedri perlita fuerat uidebantur. Súmelichiv vuâren ge-

---

1 *Táz   *hándelônne   2 *sélbûn   4 *ergréifôta   hérzen·,   7 egestione] e¹ *am*
linken Rand nachgetr.   8, 14 2mal *geuuár   9 *erspérredo   10 *neerspîêst   12
*úndôdig   14 *in   15 omnigenum] g *aus* u *korr.*   *Tára   16 *árbéiten erspêh
19 *máhtîst   *súnderigíu   20 *gebúndeníu   *sprâchôn   22 *Súmelichíu *Punkt*
gehört hinter 22 fuerat.

---

2 *hinter* quidem] *si *nach* D L Br β N-T E-T   7 *obtinebis   14 Tum] *Tunc   *nau-
sea   21 *papyro

uuórht ûzer demo egypzisken bíneze . dér mít cêdrinemo flíede   J125
besmízen uuás . táz er nefûleti. *Alii libri carbasinis implicati uolu-
minibus.* Súmelichiu bûoh peuuvndeniu in̲ líninen bízucchen. *Ex
ouillis quoque multi tergoribus.* Ióh scáphinis pérgaminis mánigiv. *Rari vero*
5 *in phillire cortice subnotati.* Únmanigíu uuâren gescríben̲ án dé-
ro ríndun dés póumes phillire . álso iz ív síto uuás. *Erantque quidam
sacra nigredine colorati.* Uuâren súmelichiu mít tínctun gescrí-
beniu. *Quorum literę animantium credebantur effigies.* Téro bûocho
scrífte . óugton dero líbhafton bílde . uuánda phisiologia ságet
10 *de naturis animantium. Quasque librorum notas athanasia conspiciens .
quibusdam eminentibus saxis iussit asscribi . atque intra specum per egi-
ptiorum adita collocari.* Díe réiza dero bûocho athanasia geséhen-
díu . hîez sî sie gescríben in̲ díuren stéinen . únde gehálten ín
díen érdlúcheren dero egýpziscon chílechon. Uuánda dô íu
15 líste zegángen uuâren . dô vuúrton sie erníuuot fóne egypti-
is. *Eademque saxa stellas appellans . deorum stemmata pręcepit continere.*
Únde díe stéina stellas némmende . hîez sî dero góto chúnne-
zála dar-ána stân . uuánda díe sámo zórft sínt . sô stérnen.

D E U A R I E T A T E C O L L E C T O R U M.   24. P807
20 *Sed dum talia uirgo undanter euomeret . puellę quamplures . qua-*   D60,1 L175,15
*rum artes alię . alterę dictę sunt disciplinę . subinde quę ex ore
uirgo effuderat colligebant . in suum unaquęque illarum neces-*

124,22-125,1 geuuúrcht *bzw.* *geuuúrchet   1 *egýpzisken *zêdrínemo flíᵉde   2
carbasinis] b *aus* p *korr.* 3 *súmelichíu *peuuúndeníu *líninên bízúcchen   4
t̃gorib₎•[Ióh] { *wohl zur Abtrennung* scápinis; *scâfínes   *pérgamines mánigíu
5 *únmánigíu   6 *ríndûn des   7 *súmelichíu *tínctûn   7/8 *gescríbeníu   9
*óugtôn *líbháftôn   12 *Tíe   12/13 *geséhentíu   13 *tíurên *in²   14 *egýp-
ziscôn chílechôn   15 *uuúrten *erníuuôt   18 *zálâ dâr   22 effuderat *auf Ra-
sur Punkt gehört hinter* 21 subinde, 22 effuderat. *Punkt ist zu tilgen hin-
ter* 9 scrífte.

2/3 uolumi/minibus   5/6 *2mal* *philyrę   5 subnotata   9 *physiologia   11 *a(d)-
scribi   11/12 *egyptiorum   12 *adyta   15/16 egypti/iis   í² *rad.*; *ęgyptiis
16/17 *2mal* stellas *nach* L Br β N-T E-T; stelas (= στήλας *acc.pl. des f.* στήλη
‚Säule, Stütze, Bild der Festigkeit') D

1a *sarium usum . facultatemque corripiens.* Únz sî sólchero díngo fílo spêh .
1b   sô ráspotôn

    dáz ûzer íro múnde fûor . súmeliche díernun . díe líste únde lírnunga
    híezen . íro íogelíchiu iz zúcchende ze íro núzzedo . únde ze íro gezív-
    ge. *Ipse etiam musę pręsertim uranię caliopeque innumera gremio congesse-*
5   *re uolumina.* Ióh sélben die camenę . állero méist tíu natûrlicha in hí-
    mele urania . únde díu erdâhta in érdo caliope . gesámenotôn máni-
    gíu bûoh in íro scôza. Áller dér líst . íst fóne díen zuéin gescríben. *In*
    aliis quippe formatę sunt paginę . distinctę ad tonum . ac deductę. An díen
    bûochen súmelichen uuâren gebíldot paginę . ál áfter tonis keskído-
10 te . únde gelángte nâh téro geskéfte brítero. Uuánda in musica octo
    modi gemâlet uuérdent álso léiterâ . be díu sínt tíu féld keskáffen-
    íu . álso paginę . únde bríteliu . díu únder zuísken dien únderslâh-
    ten sínt . tero tonorum . únde dero semitoniorum. Díe sélben modi uuér-
    dent sáment kebíldot . sámo-so áhto léiterun óbe éin-ánderên geléinet
15 uuérdên . únde íogelichíu dia ándera fúre-skíeze éines sprózen. *In ali-*
    is circuli . lineęque . hemisperiaque. An súmelichên uuâren rínga gebíld-
    ot . únde réiza . únde hálbíu téil des hímeles . álso uuír in astrono-
    mia séhên. *Cum trigonis et quadratis.* Mít tríscozên . únde fíerscô-
    zên bílden . sô uuír in geometria séhên. *Multianguleque formę.*
20 Ióh mánigscoziu bílde uuâren dar-ána gebíldot. *Pro diuersitate*
    theorematum .i. contemplationum . et elementorum .i. creaturarum. Áfter déro
    mísselichi dero mûot-píldungon . díe in geometria sínt . únde déro

---

1a *sólichero   2 *díernûn *lírnungâ   3, 15 2mal *íogelíchíu   3/4 gezív/
uge] u *durch Punkte getilgt*   5 *tíu   6 *díu gesámenotôn] sa *auf Rasur von* n
7 *der   8, 16 2mal *Án   8 *dien   9 *súmelichên   9, 16/17, 20 3mal *gebíl-
dôt   9/10 *keskídôte   11 *gemâlêt   12 *bríteliu *zuískên   13 *Tíe   14
*kebíldôt   *léiterûn *nach der* n-Dekl. *gegenüber* 11 léiterâ *nach der* ō-Dekl.
17 [u]uí[r] *auf Rasur*   18 tríscozên] c *auf Rasur von* k; *tríscôzên   20 *má-
nigscôzíu *dâr   22 *déro¹ *píldungôn *Punkt gehört hinter* 1b ráspotôn, 4 musę
und caliopeque. *Punkt ist zu tilgen hinter* 11/12 keskáffeníu. *Niedriger Punkt*
steht hinter 19 séhên.

---

4 *Ipsę   *uranie *bzw.* *urania   *calliopeque   6 *calliope   19 *Multianguleque
21 et] uel D L Br β N-T E-T

natûrlichôn geskéfto . dîe in astronomia sínt. Táz in geometria gebíldôt   J127
uuírt . táz sínt líste . dáz uuír séhên in astronomia . dáz sínt uuíste. Doctri-
naliter uuérdent corpora geóuget in geometria . naturaliter uuérdent
sie geóuget in astronomia. Geometria chît . táz spera sî . quędam ęqua-
5 lis a centro in omnem partem circumductio. Dâr íst si geóuget in theore-
mate. Áber in astronomia uuírdet si geóuget in elemento . sô man
dia súnnun chîuset . álde den mânen. *Dehinc complicabat pictura .*
multigenum animalium membra in unam speciem. Dára-nâh pegréif táz ke-
mâle állero tîero líde . ze éinemo bílde. Dáz pílde héizet cos-
10 mographia . dáz chît descriptio mundi . dâr állero regionum . ún-
de állero animalium gesképfeda an éinemo bláte sáment pegríffen
uuérdent. *Erant etiam libri qui prę̄ferebant mela sonorum . signaque nu-*
merorum . et cantandi quędam opera. Uuâren óuh târ bûoh . tîu dero
níumon sûozi lêrton . íh méino . díu sûozi an diatesseron íst . únde
15 an diapente . únde zéichen dero numerorum .
álso v zéichen íst quinarii numeri . únde x denarii
numeri . únde uuás óuh târ dáz ze síngenne getân íst . álso líed .
únde léicha. *Postquam igitur diffudit uirgo . illam bibliothecalem co-*
piam . nixa .i. parturiens . imitatus .i. imitationes. Sô sî dô erspêh tîa
20 bûoh-châmerigun fólleglichi . ûz-prâht hábentíu . dára-nâh sî síh
îo rárta . dáz chît . táz sî îo lírneta. *Exhausto pallore confecta . postu-*
lauit opem athanasię . quę conscia fuerat tanti laboris.

---

4 sie = *geskéfte; *síu = corpora   5 *Târ   7 *súnnûn   8 *Tára   *taz   9 *Táz
11 *gesképfedâ   11, 14/15 3mal *án   14 *níumôn   *lêrtôn   íst .únde   15/16 *hinter*
numerorū· *die Wiederholung* únde zéichen dero/numero *durch Zeichen getilgt*   16
*.v.   *.x.   20 *châmerigûn   22 laboris;   *Punkt gehört hinter* 12 libri, 17 târ.
Punkt ist zu tilgen hinter 7 pictura, 9 líde, 18 uirgo.

---

14 *diatessaron

1a Pléih uuórteníu . ióh erlíteníu . pát si athanasiam hélfo . díu sólcha
1b   íro bínun bechén-
nen chónda. *Tum illa.* Dô chád si íro zûo. *Accipe tibi hoc sorbillandum . ut
refectior et sublimis cęlum conscendas.* Nû nîm . daz íh tír gébe ze͜ trínchen-
ne . dáz tû mít tíu␣gelábotíu . únde gebúrlichotíu . ze͜ hímele fárêst.
5 I N M O R T A L I T A S   Q U A S I   P E R   O U U M   S O R B E T U R. 25.
*Ac tunc sumit quandam globosam . animatamque rotunditatem . ac uirgini
porrigit hauriendam . auferens eam matri apotheosi .i. purificationi*
8a *uel deificationi . quę cum illa forte conuenerat . et iam pridem consecrabat*
8b   *libros .*
qui defluxerant ex ore philologię . manu eos contingens . ac dinume-
10 *rans.* Únde dés mézes nám sî íro mûoter . díu dára mít íro chó-
men uuás . únde díu bûoh álliu hábeta gehéilegot . únde gehán-
delôt . únde gezélet . tíu ûzer dero mágede múnde fûoren .
déro nám sî éina sínuuelbi . in␣chlíuuis uuîs ketâna . ióh líbhafta .
únde gáb íro . dáz tar-ínne uuás ze͜ trínchenne. *Uerum ipsa species*
15 *oui interioris . crocino circumlita exterius rutilabat.* Áber díu ínnera
uuîst tés sélben éiis . tíu uuás in␣rótero fáreuuo ûzenân dar-ána
gesmízeniu. Dáz chît . ûzenan uuás iz rót . náh tero ínnerun
fáreuuo . díu daz óberosta fíur bezéichenet tírro uuérlte. *Ac*
dehinc apparebat .s. ipsa species perlucida inanitate . albidoque hu-
20 *more . interiore tamen medio solidior.* Únde nâh téro rôti . skéin
iz in␣dúrhlíehtentero ítali . ióh in␣uuîzero názi . álso diu lúft
ketân íst . únde dára-nâh in␣dero ínnerostun mítti díccheru . álso

---

1a *uuórteníu *erlíteníu *sólicha   1b íro b͞ínun ; *bínûn   2 *Tô   3 *dáz   4
*gelábotíu   5 SORBETUR;   11 *álliu *gehéilegôt   13 *sínuuélbi *chlíuues *líb-
háfta   14 *târ   16 *éies *dâr   17 *gesmízeníu *Táz *ûzenân *ínnerûn   18
*óberôsta   22 *ínnerôstûn   mítti] m *auf Rasur von* d *Punkt ist zu tilgen hin-*
ter 20 rôti.

3 et sublimis] sublimisque D Br β N-T E-T

diu érda getân íst. Sô si dia írdiskun uuízentheit irspêh . sô uuárd   J129 P810
íro diu gótelicha gegében . díu in einero sámohafti . únde éines plíc-
ches álliu díng pegrîfet . álso in boetio de consolatione gescríben íst.
Tîa sámohafti óuget er mít temo éiie . dáz er ze úzerôst chît te-
5 mo hímele gelîchez . únde in míttemen dero érdo . únde únder zuís-
ken dero lúfte . álso díu machina getân íst tírro ánasíhtigun uuérl-
te. Dáz er iz chît animatum . dáz tûot er úmbe animam mundi .
dîa súmeliche uuândon uuésen solem . súmeliche éina ándera tóu-
gena chráft . tíu den hímel tûot uuérben. *Quam cum philologia su-*
10a *sciperet . quoniam post tanti laboris afflictiones . ęstusque mentis . plurimum*
10b   *siti-*
ebat . reseratis eius rotunditatis arcanis . postquam rem dulcissimam comperit .
totam incunctanter exhausit. Sô sî dîa rotunditatem in hánt kenám .
únde sî dúrstegiu fóne árbeiten . únde fóre ángisten . bráh únde
chórota . únde sî nîo sô gûotes ne-inbéiz . sô fólle-tráng sî iz. *Con-*
15 *tinuoque nouo solidantur membra uigore.* Sâr sámo hárto chéccheton
ton íro die lîde. *Et gracilenta perit macies . uis terrea cedit.* Ún-
de gieng íro ába diu mágeri . rûmda diu írdisgheit. *Ętheriumque*
uenit sine mortis legibus ęuum. Únde chám sia ána diu êuuighé-
it . âne tôdes uuáltesôd. QUALIS FACTA SIT RECOGNOSCERE   26.
20 Verum diua cum inmortalitatis eam poculum cerneret ebi- IUBETUR. D61,11 L178,6
bisse. Sô sîa athanasia gesáh ketrúnchen hában dia úndôdigi . *Quo*
e terris illam cęlum pergere . inmortalemque factam uelut enigmate redimi-

---

1 *írdiskûn uuízenthéit erspêh   2 gegében·   2, 4 2mal *sámoháfti 3 *állíu   4
*éie chît] t aus d korr.; Korrekturpunkt rad.   5/6 *zuí/skên   6/7 uuérlte·ána-
síhti/gun· zur Umstellung; *ánasíhtigûn   7 *Táz   8 *uuândôn   9/10a *sus/ciperet
13 *dúrstegíu   *árbéiten   *ángesten   14 *chórota   14-18 lat. Text in Versen
15/16 *chécchetôn   17 *írdisghéit   18 *sîa   Punkt gehört hinter   19 SIT. Nied-
riger Punkt steht hinter 15 uigore.

---

3 *boethio   22 *ęnigmate

1a *culi perdoceret . ex herba quadam rurestri . cui leuzos . siue leucos*
1b .i. *alba uocabu-*
lum est uirginem coronauit. Sîa dô sámo-so mít hóubet-zîerdo dés ze getrô-
stenne . dáz sî ze hímele sólti . únde si úndodig uuórten uuâre . téta sî
sîa ána *coronam* . geuuórhta ûzer éinemo féldchrûte vuîzemo . íh méino
5 ûzer lílien. *Pręcipiens ut expelleret omnia quę adhuc mortalis coap-*
6a *tauerat in pręsidium . aduersum uim superam.* Kebîetende . dáz sî ál hína-
6b vuúrfe . dés
sî sîh keuuárnot hábeta gágen demo hímelfíure . *Quippe memorabat
istęc minima caducę mortalisque esse substantię.* Uuánda sî chád . táz sô
getâna uuésen dero múrgfarun . únde dero stírbigun vuîste . *Quę*
10 *quidem omnia eidem mater abstraxit . postquam eam recognouit transcendisse hu-
mana studia.* Dáz íro diu mûoter sâr ál ába-zôh . sô sî sîa gesáh úber-
rúcchet hában ménniskôn únmuoza . íh méino . dés sîh ménnisken
vnmûozig tûont. GRATULATUR SE EUASISSE INFERNALES. 27.
Tunc philologia supplicauit athanasię primitus . ex aromate pręparato .
15 *acerraque propria.* Dô dánchota sî ze êrest athanasię . mít íro róuche .
dáz sî ûzer íro fáze nám. *Matrique eius apotheosi gratiam multa
litatione persoluit.* Únde íro mûoter dánchota si mít ópfere. *Quod
nec uedium* .i. *orcum cum uxore* .i. *proserpina conspexerit . sicut suadebat
etruria.* Dáz sî den héllo-uuárt mít sínero chénun níoner ne-
20 gesáhe . sô *etrusci philosophi* ságent . tîe ín héizent *uedium* . ál-
so *malum diuum* . uuánda ér brúti tûot tien sêlon . Dér héizet óuh
orcus . táz chít *iurator.* Uués íst er *iurator*? Âne dáz er ímo

---

1a quadam *übergeschr.; Verweisungspunkt oben und in der Zeile* 3 sólti] i *aus*
a *rad.;* *sólti *úndôdig 6a *Kebîetende 7 *keuuárnôt 8 inmortalisque] in
rad. 9 *múrgfârûn *stírbigûn 11, 19 2mal *Táz 11 *sîa 12 *únmûozâ 13
*únmûozîg 15 *Tô 15, 17 2mal *dánchôta 16 eîv] v *rad.* 19 *hélle *ché-
nûn níonêr 20/21 álso/so] so¹ *rad.* 21 *sêlôn *Tér *Punkt gehört hinter*
2 est, 5 Pręcipiens *und* omnia, 7 hábeta. *Punkt ist zu tilgen hinter* 8 chád.

5/6a *coaptarat   10/11 humana] *mundana *nach* D L Br β N-T E-T

gelâzene animas . nelâze inpunitas. *Nec eumenidas ad chaldea mira-* J131 P812
cula *.i. figmenta formidauit.* Nóh sî die héllevuinnâ nefórhta . nâh tero
chaldeorum úrdâhten. *Nec igne usserit .s. uedius . nec lympha subluerit.* Nóh
sîa nebrándi in flure . nóh nesóufti in uuázere. *Nec simulacrum anime*
5 *syri cuiusdam dogmate . uerberarit.* Nóh sîa nefîlti dáz sêlo glîhnisse . dáz
álle hîna-fárente sêlâ fíllet . nâh téro ságo syri philosophi. *Nec consecra-*
uit .s. apotheosis . auspicio mortis . inuolutam inmortalitatem manibus cha-
rontis . ritu .i. dogmate phasi senis. Únde si îro nîeht negáb mít ána-
fánge des tôdes . tîa in charontis keuuálte stándun inmortalitatem . nâh
10 téro ságun des álten phasi. Ér chád álle sêlâ . charon dero héllo tú-
ro-uuárt tâte des tôdes kechôron . fóre dero inmortalitate.
AMOR ET LABOR . CURA ET UIGILIA . UEHUNT EAM IN CAELUM.   28.
                                                                  D62,3 L179,25
Interea iussa conscendere lecticam. În-in dîu hîez man sîa ûf-stîgen ze îro
tráge-bétte. *Que quoniam uidebatur in maximo suggestu .i. in excelso lo-*
15 *co . difficile sibi admodum deputabat .s. conscendere . ne dicam inpossibile.*
Únde uuánda dáz fílo hóho stûont . pe dîu dûohta îro iz únsémfte . íh
neuuîle chéden . dáz sî nemáhti. *In quam rem consequenter implendam . conuoca-*
uit alumnum suum dilectum pre ceteris. Táz spûotigo áber ze gefrúmmenne .
hîez si îro trût éinen chómen. *Quo innixa . euicit omnem difficultatem*
20 *supere consessionis .i. lectice.* Án dén sîh stîurendo . úber-fûor sî dîa ún-
sémfti . dáz chît . tîa stéccheli dés hóho stánden stûoles. *Uerum idem qui*
                                                                         P813
22a *labor ab eadem uocabatur . non solum eam sustulit in culmen lectice . uerum*
22b   *cum domina*

---

1 gelâ[zene] *auf Rasur von* lâz   2 héllevuịnnâ] i *aus* u *rad.; Korrekturpunkt*
rad.; *hélleuuînnâ   5 *gelîhnisse   9 *des* übergeschr. *tia *stândûn   10
*ságun *nach der* n-*Dekl. gegenüber* 6 ságo *nach der* ō-*Dekl.* 11 *kechórôn   13
*sîa   14 uidebantur] n *rad.*   21 *des *Unten eine Federprobe rad. Punkt ge-*
hört hinter 10 chád, 21 idem. *Punkt ist zu tilgen hinter* 5 dogmate, 10 sêlâ,
21 chît.

---

1 *chaldẹa   3 *chaldẹorum   12 *CẸLUM

cęlum impiger permeauit. Áber dér sélbo . dér sô sî în námda labor hîez . tér
negehálf íro nîeht éin dára ze demo bétte . núbe sáment íro fûor er ze
hímele. *Quippe consociato sibi quodam puero renitenti .i. pulcherrimo.*
Éinemo scônemo chînde . in ében îmo geuuétenemo. *Qui nec uoluptua-*
5 *rie ueneris filius erat . et tamen amor a sapientibus ferebatur.* Táz amor
hîez . únde dôh tero zûrlustigun ueneris sún nîeht neuuás. *A fronte*
lecticam subuehere memorantur. Díe zuêne fûorton fóre día lecticam. *Nam*
posticam sustulere . dilecta uirgini mancipia . pimelia .i. cura . et agrim-
nia .i. uigilia. Daz áftera téil trûogen zuéi íro hîen . dîu íro uuérd
10 uuâren . sórga . únde uuácha. *Sic enim athanasia pręceperat . ut uter-*
que sexus cum philologia posset ascendere. Sô gebôt tiu fróuua in-
mortalitas . uuánda sî uuólta . dáz mán únde vuîb sáment íro ze
hímele fûorin. COMITATUS EIUS UENERABILIS. 29.
Pręcedit ilico conscendentem . musarum concinentium pompa. Sô ze hímele sîn
15 héuenta . léitta sia dáz keríete dero fóre-síngenton musarum. *Et prędi-*
ctarum comitum uenerabilis multitudo. Únde álliu dîu êruuírdiga má-
nigi dero fóre-genámdon geférton . íh méino *philosophia . apotheo-*
osis . athanasia . phronesis . unde quatuor uirtutes . únde *gratiae .* únde
déro állero alumnę. *Periergia uero sequebatur . aliis comitata pedissequis .*
20 *dotalibusque mancipiis . curiose uniuersa perscrutans . atque interrogans.* A-
rithmetica fólgeta íro mít ánderen íro uuídem-híon . állero díngo fúreuuíz-
kérniu . únde gnôto fórscondív. IUNONI IN SUO REGNO OCCUR-

---

6 *zúrlústigûn   7 *Tîe   *fûortôn   8 mancipia·   9 Zu *Ten áfteren *vgl.* 69,9
und 70,9.   11 possīt   13 *fûorîn   15 *léita sîa   *síngentôn   16 *álliu
*êruuírdiga   17 *genámdôn gefértôn   18 *únde¹   21 fólgeta übergeschr.; *Ver-*
weisungspunkt oben und in der Zeile *ánderên *hîôn   21/22 *fúreuuíz/kérníu
22 *fórscôntíu   *Punkt gehört hinter* 1 dér² *und* námda.   *Punkt ist zu tilgen*
hinter 4 chînde, 8 sustulere.   *Niedriger Punkt steht hinter* 19 alumnę.

---

3 *renienti   4/5 *uolupt(u)arię   8 *epimelia   8/9 *agrypnia   11 *hinter*
philologia] *cęlum nach* D L Br β N-T E-T   18 *gratię   19 *pedis(s)equis

RENTI . UIRGO SUPPLICAT.

*V*ervm ilico ad culmina arcis aerię . comitatus ille cum uirgine propinquabat.
Sô nâhton sie sâr mît íro ze óbenahtigero lúfte. *Et ecce nuntiatur aduenire subito deorum pronuba . hoc est quę pręest nuptiis.* Târ uuárd ze uuízenne . dáz tero góto hîreisara zûo-fûore. *Ante quam concordia . fides . pudicitiaque pręcurrunt.* Téro fúreréisâra uuâren . geméinmûoti . trîuua únde chíuski. *Nam cupido corporę uoluptatis illex . licet eam semper anteuolet . philologię occursibus non ausus est interesse.* Áber ueneris sún . dér zûorlústô spénstig íst . so-uuîo er óuh íro fúre-réisâre uuâre . dóh negetórsta er philologię ze óugon chómen. *Uuánda sapientia házet turpitudinem. At ubi in conspectum nubentis diua peruenit . atque litauit aromatibus . ut mos erat uirginis . deam talibus deprecatur.* Sô sî dô iunonem gesáh . únde sî íro geróuhta . sô si óuh fóre ánderên fróuuon téta . dô férgota si sîa sús. *Iuno pulchra . licet aliud nomen tibi cęleste consortium tribuerit .s. ut luciam . aut luceiam. Suspensio. Iuno* dû scóna chád si . dóh tîh ánderes némmên díe ze hímele sínt. *Et nos a iuuando iunonem nominemus . unde et iouem dicimus. Et hic.* Únde so-uuîo uuír dîh iunonem sámo-so óuh iouem fóne iuuando héizên. *Siue te lucinam . quod lucem nascentibus tribuas . a luce iam conuenit nuncupare. Et hic.* Álde úbe dû héizen sólt lucina . uuánda dû lucem gíbest nascentibus. *Nam fluuoniam .i. fluorem feminis pręstantem . februalemque ac februam .i. purgatricem egredientium secun-*

---

3 *nâhtôn   aduenire] ad *und* subito *übergeschr.*   5 *hîréisara   6 *fúreréisarâ
9 *zúrlústo spénstîg   *fúreréisare   10 *óugôn   11 *házêt   13/14 *fróuuôn   14
*férgôta   17 [iu]uan[do] *auf Rasur*   18 dîh *übergeschr.; Verweisungspunkt in der
Zeile   Punkt gehört hinter* 3 íro, 4 est, 6 trîuua, 16 némmên.

11 conspectu   12 *aromatis *nach* D L Br β N-T E-T   19 lucina a luce iam *nach* Br;
ac lucetiam D; ac lucesiam L β N-T E-T

1a darum *mihi poscere non necesse est . cum nihil pertulerim corporę contagionis* . J134
1b *inte-*
merata .i. *incorrupta sexv.* Interposita ratio. Uuánda dáz íh tíh éiscôe flôz-
kébun án dero hítate . álde nâh tero gebúrte súberarun dero ûzkegángenon
léhtero . dés íst mír úndurft . uuánda íh máged pín . únde mínes lícha-
5   men únbesmízen bín. *Interducam et domiducam . unxiam . cinctiam . mortales puel-
lę debent in nuptias conuocare . ut et itinera earum protegas . et in optatas do-
mos ducas . et cum postes ungent . faustum omen affigas . et cingulum ponen-
tes in thalamis . non relinquas.* Et hic interposita. Uuégoléittun . héim-
bríngun . sálbsmízun . cúrtilflégun . súln díh tôdige díerna gehíen-
10 do zu ín ládon . dáz tu íro férte uuáltêst . únde sie zę͜ líebên séldon
bríngêst . únde sô sie diu túrestál sálbont . tû héilesod kébêst . ún-
de sô sie síh zę͜ bétte ingúrtent . tero mágedcúrtelûn . dû ánauuert
13a íro flégest. *Saticenam uel soticenam te precabuntur . quas uel in partus discri-*
13b *mine*
protexeris . uel in bello .i. *in labore coeundi.* Et hic. Sâmo-gébun álde
15 hífûogun bétoên díh . tíe du an déro nôte des kebérennes . álde des
náht-uuíges skírmist. *Peplonam plebes te debent memorare* .s. *quia
tu multiplicas populum.* Et hic. Líut-fróuuvn súln díh tie líute héizen.
Curitim .i. *fortem . uel potentem bellantes.* Et hic. Stárcha ánaháreên díh tie
féhtenten. *Hic ergo te aêram potius ab aeris regno nuncupatam uoco.* Et hic.
20 Áber hier héizo íh tíh kérnor aêram fóne aere . iņ͜ dêmo dû ríchesôst.
*Da nosse poscenti . quid aeria latitudo gerat animantvm . atque perlucentes
campi concurrentibus athomis . quidue hic dicatur numinum subuolare.* Clau-   P816

---

2 *éiscoe 3 *kébûn *hítâte gebúrte] gebúr *auf Rasur*; te *übergeschr.* *sû-
berarûn *ûzkegángenôn 4 sléhtero] s *rad.* dés] d *aus* t *korr.* *úndúrft 5 *úm-
besmízen 7 omen] en *rad.* 7/8 *hinter* ponentes *Punkt rad.* 8 relinquas] 1 *auf Ra-
sur* *Uuégoléitûn 9 *bríngûn *sálbsmízûn *cúrtelflégûn *súlen *díernâ
nach der ō-Dekl.; sonst* díernûn *nach der* n-*Dekl.* 10 *zûo bzw.* *ze *ládon férte
uuá[ltêst] *auf Rasur* *séldôn 11 *sálbônt *héilesôd 12 *ánauuért 13a *flégest
14 *gébûn 15 *hífûogûn *án 16 *skírmest 17 *fróuuûn súl͜n *mit Korrekturpunkt;*
*súlen 19 úoco nuncupatā• *zur Umstellung* ⌐Et hic; *übergeschr.; Verweisungszei-
chen auch in der Zeile* 20 *kérnor 21 poscenti] p *aus* ꝑ *rad. Punkt ist zu tilgen
hinter* 12 ingúrtent.

---

16 Peplonam *nach* Br; poplonam D; populonam L β N-T E-T   19 ergo *nach* Br N-T E-T;
*ego *nach* D L β   19/20 *2mal* *aeram   21 *hinter* quid] *hęc *nach* D Br β N-T E-T
animantum gerant, *aber erst vor* 22 quidue D Br β N-T E-T   22 *atomis

sula. Únnîst mír bítentero ze geéisconne . uuáz líbhaftero díngo diu uuî- J135
ta lúft fûore . únde dísiu dúrhlîehtenten féld . ûzer gesámenotên atho-
mis uuórteniu . sô philosophi châden . únde uuáz hîer góto flógerze. *Non*
4a *enim quęro de humilitate illius aeris . qui de uolucribus permeatur . quem*
4b *olimpi montis*
5a *cacumen excedit . qui uix decem milia stadiorum altitudine sublimatur . sed*
5b *elata dis-*
quiro. Íh nefrâgen nîeht úmbe día níderun lúft . târ die fógela ána flîe-
gent . tîa iôh olimpus decem milium stadiorum hóher úberslât . nûbe día hóhi
dero óberun lúfte fórderon íh. *Ac iam fas puto conspicari . quicquid lectitans*
intellexeram peri eudemonias .i. de bona demonitate. Iôh nû dúnchet mír
10 mûoza ze geséhenne . dáz íh lésendo geéiscota fóne dero demonum gûo-
ti. Álso uuîr angelos chéden bonos et malos . sô châden die álten . bonos de-
mones et malos. DEORUM SEDES A CĘLO USQUE AD SOLEM IUNO PRE- 31.
D64,14 L182,24
Hic iuno non repugnans precibus conscendentis . ducit ⌈CANTI OSTENDIT.
eam secum in arces aerias . atque exhinc edocet diuersitates multarum potesta-
15 *tum.* Sí sia dô íro fléhon uuérende . fûorta si sîa in óbenahtîga lúft .
târ óugta si íro mísseliche geuuálta . dero lúft-cóto. *Illi inquit quos*
17a *ignitę substantię . flammantisque suspicimus . ab ipso ęthere . speręque supe-*
17b *rioris*
18a *ambitu . usque solarem circulum demeantes .i. peruagantes . ipsi dicuntur dii .*
18b *et cęli-*
tes aliâs perhibentur . causarumque latentium arcana componunt. Tîe uuîr fív-
20 rine séhên . únde uuállonde fóne demo hímele . únz ze dero sún- P817
nun rínge . díe héizent cóta . uuîlon héizent sie hímelsâzen . ún-
de sínt sie behéftet mít tóugenên díngen. *Sunt enim puriores . nec*

---

1 Únmîst *geéiscônne *líbháftero 2 fûore *auf Rasur* *dísiu féld] d *aus* t
korr.; Korrekturpunkt rad. 3 *uuórteniu 6 *nefrâgên *níderûn 7 *hóhêr über-
slâhet 8 *óberûn *fórderôn 10 *geéiscôta 11 die *übergeschr.; Verweisungs-*
punkt oben und in der Zeile 15 *sîa¹ *fléhôn 19/20 *fívrîne 20 *uuállônde
20/21 *súnnûn 21 *uuîlôn *Unten die Federprobe* anima mea *rad. Punkt ist zu*
tilgen hinter 16 geuuálta.

2/3 *atomis 4a de² *sinnlose Wiederholung von* de¹ 4b *olympi 5a milia *nach*
Br; milium β; *beides fehlt* D L N-T E-T. 7 *olympus 8 Ac *nach* N-T; At D L Br
β; *Unleserliches* E-T 9 *eudemonias* = εὐδαιμονίας *demonitate 10 *demonum
11/12 *demones 19 aliâs *adv.*

1a *admodum eos mortalium curarum uota sollicitant . apathesque . inpassibiles . J136
1b perhi-
bentur.* Síe sínt lûterôren . únde ménniskon sórgâ negrûozent sie . be dív
héizent sie únsórgende. *Illic iouem regnare certissimum est.* Târ sól guís-
so iouis stûol sîn. Q U I S I N T A S O L E U S Q U E A D L U N A M. 32.
D64,23 L183,8
5*At infra solis meatum . usque lunarem globum . secundę beatitatis numina . subpa-
risque* .i. *inferioris potentię . per quę tamen uaticinia . somniaque ac prodigia
componuntur.* Níder-hálb tero súnnun férte . únz ze demo mânen . síz-
zent tîe nâh tien sâligostên sínt . únde mínnera geuuáltes hábent .
fóne dîen vuízegungâ . únde tróuma . únde zéichen uuérdent.
10 *Hęc* .s. *numina . fissiculant* .i. findunt *exta aruspicio* .i. per aruspicium .
*admonentia quędam . uocesque transmittunt . auguratisque loquuntur
omnibus.* Tîe ingéinent tie dárma an uuízegungo . éteuuaz fóre-
zéichenente . únde óugent íro stímma . únde spréchent ûzer
állên . fógelrárta ságentên. *Plerumque enim quęrentes ammonent . uel sy-
15 deris cursu . uel fulminis iaculo . uel ostentaria nouitate.* Frâgente uuár-
nont sie díccho . álde mít stérnen-férte . sô anchisę der stérno in idam
siluam zéigota . álde mít plígskúze . sô virgilius ságet ímo árbéite
fóre-zéichenen tactas de cęlo quercus . álde mít prútelichero séltˆ
sani . álso greci palladium sáhen suízzen . únde skrícchen fóre íro
20 naufragio. *Sed quoniam unicuique superiorum deorum singuli quique deseruivnt* P818
*ex illorum arbitrio . istorumque comitatu . et generalis omnium pręsul . et spe-
cialis singulis mortalibus genius admouetur.* Uuánda áber

---

2 *lût(t)erôren *ménniskôn 3 *únsórgente 6 inferioris] i² aus t *rad.* 7 *sún-
nûn 8 *sâligôstên 12 an *auf Rasur;* *án *éteuuáz 13 bèzéichenente] be *und* :²
rad. *stímmâ 14 *fógelrárta 15/16 *uuárnônt 17 *zéigôta virgilius] v *auf
Rasur* 18/19 *séltsâni 22 *hinter* áber] dien *anrad. Unten die Federprobe* aᵃⁿ
anima *rad. Punkt gehört hinter* 7/8 sízzent. *Punkt ist zu tilgen hinter* 14 állên.

1a ἀπαθεῖςque D *vor* inpassibiles] *.i. nach* L β 10 *haruspicio *haruspicium
14 *admonent *nach* 22 admouetur 14/15 *sideris 15 culminis; *fulminis *nach* D L
Br β N-T E-T

dien óberên die níderen dienônt . sô uuírt fóne énero geuuálte . únde
fóne dírro gefólgenne . állên ménniskôn súnderig . únde geméine hûo-
tare gesézzet. *Quem etiam prestitem . quod presit gerundis omnibus uocauerunt.* Tén
héizent sie óuh flíhtâre . uuánda er álles uuérches flíget. *Nam et po-*
puli genio supplicant . cum generalis poscitur . et unusquisque gubernatori
proprio dependit obsequium. Tén geméinen bétônt tie líute sáment .
únde âne dáz . íogelih ten sínen. *Ideoque dicitur genius . quoniam cum quis homi-*
num genitus fuerit . mox eidem copulatur. Fóne díu héizet er genius .
uuánda er genitis sâr gegében uuírt ze flíhte. *Hic tutelator*
fidissimusque germanus . animos omnium . mentesque custodit. Tíser hûo-
tare . únde díser getríuuo brûoder . behûotet íro sêlâ . únde
íro sínna . állero. *Et quoniam arcana cogitationum . supere annuntiat*
potestati . etiam angelus potérit nuncupari. Uuánda ér óuh
tóugene gedáncha góte chúndet . pe díu mág er ióh angelvs
héizen. *Hos omnes greci demonas dicunt . apo tv deumenu .i. a prin-*
cipatu populi . latini medioximos uocitarunt. Tíe álle námont
greci demones . fóne díu . dáz sie ána-uuálten sínt tes líutes .
latini námont sie méteme . uuánda angeli sínt mítte . ún-
der góte . únde ménniskon. *Qui omnes approbantur esse minus lucide*
splendentisque nature . quam illi celestes . sicut conspicis. Tíe sínt
álle hínderûn únde únlûterorûn nature . dánne die náhor
demo hímele sínt . álso dû sélba síhest. *Nec tamen ita sunt corpu-*

---

2 *súnderíg   4 *flíhtare   6 *Ten   7 *íogelíh   10 *Tísêr   11 *dísêr   16, 18 2mal
*námônt   17 *uuálten   19 *ménniskôn .min   20 vor splendentisq] durch Zei-
chen getilgt   21 hínderûn] Zkfl. aus Akut korr. *únlût(t)erôrûn *náhôr   Unten
die Federprobe turb rad. Punkt gehört hinter 3 omnibus. Punkt ist zu tilgen hin-
ter 12 cogitationum, 17 demones, 18 mítte.

---

5 supplicatur D L β N-T E-T; supplicantur Br   15 *demonas   *apo tu deomenu = ἀπὸ
τοῦ δαιομένου   17 *demones   19 hinter Qui] *quidem nach D Br β N-T E-T *lucide

lenti . ut hominum capiantur obtutu. Tóh nesínt sie sô geróbes líchamen . J138
dáz sie gesíhtig sîn ménniskôn. *Hic igitur lares.* Híer sínt tie hért-
cóta. *Hic post membrorum nexum degunt animę puriores.* Híer râuuênt
tîe únsúndigen sêla . nâh íro líbe. *Quę plerumque . si meritorum excellen-*
5 *tia subuehantur . etiam circulum solis . ac flammantia septa transiliunt.*
Tîe ióh tia súnnun úberfárent . únde díe flúrinen féstinâ . dero
planetarum . úbe sie míchelero frêhte sínt. QUI SINT A LUNA US-
                                                                    33.
Dehinc a lunari circulo usque in terram . quicqud ⌐QUE AD MEDIUM AEREM. D66,7 L185,1
interpatet . interstitii proprii partitione discernitur. So-uuáz tára-nâh
10 uuítûobeles íst . fóne demo mânen únz ze dero érdo . dáz hábet
óuh sînen únderskeit. *Et ab orbe lunari interfusa medietas dispa-
ratur.* Únde in zuéi uuírt táz sélba getéilet. *Sed superior portio
claudit eos sicut conspicis . quos emitheos dicunt . quosque latine semones .i.
semihomines . aut semideos conuenit memorare.* Áber daz óbera téil
15 dero lúfte behébet tîe . álso dû gesíhest . tîe greci héizent hálbe gó-
ta . latini béidiu . ióh hálbe mán . ióh hálbe góta. *Hi animos cęlestes
gerunt . sacrasque mentes .i. puras.* Tîe hábent hímelisken sîn . únde réine
mûot. *Atque sub humana effigie . in totius mundi commoda procre-
antur.* Únde in ménnisken bílde uuérdent sie gebóren . állero
20 uuérlte ze gemáche. *Qui quidem plerumque fecerunt fidem cęlestium
miraculo sui.* Díe hábent ófto geóuget mít íro zéichene . dáz
sie hímeliske sínt. *Ut in ortu herculis geminatę noctis obsequivm.*   P820

---

2 *gesíhtíg *hérd 4 *tie *sêlâ plerū̃q̣] nachgetr. Punkt 6 *súnṇûṇ *flúri-
nen 10 démo] Ansatz eines Akuts rad. 11 *únderskéit 13 dicunt˙ 14 *dáz
óbera bzw. *dér óbero 15 *behábet 16 *béidíu gmán] g rad. 18 humana] a²
auf Rasur 20 zegemá[che] auf Rasur von gemáche 21 *Tîe Unten die Federprobe
anim ᵃⁿⁱᵐᵃ rad. Punkt gehört hinter 13 eos. Hoher Punkt ist zu tilgen hinter
6 féstinâ.

---

5 septa bzw. *sępta 13 *hemitheos 16 *animas nach D L Br β N-T E-T   20 fece-
runt nach L; fecere D Br β N-T E-T

Álso díu zuíualta náht téta . dô hercules kebóren uuárd. *Serpentesque* J139
idem paruulus elidens . uim numinis approbauit. Únde dáz er die vuúrme
álso lúzzelêr chnístende . skéinda sína gótheit. Tíe uuárf ín iuno
ána . dô éines náhtes sîn mûoter alcmene ín guán be̜ ioue . únde yfi-
5 dum be̜ íro chárle amphitrione. Sí uuárf sie béide ána vuúrme .
áber hercules eruuérita síh . yfidus nemáhta. *Tages sulcis emicu-*
it . et statim gentis ritum .i. legem religionis . sipnumque monstrauit. Tages
tér in hispania mâre uuás . tér zórfta síh mít téro rúnso tagi
fluminis . uuánda tagus tô êrist rínnen begónda . únde lérta er
10 sâr día lánt-uuîsûn . stífta óuh sipnum. Dáz íst tíu búrg sipona .
dâr tria elementa éndont sô sie chédent . ce̜lum . terra . mare. *Ham-*
mon apparuit cum cornibus arietinis . et uestimentum lanicio . ac siti-
entibus undam fontis exhibuit. Hammon dáz chít arenosus io-
uis . erskéin dionisio in uuíderes pílde . únde dô uuárd uuât
15 ûzer vuóllo . únde dúrstes lába fóne uuázere. Dáz uuás
tô er fóne india eruuánt per e̜thiopiam mít uictoria . únde
er iouem sînen fáter bát pûozen den dúrst sînemo hérige.
Be̜ díu íst sîn templum dâr centum aris famosum. *Quid loquar eos .*
qui primi mortalibus usum rerum . maioraque commoda pre̜stiterunt?
20 Uuáz tárf íh chôson fóne díen . díe êrest ménniskôn álles
tínges prûh zéigotôn . únde álliu diu méisten gemáh?
Ut uitem dionisius apud thebas. Álso dia rébun zéigota

---

1 *zuíuálta 3 *gótheít 4 alcmene] c *auf Rasur von* g 5 Síe] e *rad.* 6 *er-
uuéreta 9 *êrest begónda] *Ansatz eines Akuts auf* e *lérta 10 *día 10,
15 2mal *Táz 11 *éndônt 16 uictoriaˊ 18 *Pe 20 *chôsôn 21 *álliu 22
*rébun zéigôta *Unten die Federprobe an* rad. *Punkt gehört hinter* 7 Tages, 11
éndont, 13 Hammon, 15 uuás.

---

2 paruulus *nach* L; paruus D Br β N-T E-T *oblidens *nach* D L Br β N-T E-T 4/5
*iphiclum 5 *amphitryone 6 *iphiclus 11-13 *2mal* Hammon *bzw.* *Ammon 12 *la-
nitio 14 *dionyso 22 *dionysus

dionisius ze thebis in grecia. *Osiris apud egyptios haustum uini . usumque* J140
comperiens. Únde osiris rex maritus isidis in egypto lêrta uuîn drín-
chen . únde zíhen. *Frumentum isis in egypto . triptolemus apud atticos* P821
docuere. Únde osyridis uuírten dâr in egypto . únde ze athenis
5 triptolemus filius cęlei . cereris alumnus lêrtôn? *Eademque ysis lini usum .*
sementemque monstrauit. Únde díu sélba ysis lêrta den fláhs árbei-
ten . únde spínnen? *Comminuendę frugis farrisque fragmenta pilum-*
no signat italia . ascribit asclepio grecia medicinam. Stámfôn
únde málen mísseliche uuíste ságet italia pilumno . únde árze-
10 tûom ságet grecia asclepio . filio apollinis et coronę. *Alii quoque*
huius generis homines in diuinandi usum . et pręscientiam procreati . ut car-
mentis in archadia . ab effuso carmine per uaticinia memorata.
Ándere vuúrten ze uuízegungo . únde ze fóre-uuízedo gebó-
ren . sô carmentis téta in archadia . mâre uuórteniu fóne íro
15 mêterlichên fóre-ságôn. Díu chám ze italia mít íro súne e-
uandro rege . dén ęneas târ fánt. Tíz íst tíu . díu óuh nico-
strata híez . únde latinas literas erdâhta . fóne déro éin por-
ta ze romo carmentis kehéizen uuás. *Sybilla uel eritrea .s. diui-*
na quoque erat . quęque cymea est . uel frigia. Sô uuás óuh sybilla . únde
20 díu erithrea híez . ióh tíu cymea híez . álde frigia. *Quas .s. sy-*
billas . non decem ut asserunt . sed duas fuisse non nescis . therophilam . tro-
ianam marmensi filiam . et symmachiam hippotensis filiam . quę

2/3 *trínchen   5 *lêrtôn.   6/7 *árbéiten   7 *spínnen.   8 italia˙   9 *málen
14 *uuórteníu   15 *Tíu   20 Quas.^{s}˙   21 ^{ut}asser̄   *Unten die Federprobe* anima rad.
Punkt gehört hinter 21 decem.

---

1 *dionysus   *ęgyptios   2-4 *3mal* *ęgypto   4 *osiridis   5 *celei   5/6 *2mal*
*isis   8 ascribit *nach* L N-T E-T; adscribit D; asscribit Br β   10 *eigentl.* *co-
ronidis   12, 14 *2mal* *arcadia   18 *Sibylla   18, 20 *2mal* *erythręa   19/20 *2-
mal* *cymęa   *2mal* *phrygia   19 *sibylla   20/21 *sibyllas   21 *hinter* nescis]
*.i. *nach* D L Br β N-T E-T   *herophilam

erithra progenita . etiam cymis est uaticinata . Dero sybillarum uuâren J141
zuô . sô dû uuéist . náls zêne sô man chît . íz uuás échert the-
rophila ze͜ troio . marmensi filia . únde symmachia hippotensis
filia . dív fóne erithra insula búrtigíu . ze͜ cymis táz in͜ campania
5 íst vuízegota. *Ex hac diuinandi possibilitate . amphiaraus mo-*
psusque celebrati. Déro dáz kemúgentôn uuâren námoháftesten   P822
amphiaraus . únde dér mopsus . tér síh uuíder chalchante élle-
nôta . sô virgilius ságet. QUI SINT A MEDIO AERE . USQUE 34.
                                                         D67,18 L187,25
A *mediatate uero aeris . usque in montium terreque confini-* ⎡AD TERRAM.
10 *a . hemithei . heroesque .i. terrigene uersantur . qui ex eo quod heram terram ue-*
teres edixere heroes nuncupati. Fóne míttero lúfte . únz ze
dero érdo . sízzent hálb-kóta . únde érd-kóta . díe fóne hera
dáz chît terra . heroes latine héizent. Tíe uuérdent ûzer
sólchên ménniskôn . sô eneas uuás . únde achilles . tíe uuír
15a íoh lébende héizen heroes . táz chît hértinga álde chûeniga. *Ibique manes . id*
15b   *est corpori humano pre-*
sules attributi . qui parentum seminibus manauerunt. Târ sízzent in͜ íro mén-
niskinên górpotôn . díe manes héizent a manando . daz chît rúnsige .
uuánda sie rúnnen fóne íro fórderôn sâmen. *Denique hec omnis aeris*
a luna diffusio . sub plutonis potestate consistit. Tísív uuíti dero lúfte
20 fóne demo mânen níder . íst álliu in͜ plvtonis keuuálte. *Qui etiam sum-*
manus dicitur . quasi summus manium. Dér óuh summanus héizet . sámo-so méister .
álde méisto manium. *Hîc luna que huic aeri preest . proserpina nominatur.*

1, 6 2mal *Téro   5 *uuízegôta   6 kemúgetôⁿn   14 *sólichên   15a *héizên   táz *bis*
chûeniga übergeschr.; hértinga] a *aus* o *korr.*; *chûoniga   15b/16 pre/sules] s¹
nachgetr.; u *auf Rasur*; 1 *aus* d *rad*. 17 *górporôn *dáz   18 ōmis aeris hec *durch*
Zeichen umgestellt   20 *álliu   plătonis   21 *Tér *Punkt gehört hinter* 2 zêne, 4
cymis, 5 íst, 10 eo, 11 edixere, 12 hera, 22 luna. *Punkt fehlt hinter* 15a chûe-
niga. *Halbhoher Punkt steht hinter* 9 TERRAM. *Hoher Punkt steht hinter* 15a hero-
es, 16 íro.

1, 4 2mal *erythra   2mal *cumis   1 *sibyllarum   2/3 *herophila   6 *celebrati
7 *calchante   11 edixere *nach* Br; dixere D β N-T E-T   22 Hîc *adv.*   nominatur]
memoratur nach D Br β N-T E-T

Dâr uuándelot luna . díu proserpina héizet . uuánda sî germina tûot proser- J142
2a pere. *Uerum illi manes . quoniam corporibus illo tempore tribuvntur . quo fit*
2b *prima con-*
ceptio . etiam post uitam istam corporibus delectantur. Uuánda díe sélben manes
kegében uuérdent corporibus án dero conceptione . be díu uuónênt sie gér-
5 no mít ín . ioh nâh temo líbe. *Atque cum his manentes . appellati lemu-*   P823
res. Únde mít ín hártende . héizent sie lemures . táz chît lares moran-
tes. *Qui si uitę prioris adiuti fuerint honestate . in lares domorum . urbi-*
umque uertuntur. Únde úbe sie fóre chíusko lébetôn . sô uuérdent sie íngóv-
men híusero álde búrgô. Díe héizent lares . fóne íro mûoter lara. *Si*
10 *autem deprauantur ex corpore . laruę perhibentur ac manię.* Sînt sie áber árg
uuórten . fóne demo corpore . sô uuérdent sie laruę . dáz chît lares
mali . álde manię . dáz chît insanientes. *Manes igitur hic tam boni quam*
truces sunt constituti . quos agathos .i. bonos . et cacos .i. malos demonas
memorat graia discretio. Híer sínt créhto gûote manes únde
15 úbele . díe greci skéident . in íro uuîs sie námonde . agathos demo-
nas . únde cacos demonas. *In his locis etiam summanes . eorumque pręstites .*
i. principes mana atque mantuona. Híer sínt óuh tíe méisten ma-
nes . únde déro méisterun . mana únde mantuona. *Dii etiam quos*
aquilos dicunt .i. nigros. Híer sínt óuh tíe sie suárze héizent . ún-
20 de aquilis kelîche . uuánda sie ín íro bílde skínent. *Item fura fur-*
naque . et mater mania . intemperieque . et alii triptes .i. lusores diuorum
degunt. Únde fura ióh furna . díe fóne furuo colore genâ-

---

1 *Târ uuándelôt   2a illá̊   tribuénturᵛ   5 în·   *ióh   9 *búrgo   *Tíe   14 créh-
to] r *aus Ansatz eines h korr.* 15 *námônde   16/17 *pręstites/.i.   17 *tie   18
*méist(e)rûn   19 síe] *Ansatz eines Akz.*   20 *in   Unten die Federprobe* anima
rad. *Punkt gehört hinter* 9 híusero, 18 etiam, 19 óuh. *Punkt ist zu tilgen hin-*
ter 5 ín, 9 lares, 11 uuórten.

3 istam *nach* Br; isdem D L; hisdem β N-T E-T   13, 15/16 *3mal* *demonas   20/21
*furinaque   21 *intemperięque   22 *furina

1a môt sînt . únde dero ándero mûoter mania únde únmétemi dero elementorum .   J143
1b   únde tróum-trúgena-
   ra. Circa ipsum uero terrę circulum aer ex calore supero . atque ex halatu et ma-
   dore infero turbidatus . egredientes corporibus animas . quodam flu-
   enti ęstu collidens . non facile patitur euolare. Sélbíu diu lúft uuíder
5 dia érda getrûoptíu . fóne dero óberûn uuármi . únde fóne de-
   ro níderun názi . nelâzet tie hína-fárenten animas mít ke-
   mâche hína-fáren . síe dâr ío-ána dúnchonde sámo-so in einer-   P824
   ro uuázer-zésso. Hincque allusit sollertia poeticę adumbrationis .
   i. fictionis . tractum .i. deductum . pirflegetonta .i. ignem flammantem.
10 Hínnân ságent tie poetę . rínnen daz lóugezenta hélle-uuá-
   zer. Atque in eo colliditur perenni strepitu . uolutata impietas
   animarum . quas uedius adiudicarit. Únde in des strûme uuá-
   lont únde tócchont íomer die úbelen sêlâ . díe uedius tés
   uuírdige uuéiz. Id est pluton . quem etiam ditem . ueiouemque dixe-
15 re. Dén sie óuh plutonem héizent grece . únde ditem latine .
   únde nóh tánne malum iouem. Ipsam quoque terram . qua hominibus in-
   uia est . refertiunt longeuorum chori . qui habitant siluas . nemo-
   ra . lucos . lacus . fontes ac fluuios. Sélbun dia érda . dár si ún-
   bûhafte íst . hábent erfúllet tero lánglíbon mániginâ . in
20 uuálden . íóh in fórsten . íóh in lóhen . in sêuuen . in áhôn . in brûn-
   nôn. Appellanturque panes fauni . fones .i. uocales . satyri . silua-
22a ni . nimphę . fatui . fatuęque . uel fantuę . uel etiam fanę . a quibus fana
22b   dicta .

1a sînt. ·únde dero ándero mûoter mania] von anderer Hand übergeschr.; *ánderro 5
*getrûobtíu 6 *níderûn 7 *dúnchônde 8 Hinque 8/9 *adumbrationis/.i. 12 dés]
Akz. rad.; *dés 12/13 *uuál/lônt 13 *tócchônt íomêr 14 ditem] m aus n korr.
15 *Tén 18 *Sélbûn *dâr 18/19 *únbûháfte 19 *lánglíbon Punkt gehört hinter
1a mania, 21 panes. Punkt ist zu tilgen hinter 10 poetę, 11 strepitu. Niedri-
ger Punkt steht hinter 9 flammantem.

2/3 et madore] madoreque D Br β N-T E-T; inferoque L 9 *pyr(i)phlegethonta 17
*referciunt *longęuorum 22a *nymphę

quod soleant diuinare. Únde héizent sie panes . sámo-so discipuli
panos . íh méino dés . fóne démo virgilius chît . *pan deus archa-
dię.* Álde fauni . únde fones fóne fando. Álde satyri fóne satu-
ritate uoluptatis . uuánda sie ío in ludo . únde in saltacione sínt .
5 álso ouh satyra . íh méino satyrica fabula héizet . fóne saturi-
tate inludendi . uel fingendi. Álde siluani fóne siluis. Álde nimphę
dáz chît aquarum deę. Álde fatui . únde fatuę . uuánda sie
ménnisken tûont infatuatos. Álde fantuę . únde fanę . ío
ze dero sélbun uuís . fóne fando gehéizene . álso óuh tíe chi-
10 lichâ . dâr síe ínne spréchent . fana héizent. Téro sláhto sínt
óuh egipani . díe fóne egea gehéizent sínt . táz chît capra .
déro éinêr antonio begágenda. *Hi omnes post prolixum ęuum mori-
untur ut homines.* Tíse irstérbent álle úberláng . sámo-so mén-
nisken. Dánnân héizent sie geméinlicho macrobitę . dáz
15 chît longeui. *Sed tamen et pręsciendi . et incursandi .i. impetum
faciendi . et nocendi habent pręsentissimam potestatem.* Síe sínt
áber fílo máhtig fóre-uuízennes . únde ána-néndennes . únde scádônn-
es. *Inter priores igitur genios .i. terrę proximiores . tua adhuc mortalis
uirginis diua .i. iuno consistit.* Únder dien níderên gôten stât tíu
20 iuno . díu dîn uuîelt tôdigero. *Nam eccum tibi ętheria iuno . seu
uesta est.* Nû íst si dír uuórten hímeliskiu iuno . álde uesta.
Díz spríchet iuno fóne íro sélbun in tertia persona. Sí chît. Sólih tv

---

5 *óuh satyrici̧ͣ 6 inlud[endi] *auf Rasur von* fabulę 9, 22 *2mal* *sélbûn
13 *erstérbent 14 *Tánnân 17 *máhtîg néndennes·den·] den¹ *auf Rasur; überge-
schr.* ·den *rad.* 20 uuîelte] e² *rad.* 21 :hím[eliskiu] *auf Rasur;* *híme-
liskíu 22 *Tîz psona·sí·chît· *Unten die Federprobe* anima *rad. Punkt gehört
hinter* 6 nimphę. *Punkt ist zu tilgen hinter* 5 héizet, 9 uuís. *Niedriger
Punkt steht hinter* 8 infatuatos, 13/14 ménnisken, 20 tôdigero, 22 chît.

2/3 *arcadię 4 *saltatione 5 satyra *bzw.* *satira satyrica *bzw.* *sati-
rica 6 *nymphę 11 *ęgipani *ęga 14 *eigentl.* *macrobii 15 *longęui
20 eccum *nach* E-T; *eccam *nach* D L Br β; ecce N-T

uuâre . sólih uuás íh tír . sólih tû nû bíst . sólih pín íh tír nû. Et   J145
iam ut inmortali diuę pręcepit dicens. Iam sede concilio iouis . directa .s.
ad cęlum. Únde déro uuórto . gebôt si íro . sámo-so íu úndôdigero.
Sízze ánauuertes . chád si in̫ íouis mánigi . ze͜ hímele brâhtív.
5 Demumque de acerra uirginis partem sumit. Tára-nâh nám si
des róuches éinen téil . ûzer íro róuh-fáze. ⌈C T A   S I T.
Q U A L I S   I N   S U M M I T A T E   A E R I S   L U N A   C O N S P E- 35.
Tunc portitiores diuę correpta lectica . magno eam molimi-   D69,19 L190,9
ne subuexere. Dés mézes fûorton sia áber hóhor íro tré-
10 gela. Sed postquam centum xxvi milia stadiorum aeria subuecti leui-
tate conscenderant . ac tonum primum ex ptongis compleuere ̇ cęlestibus.
Suspensio. Sô sie dô gefáren hábetôn fóne érdo ûf . cênzeg   P826
únde zuéinzeg . únde séhs tûsent lóuft-mâlo . únde de-
ro hímeliskôn gágen-lûtôn éina irstríchen hábetôn. Síe
15 uuáren dô dára-chómen . dâr luna inchít tien uuázer-
en án dero érdo in̫ sesquioctaua proportione. Díu inché-
dunga máchôt ten êristen tonum. Lunarem circulum ingres-
sa uirgo . diuę congruis nidoribus supplicando. Et hic. Ín des
mânen ríng chómeníu . únde dâr iunoni róuchentíu.
20 De proximo conspicatur globosum quoddam tenerumque corpus . ex superni ro-
ris leuitate compactum . instar speculi pręnitentis . adiaculati
fulgoris radios reuibrare .i. respergere. Depositio. Sáh sí

---

4 *ánauuértes   9 *Tés   *fûortôn sía   *hóhôr   12 *zênzeg   13 vor únde² An-
satz eines anderen Buchst.   14 *erstríchen   16 *Tíu   17 *êresten   18 *In   19
*chómeníu   Punkt gehört hinter 4 si, 8 diuę.   Punkt ist zu tilgen hinter 12
ûf, 21 pręnitentis.

1/2 Et iam] diuęque D Br β N-T E-T   11 *phthongis

bî íro éin corpus . sínuuélbez . únde múreuuiz . úzer déro líehti J146
des hímel-tóuues kerández . in spíegeles uuís uuíder-uuérfen
díe án síh kescózenen skímen. Dero súnnun skímen uuí-
derslähent án demo mânen . be díu neíst sîn líeht âne
5 uuíderlíehsene. *In eo sistra niliaca.* Dâr uuás ána daz
egypzisca hórn. Uuánda luna púchelôt in hórnes uuís .
uuíder ánderên planetis. *Eleusinaque lampas.* Tero súnnun
lampas skéin dar-ána . in des lampadis uuís . tén ze eleusina
salmoneus rex án díe scôz . tíe er sláhen uuólta. Über al-
10 pheum fluuium brúccôta er . únde dâr-úbere currus iá-
gondo . dónerota er . lampades skíezendo . bléccheżeta er .
sô tûondo . uuólta er gót héizen. *Arcusque dictinne* .i. dia-
nę. Únde skéin dar-ána dér bógo dero uuéido-gúten-
no . díu dictinna héizet . táz chít retiatrix . uuánda di-
15 ctis grece rete héizet latine. Áber luna héizet diana . sámo-so du-
ana . uuánda sî duobus temporibus . Íh méino diebus ac noctibus
ze ôugon íst. *Tympanaque cybeles* .i. terrę *uidebantur.* Únde
déro érdfróuuvn tympana . skínen dar-ána . uuánda sî   P827
íst náhesta déro érdo . díu mít duobus hemisperiis peuuél-
20 bet íst . sámo-so mít tympanis. *Triformis etiam discolorque
uertigo . terribili quadam maiestate rutilabat.* Án íro skéin
óuh tríbildíg únde mísse-fáreuuêr uuárb in ęgebárero

---

1 *múreuuez   3 *die   *Tero   3, 7 *2mal* *súnnûn   5 uuíder líehsene] zur
Verbindung   *Târ   6 *egýpzisca   *búchelôt   8, 13, 18 *3mal* *dâr   8 des]
*déro uuís˙   tén] *tía ze *auf Rasur*   10 brúccôta *nach Pestalozzi S. 146
gegenüber* *brúcchôta *nach Kelle II, S. 320, Anm. 2*   10/11 *iágôndo   11
*dónerôta bléccezeta   13 *uuéide   15 héizet Áber; héiz[et] *auf Rasur*   17
*ôugôn   18/19 *2mal* *dero   18 *érdfróuuûn   *skínen   22 *tríbíldíg *Punkt
ist zu tilgen hinter* 18 *tympana,* 21 *uertigo. Niedriger Punkt steht hinter*
20 *tympanis.*

---

12 *dictynnę   14 *dictynna   14/15 *dictyon

mâhtigi. Uuánda zę ȩ́rest íst si hórnahtíu . sô dánne hálbscáftig .
sô dánne fól. *Quę licet cornigera et aspera crederetur . egestionibus
oportuna . tamen et felem et ceruam . et conuersiones bis binas uultibus .s.
tribus prȩferebat.* Únde so-uuío sí hórnahtíu uuâre . únde fóne
5 dien hórnen stéchelíu . únde gefélligíu . zę dien ûz-suízz-
edôn des tóuues . sí óugta dóh felem únde ceruam . dáz chít
tâmen únde híndûn . uuánda sí uuéidegútin íst . únde
óugta si fíer uuéndi in íro drín análutten . uuánda sí há-
bet *tria uirginis ora in fier uuendinon.* Éiniu íst a prima
10 ad octauam . ánderiu fóne octaua ad quintam decimam . diu drít-
ta fóne quinta decima . ad uigisimam secundam . diu fíerda dán-
nan ad primam. A L U N A A D M E R C U R I U M S C A N D E N S .³⁶
xhinc uenit ad circulum cyllenii . me- Q U Ȩ U I D E R I T .
dio quam ad lunam conscenderat. Tánnan fûor sí dô den hál-
15 ben téil zę mercurio . dánne sí gefáren hábeti fóne érdo
ze demo mánen. *Quo emitonio permeato . occurrit ei
multiplex populus ministrorum .s. mercurii lętabundus . ut-
pote nubenti dominę.* Démo emitonio erfárnemo . begá-
genda íro míchel líut ámbahtentero . álso brûte sólta. *In-*
20 *ter quos . femina splendentis formę . ac opulenta ornatibus
promptę ubertatis . uirgine salutata . usque in eius osculum confisa
peruenit.* Únder dien chám éin vuíb . scóníu . ióh míchel-

---

1 *hálbscáftíg   4 prȩferebat] p *aus* s *korr.*   5 *dien1 stécchelíu] c¹ *rad.*;
*stécchelíu   7 *uuéidegúten   8 fíer *auf Rasur* análútten᾽   9 *uuéndinôn
*Éiníu   prima] a *auf Rasur*   10 *ánderíu   11/12 *dánnân   14 *Tánnân   16
Quo (= Quoniam)] *Abkürzungsstrich rad.*   18 *Témo   *Punkt ist zu tilgen hinter*
5 gefélligíu, 11 decima, 20 quos.

---

3 oportuna *nach* L Br β N-T E-T; *opportuna *nach* D   11 *uigesimam *bzw.* *uice-
simam   16, 18 *2mal* *hemitonio   20 *hinter* formę] *habitusque *nach* D Br β N-T
E-T; et habitus L

licho gáreuuíu . díu dia iúngfróuun chátta únde chústa.

Sed mirabatur illa obsequentium multitudo . quę sicut syrus qui-
dam astruit . in numero duorum milium fuerat constituta . quod femina
quam etrusci dicebant ipsi deo nuptam fuisse cyllenio . nulla
5 *prorsus inuidia titillata . uirginem complexa constrinxerat.* Áber
dés vuúnderôta síh tíu mánigi . díu síh fóre mícheli hína-
lángta zuô mîlâ . sô syrus chád . táz sî geslâpfa uuórte-
níu cyllenii . sô etrusci ságent . sîna brût sô hálsen máh-
ta âne nîd. *Hęc autem facundia . nam illi hoc uocabulum . in*
10 *philologię penatibus se ortam . educatamque memorabat.* Tíu
sélba iáh . sî hîez facundia . dáz sî gebóren únde gezó-
gen uuâre in íro hóue. *Nec indignum esse . quod sibi alumna pręla-*
ta est . quę et sibi semper ornatum . et pabulum multis prębuerit disci-
plinis. Únde íro máge-zóhun mît réhte uuésen fórde-
15 rorun . tíu íro ío gáb zîerda . únde mánigên disciplinis
fûorâ. *Uenit etiam quędam decens ac pudicissima puellarvm .*
quę pręsul domus . custosque cyllenię. Chám óuh éin zîmig tíer-
na . állero díernon chíuskesta . méisterina . únde flégara
sînes hûses. *Verum themis . aut astrea . aut erigone dicebatur.*
20 Sî hîez themis . táz chît obscuritas . álde astrea . dáz chît sy-
derea . álde erigone . dáz chît contentiosa. Dáz syderea
puella sînes hûses flége . dáz íst fúnden fóne díu . uuánda

---

1 *iúngfróuuûn   3 femina] a *auf Rasur von* e   6 fóre] r *auf Rasur von* n
14 *zóhûn   14/15 *fórderôrûn   15 zîerdâ] 2. Zkfl. rad.   16 *fûora   17
*zímîg   18 *díernôn   *méisterinna   21 *Táz *Punkt gehört hinter* 2 quę,
3 femina. *Punkt ist zu tilgen hinter* 10 ortam.

19/20 *2mal* *astręa   20/21 *2mal* *siderea

er in uirgine hábet domicilium . álso óuh ándere planetę hábent   J149
in ánderên zéichenen. Dáz ímo obscuritas únde contentiosa díeno-
ên . dáz keuállet ad rhetoricam. *Spicas manu . celatamque ex hebeno* P829
pinacem .i. tabellam . *argumentis* .i. indiciis *talibus afferebat*. Áher
5 trûog sî in hénde . álso man uirginem mâlêt án dero spera .
únde éina tabellun ûzer ebeno geuuórhta . mít súslichên
zéichenen. *Erat in medio auis egyptia . quę ibis memoratur
ab incolis*. Târ stûont an míttero der egypzisco fógal .
dér dâr ibis héizet . táz íst ter egypzisco stórh. *Sed cum
10 petaso uertex atque os pulcherrimum uidebatur*. Áber skéin dar-
ána éin scône hóubet . únde án démo éin scône múnt . sá-
ment temo flúge-scúhe mercurii. *Quod* .s. caput . *quidem lambe-
bat implexio gemini serpentis*. Táz lécchota éin zuíhóu-
betêr vuúrm. Der stórh âhtet tero vuúrmo . sô tûot ter
15 rhetor dero scúldigôn ín demo dínge. Ér hábet scônen
ána-fáng an sínero rédo . ér brínget sia áber ze zuéin
vuúrmen . uuánda er míte béidíu tûot . damnat et libe-
rat. *Subter quędam pręnitens uirga*. Únder déro tabellun
éin gérta glízentíu . dáz íst sermo rhetoris . an démo díu
20 gréhti uuésen sól dero gérto. *Cuius caput auratum . media
glauca . piceus finis exstabat*. Tíu uuás fórnahtigíu gúldin . míttíu uuás sî túnchelíu . ze níderost suárzív . álso

---

1 er bis álso] á *auf Rasur*   2 *Táz 6, 18 *2mal* *tábellûn   6 *ébeno 8,
16, 19 *3mal* *án 8/9 *2mal* *egýpzisco   8 *fógel 10 *dâr 12 *témo 13
*lécchota 14 *Ter 15 *in 16 *sîa zę] e *auf Rasur von* u; *Korrektur-
punkt rad*. 18 uirga] a *aus* o *korr*. 21/22 *gúldîn 22 *níderôst *Halb-
hoher Punkt steht hinter* 14 vuúrm.

---

3 celatamque *nach* Br N-T E-T; *cęlatumque *nach* D; caelatamque β; et caela-
tam L   hebeno *bzw.* *ebeno   7 *ęgyptia

óuh sîn sermo ze êrist scône îst . únde dára-nâh sárfera . únde ze
iúngest úbertéilet. *Sub dextra testudo . minitansque nepa.* Únder
îro zésevuun der scálûn hábento testudo . únde dér rámendo
scorpio . uuánda der rhetor îst sîh sélben skírmendo testudo .
5 ánderro fârendo . îst er scorpio. *A leua . caprea.* Ze vuînstrûn
éin réia. Díu bezéichenet tîa snélli sînero rédo. *Sed pulsabat
.s. caprea alitem delophon .i. formidinem serpentium . quę sit mi-
tior oscinum .i. ore canentium . in temptamenta .i. experimenta certaminis.*
Áber diu réia . réizta den únscádelen fógal . ze féhtenne sá-
10 ment tien vuúrmen . uuánda díu sélba snélli páldet ten rhe-
torem ze hínderstânne den strît. *Ipsa uero ibis gerit pręnota-
tum nomen cuiusdam memphitici mensis .i. gorpeios.* Sélbêr ibis
hábet éines egypziskes mânodes fóre-námen . dér gor-
peios in îro uuîs héizet . táz chît nouember. *Hanc ta-*
15 *bellam uenerata uirgo . cum cognosceret sibi ingestam . licet sponsi
cognosceret argumentum . tamen non ausa est sine supplicatione tran-
sire.* Dísa tábellun gágen íro getrágena êreta si. Únde so-
uuîo sî dar-ána bechnâti des príute-gómen zéichen . íóh
âne dáz neuuólta sî sîa únge-êreta lâzen. *Tunc etiam su-*
20 *peruenit candidior athlantidum . iouis congressu .i. concubitv .
pignerisque culmine prouecta.* Dô bechám íro óuh íro suíger
maia . athlantis tôhterôn scônista . búrlichíu hárto . fóne

---

1 *êrest sárfera = *réda; *sárfero = sermo 3 *zéseuuûn dero] o rad.
scálûn hábento] — *zur Verbindung* *der rámento 5 *uuînsterûn 6 *Tíu 9
*fógel 10 vuúrmen] v *übergeschr.* *báldet 12 Sélber *fógel bzw.* *Sélbíu
ibis 13 egypziskes] s² *aus* n *geänd.;* *egýpziskes *hinter* mânodes *Punkt
rad.;* *mânôdes 16/17 *trans/ire 17 *Tísa tábellûn 18 *dâr *prúte 19
únge êræta] a¹ *rad.* 21 *Tô óuh] *Akut auf Rasur eines Zkfl.* 22 *scônes-
ta Punkt gehört hinter* 10/11 rhetorem. *Punkt ist zu tilgen hinter* 5 leua,
9 réia, 22 hárto. *Niedriger Punkt steht hinter* 6 réia, 17 si.

---

5 *lęua 7 *dilophon 20 *atlantidum 21 pignerisque *bzw.* *pignorisque
22 *atlantis

iouis míteslâfe . únde fóne des súnes keuuálte. *Quę quidem ne* J151
in nurus offitio apparere dignata est . sine libra blancę. Díu
ne-ge-uuérdota dâr nîeht skînen in íro snórun dîeniste .
âne dîa uuâga deę blancę . díu fóne bina lance . dáz chît
5 fóne zuéin scúzelôn . sô héizet. Uuáz uuólta sî déro? Âne
dáz man sia gelîcho êreti demo súne. *Quam uirgo uene-*
rata . honorare cepit cum potente lucrorum .i. mercurio . quoniam
satis sociam filio recognouit . duabus dicatis .i. immolatis pecu-
dibus. Tîa begónda sî sâr ántsâzigo êren . mít zuéin óp-
10 ferfrískingen in ében mercurio . dér lucrorum uuáltet .
uuánda si sîa sáh ímo ében-hêra. A MERCURIO AD UENE- 37. P831
*H*inc *festinatur ascensus . et usque in ueneris circulum hemi-* D72,12 L195,10
tonio transuolatur. Hínnân gáhotôn sie . únde fûoren T R E M.
éin semitonium únz ze uenere. *Ipsaque uenere quę nuptiis*
15 *allubescebat .i. adplaudebat . quantum decebat honorata .*
hoc in ea perhibetur intuita . quod admodum pulchra. Uenere
díu den hîleih kérno gesáh . óuh keêretero . sô uílo iz
kerísta . téta sî góumen an íro . uuîo scône sî uuás. *Tamen*
anthias .i. contraria draconibus circumplexa . crebroque capil-
20 *licio uulsa .i. spisso crine soluta . ambifariumque amital .i.*
duplicem rorem . uel duplicem asperginem .s. uenerii seminis . secum
congressa mitificat. Áber úmbefángenív mít uuíder-

2, 4 *2mal* blancę] cę *auf Rasur* 2 *Tíu 3 *negeuuérdota *snórûn dîe-
neste   4 uuága   6 sia *auf Rasur von* die*;* *sîa   7 lucrorum] o *auf Ra-*
sur 9 *êrên 9/10 ópfer frískingen] g *aus* n *korr.;* ⌣ *zur Verbindung* 11
sî] *zkfl. rad.* 17 *hîléih 18 *án 21 .s. *übergeschr. vor* seminis] s
rad. Punkt gehört hinter 14 uenere², 15 decebat, 16 Uenere. *Punkt ist zu*
tilgen hinter 9 êren. *Niedriger Punkt steht hinter* 2 blancę.

---

2 *officio   2, 4 *2mal* blancę *nach* blancae Br *und* blance β N-T E-T; bi-
lance D L   7 *cępit 15 honorata *nach* Br; orata D L β N-T E-T   19 *antias
circumplexa *nach* N-T E-T *gegenüber* circumflexa D L Br β   19/20 *capilli-
tio   20 amital *nach* amital [uel] nital *pro* nitan L; genitalis D; genitale
Préaux; nitalem Br; nital β N-T E-T

uuartigên draconibus . sô castus amor îst . únde turpis . únde
ántfâhsíu . únde mít íro sélbûn ríngendíu . stílta sî íouué-
deren hîsâmen. Uuánda uenerius humor béidíu chúmet
pudice iôh impudice . be̜ díu íst únder ín zuéin sólih rín-
5 ga . dáz íouuederêr den ánderen stíllet. A UENERIS CIR-
Mox studium in solarem laborare circum. CULO AD SOLAREM.
Dés mézes íltôn sie chómen in ében sole. Quippe sescuplo fa-
tigabat ascensum. Uuánda hálbes téiles mêr . dánne éin tonus sî .
lángta dén stápf. Qui .s. ascensus . tonus ac dimidius habebatur.
10 Ánderhálb tonus uuás ter skríg . táz sínt tríu semitonia . uuí-
der zuéin. Ibi quandam nauim totius naturę cursibus mode-
rantem .i. modum inponentem conspicatur. Dâr sáh si éin skéf . álle na-
tûrliche férte métemêntez. Táz skéf pezéichenet cursum
solis. Állíu díng keréchenônt sîh fóne sînero cursu . álso
15 iz chît in somnio scipiônis. Sol inquit dux est et princeps
et moderator reliquorum luminum . mensque mundi et tempera-
tio. Diuersa cupiditate plenissimum. Fóllez állero gíredo.
Állên díngen gíbet sol . dáz ín gefállet. Cunctaque flamma-
rum congestione. Únde fóllez fîurínero hûfon. Uuár íst sô-
20 lih chráft fíures . sô án dero súnnûn? Et circuactam .i. cir-
cumdatam beatis mercibus s. animarum. Únde úmbefángenez
mít sâligero sêlon lône. Uuánda ueteres uuândon .

151,22–152,1 *uuíderuuártigên 2 mít] erster Strich des m auf Rasur von a
*ríngentíu 5 *íouuédêrer 7 *Tés 8 ttonus] t¹ rad. 9 *den stápf.,
asce[nsus] auf Rasur von tonus 12 Dâr] Zkfl. aus Akut korr.; *Târ 13
*métementez 14 [All]íu auf Rasur sînero *férte bzw. *sînemo cursu 18
.dáz í[n] auf Rasur von dáz ín 19 *hûfôn 20 crháft 21 s. übergeschr.;
*.s. 22 *sêlôn *uuândôn Punkt gehört hinter 3 chúmet.

---

11 nauim nach Br N-T E-T; *nauem nach D L β 15 *scipionis 17 *plenis-
simam 20 circuactam nach Br β; *circumactam nach D L N-T E-T

dáz târ uuâre sedes beatarum animarum. *Cui pręsidebant in prora*   J153
septem nautę . germani tamen . suique consimiles. Táz skéf féretôn
síben férien . tîe brûodera únde gelîh uuâren. Uuáz íst kelîche-
ra dánne síben dága in uuéchûn? Dîe trîbent taz iâr hína.
5 *Felix forma depicta leonis in arbore.* Éin sâlig léuuen-bílde
stûont târ gebíldôt in bóume. Des hímeles hôhi . dâr diu
súnna gât . táz íst ter bóum . sî íst ter léuuo . dér álle sâl-
dâ gíbet. *Crocodrilli in extimo uidebatur.* Ze níderôst tes póu-
mes stûont táz pílde crocodrilli. Sî íst in hízzôn leo .
10 in fróste crocodrillus. *In eadem uero rate fundebatur fons qui-*
dam ęterię lucis . arcanis fluoribus manans . in lumina totivs
mundi. Dâr spráng ínne éin brúnno hímeliskes líehtes .
tóugenero rúnsôn flíezende . in állíu líeht tero uuérlte.
Uuánda álle stérnen hábent fóne dero súnnûn líeht. *Quo*
15 *uiso philologia consurgens . totaque ueneratione supplicans .*
ac paululum coniuens oculis . deum .s. solem . talibus deprecatur. Dáz
keséhende . stûont sî ûf . únde êrhafto diu óugen náhor
tûonde . férgota sî dén gót sús.   S O L E M   A D O R A T.   39. P833
Ignoti uis cęlsa patris. Tû hôha chráft tes únchúnden   D73,10 L197,11
20 iouis . uuánda ér incomprehensibilis íst. *Uel prima propago.*
Álde sîn êristpórno. Iouis tér íst generalis mundi ani-
ma . nâh téro íst apollo consilium . únde dára-nâh mercurivs

---

4 *tága   *Tíe   5 *sâlíg   6 *Tes   7 bóum·   sî = forma   9 Sî = *for-
ma; *Íz = *pílde   12 *Târ   13 uuérlte.   14 líehte] e² rad.   16 *Táz
17 *êrháfto   *náhor   18 *férgôta   153,19–157,9 *lat. Text in Versen*   21
*êrestpórno   *Punkt gehört hinter* 15 uiso, 21 Iouis.

8 Crocodrilli *nach* Br N-T E-T; *Crocodil(l)i *nach* D L β   9 *crocodil(l)i
10 *crocodil(l)us   11 *ętherię arcanisque D Br β N-T E-T   16 *paululum
19 *celsa

sermo. *Fomes sensificus.* Sínmachîg zínselôd. Uuánda álte
líute uuândon . sîh sêla únde sîn háben fóne sole . únde lícha-
men fóne luna. *Mentis fons.* Mûotes úrspring. Táz íst óuh
nâh témo uuâne. *Lucis origo.* Líehtes ánagenne. Sô íst óuh
5 táz. *Regnum naturę.* Chúning tero bérohaftî. Súnna gebé-
rehaftot álliu díng. *Decus atque assertio diuum.* Zíerda únde
lób tero góto. *Mundanusque oculus.* Únde óuga dero uuérlte.
Tíu uuâre blínt . âne dia súnnun. *Fulgor splendentis olym-
pi.* Glízemo des scônes hímeles . táz chît tero lúfte. *Ultra-*
10 *mundanum fas est cui cernere patrem.* Dû den óberôsten fáter
séhen mûost. Úbe ęther iouis íst . tén írskéinet tiu súnna. *Et magnum spectare deum* .i. cęlum . uel ętherem. Únde dén
máhtigen iouem ána-skínen. *Cui circulus ęther* .i. munda-
nę sperę *paret.* Tír sélber der hímel lóset. Uuánda dû
15 tuélest ín sînes suéibes. *Et inmensis moderaris raptibus*
orbes .s. planetarum. Únde mít tînên férten . gemétemêst
tu die planetas. *Nam medium tu curris iter.* Uuánda únder
ín mítten gâst tû. Íro sínt trî óbe dír . drî níder dír.
Dans solus amicam temperiem superis. Líeba méz-chuoli gébende
20 dien stérnon. *Compellens atque coercens sydera sacra deum* .i. pla-
netarum. Iágonde ióh státende die planetas. *Cum legem cur-*
sibus addis. Sô dû scáffunga tûost íro férten. *Hinc est quod*

---

1 *Sínmáchîg 2 *uuândôn sole͘ 3 *úrspríng 4 *ánagénne 5 *bérehǎftî
5/6 *gebérehǎftôt 6 *álliu 8 *súnnûn 9 *Clízemo *scônen hímeles͘ 10
*Tû 11 *erskéinet 12 ę̧erere] re² *durch Zeichen getilgt* *den 14 *sél-
bēr, lóset] *Akut aus Zkfl. korr.;* *lósêt 15 *vor* sínes] sínes *anrad.* 18
dír·1 20 *stérnôn 21 *Iágônde *Punkt gehört hinter* 22 est. *Punkt ist zu*
tilgen hinter 2 uuândon.

12 *ęthera 13 *ęthrę *nach* D L Br β N-T E-T 20 *sidera

quarto ius est decurrere circo. Hínnân íst tír gelâzen . dáz   J155
tû mûost kân . án dero fíerdûn stéte. Nídenân ûf . álde óbenân
níder . íst ío diu súnna fíerda. *Ut tibi perfecta . numerus .s. perfectus*
ratione probetur. Dáz tír díu sélba zála guíssôt uuér-
5 de . an dúrnohtero áhto. Tía dúrnohti máchôt ¸denarius .
dér án quaternario fúnden uuírt . sô man chít . éinez . zuéi .
dríu . fíeriu. *Nonne hac .s. ratione . principio geminum tu das*
tetrachordum? Ne-máchôst tû sâr mít tíu zuéi tetrachor-
da na? Fóne septem uuérdent zuéi coniuncta . álso fóne octo
10 zuéi uuérdent disiuncta. *Solem te latium uocitat . quod solus ho-*
nore post patrem sis lucis apex. Latini héizent tíh solem . uuánda
dû solus píst nâh ioue des líehtes hóubet-hafti. *Radiisque sacra-*
tum . bis senis perhibent caput aurea lumina ferre. Únde ságent
sie díh éinen trágen in͜ hóubete . zuélif cúldine skímen.
15 *Quod totidem menses . totidem quod conficis horas.* Uuánda dû máchôst
zuélif mânoda . únde zuélif stúnda. *Quatuor alipedes*
dicunt te flectere hábenis. Tíh chédent sie mít príde-
le chéren fíer rós. *Quod solus domites quam dant elementa*
quadrigam. Uuánda dû éino ríhtest tía réitâ . día qua-
20 tuor mundi elementa máchont. *Nam tenebras prohibens . rete-*
gis .i. aperis . quod cerula lucet .i. quantum illustratur nox. Tû rû-
mest tero nâht fóre dero fínstri . únde gíbest íro . sô fílo

---

4 *vor* ratione] narius. *anrad.* *Táz   5 *án dúr(h)nóhtero   *dúr(h)nóhti
6 *tér   7 *fíeríu   12 *hóubetháfti   14 *cúldíne   16 *mânôda   *stúndâ
alipedes] e¹ *aus* i *korr.*   19 *réita   20 eleṁta mundi *zur Umstellung* *má-
chônt   *Punkt gehört hinter* 18 domites *und* elementa. *Punkt ist zu tilgen*
hinter 3 perfecta. *Niedriger Punkt steht hinter* 2 stéte.

17 *habenis   21 *cęrula

sî líehtes hábet. *Hinc phoebum perhibent prodentem occulta futuri* .s.^(J156)
temporis. Fóne díu chédent sie díh . tóugeníu díng chúmftigíu
mélden. *Uel quia dissoluis nocturna admissa.* Álde fóne díu .
dáz tû mít táges-líehte irbárost tie náht-scúlde. *Iseum* .i. *iu-*   P835
5 *stum* . *te serapin nilus* . *memphis ueneratur osyrim*. Díh pétot ni-
lus cnâdigen serapin . únde memphis osyrim. *Dissona sacra*
mitram . ditemque . forumque . typhonem. Díh pétont místeliche sacerdo-
tes . coronam . uuánda dû sie trégist mít duodecim gemmis . únde
diuitem . uuánda dû sie álle getûost diuites . únde forum dáz
10 chît publicum . uuánda níeht sô únuerbórgenes neíst . únde
typhonem . dáz chît superbum . álde sublimem. *Attis pulcher item*.
Dû bíst ter scôno blûomo . dér íu chínt uuás . tén berezinthia
mínnôt . táz chît terra . uuánda sî íst in uuíntere betân . únde
lángêt sia des lénzen . sô blûomen sínt. *Curui et puer almvs*
15 *aratri.* Dû bíst taz chínt mít temo flûoge . dû bíst ter fûo-
ro-gébo triptolemus. *Hammon et arentis lybies* .i. lybíę. Dv̂
bíst tes héizes lándes hammon. *Ac biblius adon* .i. *cantans.*
Tû bíst taz chínt fóne biblo ciuitate egypti . dáz uenus uuéi-
nota . erslágenez fóne demo ébere. *Sic uario cunctus te no-*
20 *mine conuocat orbis.* Sô místelicho némmet tíh tiu uuérlt.
Salue uera deum facies . uultusque paterne. Héil dû uuâra bílde
dínes fáter . únde dero góto. Dáz tû fóne díu bíst . uuánda

---

1 Hinc] i *aus* u *korr.* 3 *méldên 4 *erbárôst 5, 7 *2mal* *Tíh 5 *pé-
tôt 7 *pétônt 8, 14 *2mal* *sía 8 *trégest 12, 15/16 *3mal* *Tû 12 *tér¹
tén] n *aus* r *korr.* 15 [ch]înt *auf Rasur* 17 *héizen 18 *táz¹ 18/19
*uuéinôta 21 paternę] *Häkchen rad.* 22 *Táz *Punkt gehört hinter* 9 fo-
rum. *Punkt ist zu tilgen hinter* 2 díh, 7/8 sacerdotes. *Niedriger Punkt*
steht hinter 14 sínt, 22 góto.

---

1 *phębum 4 *Iseum 5/6 *2mal* *osirim 12 *berecyntia 16 Hammon *bzw.*
*Ammon *libyes *libyę 17 hammon *bzw.* *ammon *byblius 18 *byblo
*ęgypti

dû gíbest uultum . únde aspectum dien ánderên stérnôn. *Octo et
sexcentis numeris . cui litera trina .i. T H T conformat sacrum mentis . cogno-
men et omen.* Drî bûohstaba bíldônt tînen námen dux . únde
des námen héilesôd . in͜ sexcentis et octo numeris. Uuánda tau
5 bezéichenet ccc . eta bezéichenet octo . áber tau ccc. Uués
dux íst er? Âne dero ánderro planetarum. *Da pater ętherios men-
ti conscendere cętus.* Tû fáter . hílf mír hína ze͜ chómenne
ze dero ûf-mánigi. *Astrigerumque sacro sub nomine .s. tuo no-
scere cęlum.* Únde den hímel chúnnên in͜ dínen námen.
10 A S O L E A D M A R T E M . E T I N D E A D I O U E M.
His audita . iussa est permeare sedes deorum. Sô sî dírro dígi fernó-
men uuárd . sô hîez man sia dúrh-strîchen dero góto gesâ-
ze . dáz chît . hîez man sia ánauuért fáren. *Uerum hemito-
nio subleuatam pyrous .i. igni similis circulus inmoratur.* Á-
15 ber hóhor gerúhta . tuuálta sia dér fîure gelîcho cir-
culus. *In quo fuerat maximus filiorum iouis.* An démo mars
sáz . ter hêrôsto iouis súnô. *Ex quo circulo . uisus est pyr-
flegeton amnis demeare ad inferiora.* Fóne démo circu-
lo rán díu lóugezenta áha níder in͜ lunarem circulum .
20 dâr die álten uuândôn uuésen hélla. *Quo transgres-
so . neque enim labor fuerat hemitonii interiecta transcurre-
re . in iouialis syderis uenere fulgores.* Tánnân châmen

sie ze iouis circulo . síe máhtôn óuh líehto dáz emitonium erlí- J158
den. *Cuius circulus . ptongio personabat.* Tés circulus lûtta fól-
len tonum. *Illic sydus erat uiuifici temperamenti.* Dâr uuás
tér stérno . dero líbchícchûn máchungo. *Ac salubris ef-*
5 *fulgentia . blandis uibrata candoribus.* Ióh héilesám skímo
glízendêr in mánmendero uuízi. *Cuius quidem lucis natu-*
ra . ex calidis humidisque commixtionibus candens . quadam prospe-
ritatis tranquillitate rutilabat. Sínes líehtes uuíziu na-
tura . róteta in stílli . únde in spûote . uuórteniu fóne uuár-
10 mên místelungôn martis óbenân . únde cháltên satur-
ni nídenân. *Uerum ibi sidus iouis.* Ter iouis stérno stûont
târ. *Nam ipse totius mundi membra collustrans . ad deorum di-* P837
cebatur imperium . et senatum cęlitem commeasse. Sélbêr iouis . tér
álle stéte eruuállôt . uuás tô gefáren sô man chád . kebíe-
15 ten ánderên góten . únde demo hímel-hêrote.   A   I O U E   41.
                                                                D75,14 L201,28
Hinc etiam pretergressa circum . ac parili inter- ⎡A D   S A T U R N U M.
iectione sublimis . deorum rigidissimum creatorem in algido he-
rentem . pruinisque niualibus conspicata est. Tísen iouis circulum fú-
re-rúcchentíu . únde sámo fílo hóhôr chómentíu . sáh sí
20 dén stábênten fáter dero góto . in chálti . únde in fróste. *Uuán-*
da calor solis nemág ín fóre férri irréichen. Uerum idem
orbis quem circuire nitebatur . melo dorio tinniebat. Áber

---

3 *Târ   6 *glízentêr   *mámmendero   8 *uuíziu   9 *uuórteníu Zu 10 óbe-
nân] *nídenân und 11 nídenân] *óbenân siehe Schulte S. 110.   14 ggefáren]
g¹ rad.   15 góten: *hêrôte   19 *rúcchentíu   20 stábênten] n² aus r
korr.; *stábenten   dero von anderer Hand übergeschr.   21 irréichen] l.
Akut rad.; *erréichen   Punkt gehört hinter 5 skímo, 14 gefáren, 22 orbis.
Punkt ist zu tilgen hinter 2 circulus¹, 4 stérno.

---

1 *hemitonium   2 *phthong(i)o   3 *sidus   5 blandis nach L N-T; blandisque
D Br β E-T   16 Hinc nach D Br β; *Hunc nach L N-T E-T   17/18 *herentem
22 quem nach D L Br β N-T E-T gegenüber *qui nach Schulte S.104   *circum-
ire

dér sélbo rÍng saturni . dér sÍh târ-úmbe drâta . dér sáng   J159
in͜ dóriscûn. Dáz chÍt . sáng . álso gróbo . sô dores sÍngent. *Sed*
ipsi pręsuli .i. principi . nunc draconis facies uidebatur . nunc
rictus leonis . nunc cristę cum aprinis dentibus . totoque exitialis se-
5 *uiebat horrore.* Áber sélbemo saturno uuás ána uuÍlon
draconis pÍlde . uuÍlon leonis kéinôn . uuÍlon búrste
mÍt éberes zánen . únde álles égesen uuás er fól. Dáz Íst
fóne dÍu . uuánda sÍn constillatio . dáz chÍt sÍn fatum . fóre-
zéichenet álle zâlâ. *Cui tamen potestas maior pro circi grandi-*
10 *tate . ac pręlata cęteris habebatur.* Dóh uuás sÍn geuuált sô
fÍlo mêro . sô fÍlo sÍn rÍng uuÍtero uuás. *Denique arpis bom-*
bisque perterrita . tam intoleranda congressione .i. conuolutione .
uirgo diffugit. SÍ dô erchómenÍu . fóne sÍnên hárphôn .   P838
únde ánderên scállen . flôh sÍ fóne sô únmézigemo suéi-
15 be sÍnes circuli. A S A T U R N O   A D   C A E L U M.   42.
Inde maximis conatibus sescuplo itinere euehuntur. Dánnân   D75,23 L202,26
fûoren sie Íligero férte . hálbes mêr . dáz chÍt . hálbes to-
ni mêr . dánne tonum. *Nam tono ac dimidio peruehitur ad*
ipsius cęlestis sperę globum . ac laqueatum .i. pictum stellis am-
20 *bitum.* Uuánda in͜ drÍn emitoniis fólle-chám si ze͜ hÍmele .
dâr die stérnen ána-stânt. *Sicque sex tonorum conscensioni-*
bus . defecta lassitudine stadiorum fatigati .i. ipsi defecti et

---

2 *dóriscûn . dáz *geróbo   4 [c]ris[tę] *auf Rasur*   5/6 *3mal* *uuÍlôn   7
zánen *nach der konson. Dekl.;* *zénen *nach der i-Dekl.*   *Táz   9 álle *über-
geschr.; Verweisungspunkt unter der Zeile*   10 *Tóh   13 *hárfôn   16 maxi-
mis *auf Rasur*   *Tánnân   18 [ton]o *und* [dimidi]o *auf Rasur*   *Punkt ist*
zu tilgen hinter 2 chÍt *und* sáng, 13 erchómenÍu, 17 férte *und* chÍt.

---

3 uidebantur, *aber erst hinter* 4 dentibus D L Br β N-T E-T   4/5 *sęuiebat
8 *constellatio   11 *harpis   15 *CĘLUM   18 *peruenitur   20 *hemitoniis

fatigati. Únde sô mûode uuórtene . án dîen stégôn dero   J160
sex tonorum . fóre úrdrúzzi dero stadiorum. *Cum diapason sim-*
phoniam aduerterent consonare . quicquid emensi erant. Tánne sie
gesáhîn dáz sie erfáren hábetôn zuíualtigo héllen. *Perfectione ab-*
5 *solutę modulationis . post labores maximos recreati . paulolum*
conquieuerunt. Án démo ûzlâze déro fólleglichûn rárto . nâh
sólichên árbeiten . éteuuáz keblâsende . hírmdôn sie dâr.
I A M   I N   C A E L O   P O S I T A . N O U A   E T   M I R A N D A   C O N-⁴³·
T E M P L A T U R . S U P P L I C A N S   I O U I   E T   D I I S.
10 *Ipsa quippe philologia lectica desiliens. Suspensio. Philolo-*   D76,8 L203,4
gia ába demo trágebétte skrícchendíu. *Cum inmensos luminis*
campos conspiceret . ętherięque tranquillitatis uerna .i. amenita-
tem. Et hic. Tánne sî sáhe díu bréiten féld tes líehtes . únde
dîa scôni dero ûf-uuértigûn stílli. *Ac nunc tot diuersitates*
15 *cerneret . formasque decanorum. Et hic.* Únde sí sáhe sô máni-   P839
ge mísselichîna . únde dîe getâte dero tégângóto . díe
dâr decem regionum flégent. *Tunc octoginta quatuor*
liturgos .i. solutores operum cęlo miraretur astare. Et hic. Ún-
de sí síh uuv́nderoti in hímele dienôn díe ába-némen
20 dero vuércho . dáz chît árbeito . déro fóne díu sínt octo-
ginta quatuor . uuánda in sô mánigíu getéilet íst . ál
dáz fóne érdo ze hímele íst. *Uideretque pręterea fulgen-*

---

4 erfáren hábe *auf Rasur;* tôn *übergeschr., Verweisungspunkt unter der Zei-*
le *zuíuáltigo   5 recreati] t *auf Rasur*   6 *dero   [fólleglich]ûn *auf Ra-*
sur   7 *árbéiten   11 skr[ícchendíu] *auf Rasur;* *skrícchentíu   16 *mísseli-*
chinâ   20 *árbéito   *Punkt gehört hinter* 4 gesáhîn *und* hábetôn.   *Punkt ist*
zu tilgen hinter 7 árbeiten.   *Niedriger Punkt steht hinter* 10 desiliens.

2/3 *symphoniam   5 *paululum   6 conquieuerunt *bzw.* *conquierunt   8 *CĘLO
12/13 *amęnitatem   18 ligurgos   astare *nach* N-T E-T; adstare D β; asstare
Br

tes crebrorum syderum globos. Únde sî sáhe díe glîzenten speras .
tero mánigôn stérnôn. *Et circulorum alterna illigatione textu-*
ras. Et hic. Únde díe geflôhtenen rínga ín éin-ándere. *Ipsam uero*
speram . quę ambitum cohercet ultimum . miris raptibus incitatam.
5 Únde sélbûn día speram díu den ûzerosten bífáng ṃáchôt .
suéibônta mít vuúnderlíchero drâti. *Polosque. Et hic.* Únde
díe hímel-gíbela. *Et axem ex cęli summitate uibratum .i. directvm .*
profundam transmeare terram. Et hic Únde día hímel-áhsa in ále-ríh-
te gân fóne éinemo gíbele ze demo ándermo dúrh tia
10 érda. Díu uuírt échert mít sínne fernómen . uuánda sî cor-
poralis neíst. *Atque ab ipso .s. axe . totam cęli molem . machinamque torque-*
ri. Et hic. Únde án íro uuérben álla día héuigi des uuérlt-
zímberes. *Non sciens tanti operis tantęque rationis patrem . deum-*
que . ab ipsa etiam deorum noticia secessisse. Et hic. Lúzzel ge-
15 dénchende êr si dára-châme . ándere góta nebechén-
nen dén gót . únde dén fáter sóliches uuérches . únde
sólchis uuístûomes. Uuánda gótes sapientia íst . quę exsu-
perat omnem sensum . et hominum et angelorum. Quoniam extra-
mundanas beatitudines eum transcendisse cognouerat .
20 *empyrio quodam .i. igneo . intellectualique mundo gau-*
dentem. Uuánda sî ín sáh úbersláhen . íóh tíe ûzenân
uuérlte gesâligôten . únde in sínemo fíurinen uuérlt-

---

1 sýderū c̄rebor̄ū *durch Zeichen umgestellt* 3, 7 *2mal* *díe 3 *ín 5 *ûzerô-
sten 7 gíbela., summitate *auf Rasur von* uibratum 8 Et hic *übergeschr.* *día
10 *Tíu 10/11 cor/poralis neíst] cor *nachgetr.* 17 *sóliches 20/21 gaude/dentem]
de¹ *rad.* 21 *tíe 22 *fíurínen *Punkt gehört hinter* 5 speram, 8 hic, 13 ope-
ris, 14/15 gedénchende. *Punkt ist zu tilgen hinter* 1 speras, 21 úbersláhen.
Niedriger Punkt steht hinter 2/3 texturas.

1 *siderum 4 *coercet 14 *notitia 17 *Zu* sapientia] *pax *siehe Schulte*
S. 108.

stûole . den mán echert fernémen mág mándegen sízzen. J162
*Iuxta ipsum extimi ambitus murum .i. soliditatem annixa genibus . ac
tota mentis acie coartata . diu silentio deprecatur. Depositio.*
Sélbemo hímele fílo nâho gechníuuentíu . únde íro mûo-
5 tes ke-éinotíu . péteta sî ín stíllo únde lángo. *Ueterumque
ritu uocabula quędam uoce mentis inclamans . secundum disso-
nas nationes . numeris .s. syllabarum uaria . sono ignota .
iugatis .i. coniunctis . alternatisque literis inspirata .i. pronunti-
ata.* In álta uuîs mánige sîne námen îo sô stíllo ánahá-
10 rende . nâh úngelichên spráchon dero líuto . lánge ún-
de chúrze . únde únchúnde . mít sáment-líutigên
literis . sô gót teutonice . únde mít keskéidenên gespró-
chene . sô deus latine. *Ueneraturque uerbis intellectualis mun-
di pręsules deos.* Únde êreta si mít tígi dîe flíht-kóta
15 dero únánasíhtigûn uuérlte . dâr gótes sélbes stûol .
in thronis et dominationibus . super cherubim et seraphim
geríhtet stât. *Eorumque ministros . sensibilis sperę pote-
statibus uenerandos.* Ióh téro ministros êreta sî . dîe
dírro ánasíhtigûn uuérlte ána-uuáltôn ánt-sâzîg
20 sínt . tîe liturgi héizent. *Úniuersumque totum . infinibilis
patris profunditate coercitum .i. circumscriptum.* Únde ál-
le dîa sámahafti . mít tes úmbegríffenen fáter ge-

---

1 *dén man échert   4 *nâho   5 péteta *bzw.* *pétôta   7 igníta   10 *únge-
líchên sprâchôn   14 *hinter* prępsules *Punkt rad.*   17 [sen]sibilis sp[erę]
auf Rasur   19 úuáltôn] *l. Akut rad.;* uuá *auf Rasur*   21/22 *álla   22 *dîa
*sámoháfti   *Punkt gehört hinter* 1 mág.

---

20 *Uniuersumque

uuálte úmbe-hábeta . êreta sî. *Poscitque quosdam tres deos.* Férgota si ételiche drî gótâ . *cęlestium . terrestrium . et infernorum. Aliosque diei noctisque septimo .i. septies radiatos.* Únde ándere síben skímen hábente . des táges ióh tero náht .
5 uuánda daz iâr állez kesíbenôt íst . i͜n dágen ióh in náhten. *Quandam etiam fontanam uirginem deprecatur .i. fontem uitę.* Únde éina úrspringes tíernûn . dáz sélbíu deitas íst. *Secundum platonis quoque misteria . ạpax et dis*
i. substantia
epikina . potestates. Sî béteta óuh nâh tero platonis tou-
10 geni díe geuuálta . díe-dir héizent éinest . únde zuírônt . i͜n éinero uuíste . uuánda zuô personę sínt patris et filii i͜n éinero essentia. *His .s. uerbis . diutissime florem ignis atque illam existentem ex non exsistentibus ueritatem toto pectore deprecata.* Sús péteta sî uestam . díu des flures pluomo íst . uuánda
15 sî fíur íst . fóne fíure chómeníu. Álde sî béteta daz líeht . fóne líehte chómenez . táz chít filium dei . únde día uué-sentûn uuârhéit fóne únuuésentên . uuánda sî nehábet originem fóne ánderên díngen. Sî íst táz kót íst . ér íst únuuórtenêr . únuuórten íst óuh sî. *Tum uisa*
20 *est secernere .i. nominatim distinguere apotheosin . sacraque meruisse.* Dô gestûont sî be͜ námen skéiden . dero ánderro góto *deificationem* . dáz chít uuéliche fóne mén-

---

1/2 *Férgôta   2 *góta   3 diei noctisque *auf Rasur*   5 *tágen   8/9 3mal
*.i.   9, 15 2mal béteta bzw. *bétôta   10 dir héiz[ent] *auf Rasur von* ge-
uuálta *éinêst   14 péteta bzw. *pétôta   17 uuârhéit *auf Rasur*   19 *ún-
uuórteníu² 21 *Tô ͥᵉstûont 21/22 ánderro] d *auf Rasur von* g   *Punkt gehört hinter* 12 ignis, 18 íst, 22 chít.   *Punkt ist zu tilgen hinter* 21 skéiden.

8 *mysteria *hapax et] *kai   9 *epekina = ἐπέκεινα   13 *existentibus

niskôn uuórten uuârin góta . únde sáh sî sîh sélbûn gehéi-
legôta uuésen. *Quippe quidam candores lactei fluminis
tractu .i. tractim stellis efflammantibus defluebant.* Táz
uuás fóne díu . uuánda uuîze trópfen déro míliche
5 gelîchûn áho . trúffen sia lángséimo ána . stérnôn
dar-înne blécchezentên. Uuánda *lacteus circulus*
târ dero góto gesâze îst . zû îro nâhta . dánnân be-
chnâta sî sîh kehéilegôt uuésen. *Letabunda igitur .
gratiasque testata . iter in galaxium flectit . ubi senatum deum*
10 *ab ioue nouerat congregatum.* Fróuuîu únde ioui dán-
chondîu . fûor si in lacteum . dâr sî uuîssa . die góta fó-
ne îmo gesámenôte. Q U A L I S   U I S A   S I T   D O M V S   I O U I S.
Erat autem ibi iouialis domus. Târ in lacteo uuás iouis hûs. *Quę
etiam granditate mira . mundanum ambitum possideret . et deco-*
15 *re conspicuo fulgorem sydervm uinceret . et nouitate situs signi-*
ferum circulum decusaret .i. ornaret. Sólchez . táz iz mít sî-
nero vuúnder-mícheli dîsa uuérlt úmbegríffe . ún-
de in scôni dîe stérnen úber-uuúnde . únde fóne sélt-
sani sînero gestélledo . den *signiferum* gefrôniskôti.
20 *Preterea tanto splendore renitebat . ut argenti crede-*
retur fabricata materia. Únde sô skînbare uuás iz .
sámo-so iz ûzer sílbere geuuv́rchet uuâre. *Ibi septa*

---

1 *uuârin góta·únde *auf Rasur* 3 [d]efluebant *auf Rasur* 4 *dero 5 *sîa
6 *dâr 7 *zûo *bzw.* *ze 10/11 *dánchôntíu 16 *Sólichez 17 uuérlt úmbeg-
g[ríffe] *auf Rasur;* : *zur Korrektur* 18 díe] i *aus* a *rad.;* *die 18/19
*séltsáni 19 *gefrôniskoti 21 *skînbáre iz] z *aus* h *korr. Punkt gehört
hinter* 6 circulus. *Punkt ist zu tilgen hinter* 5 áho, 11 uuíssa, 14 mira,
19 gestélledo. *Niedriger Punkt steht hinter* 6 blécchezentên, 22 uuâre.

---

3 *Zu* effluentibus] *efflammantibus *nach* D L Br β N-T E-T *siehe Schulte S.*
104. 8 *Letabunda 9 *gratesque *nach* D L N-T E-T; gratasque Br β 15
*siderum 20 *renidebat 22 septa *bzw.* *sępta

candentia . culmenque sectatum .i. uirgatum . limbis .s. fasciis niualibus albicabant. Scôniu gádem . únde gerígôt fírst clízen
dar-ána mít snê-fáreuuên brórten. *Vbi iam iuppiter cum iunone . omnibusque diuis . in suggestu maximo . ac subselliis lacteis
5 residens . sponsales prestolatur aduentus.* Iuppiter únde sîn chéna mít állên dien góten dâr sízzende . in hóhemo stûole . únde in uuízên bánchen . béit er . únz tie trúhtinga
châmîn. S P O N S V S   P R I M V M   I N T R O D V C I T V R.   45.
                                                                D78,1 L206,26
Qui simul musarum ut uoces . ac dissonis mela dulcia cantilenis
10 *uirgine adueniente percepit . priore loco precepit uenire cyllenium.*
Sô er dô gehôrta dero brûote náhentero . die síngenten
musas . únde díe sûozen rárta . fóne únében-lût-réistên
sángen . sô hîez er ze êrest chómen den brûote-gómen.
Cum quo liber et delius . fidi amantissimique germani. Sáment
15 témo châmen óuh zuêne sîne líebesten brúodera . dionisius únde apollo. *Hercules etiam . uterque castorum gradiuusque . et quicquid deorum de ioue progenitum est . cyllenii adherebat offitio.* Hercules únde pollux mít castore . únde mars . únde állíu iouis sláhta háftôn síh ze sínemo uuérche. *Elementorum quoque presides . angelicique popu-
20 li pulcherrima multitudo . animeque preterea beatorum
ueterum . que iam celi templa meruerant . gressus maiu-*

---

2 [S]côniu *auf Rasur; Zkfl. auf Rasur eines Akuts* 3 *dâr 6 góten] ́ aus
̄ korr. 11, 13 2mal *brûte 12 *die *rárta 17 est. 18 *hinter of* [fitio] *altes Loch im Pgm.* 22 ueterum. *Punkt gehört hinter 11 gehôrta, 16
castorum, 18 Hercules. Punkt ist zu tilgen hinter 12 rárta.*

1 sectatum *nach* D Br β; *septatum *bzw.* *septatum *nach* L N-T E-T   15/16
*dionysus   17/18 *adherebat   18 *officio

genę sequebantur. Dero elementorum flégera . únde díu scôna máni- J166
gi dero angelorum . únde dero ált-fórderôn sêlâ . díe ze hímele chómen uuâren . díe háftôn síh álle ze ímo. Linum homerum mantuanumque uatem redimitos . canentesque conspiceres. Tû sá-
5 hìst târ heroum poetas . mít hedera gezíerte . únde síngente. *Orpheum atque aristoxenum fidibus personantes.* Uuánda díe cytharistę uuâren . be díu sáhist tû sie dâr mít íro séitsánge. *Platonem archimedenque speras aureas deuoluentes.*
Tíe sáhist tû uuérbin íro speras . uuánda sie astrologi uuâ-
10 ren. *Ardebat eraclitus. Tíser zúndeta .* uuánda er chád fóne fíure uuésen állíu díng uuórteniu. *Udus talês.* Mít réhte íst er názer . uuánda er dia názi chád uuésen rerum originem. *Circumfusus atomis democritus uidebatur.*
Tísêr uuás pestóubet . mít smálên spraten . díe nehéina
15 grôzi nehábent . uuánda er fóne dien zesámine-gerándên chád uuórtena uuésen dísa uuérlt. *Samius phitagoras cęlestes quosdam numeros replicabat.* Tísêr fánt arithmeticam . be díu zálota er. *Aristotiles per cęli quoque culmina endelichiam scrupulosius requirebat.*
20 Aristotiles sûohta gnôto án demo hímele absolutam perfectionem . uuánda día chád er uuésen animam mundi . díu den P844 hímel túrnet. *Epicurus uero mixtas uiolis rosas . et totas*

---

1 *Tero   *flégara   únde] u *aus einem anderen Buchst. korr.*   3 chómen]
Akut aus Zkfl. korr.   7, 9 2mal *sáhìst   8 [deuoluen]tes• *auf Rasur*   9
uuérbęn] i *aus* e *geänd.;* *uuérben   11 *uuórteníu   Údus] *Akz. rad.*   12
*názêr   14 *spráten   18 *zálôta   *Vor* [Aristoti] *les altes Loch im Pgm.*
21 .animā̆   uuésen   *Punkt gehört hinter* 3 Linum, 3/4 homerum. *Punkt ist zu tilgen hinter* 14 pestóubet.

---

7 *cítharistę   10 *heraclitus   11 *thales   17 *pythagoras   18, 20 2mal
*Aristoteles   19 *entelechiam   scrupulosus] *scrupulosius nach* D Br β
N-T E-T

apportabat illecebras uoluptatum. Epicurus trûog zûo blûo-   J167
men . únde álle lúst-máchunga . uuánda ér chád . summum bo-
num uuésen uoluptatem. *Zeno ducebat feminam prouidentem.*
Zeno fûorta frûot uuîb . uuánda dîa lóbeta ér . dô er
5 fóne gehîléiche scréib. *Archesilas collum columbinum intu-*
ens. Tîsêr chôs tía tûbun . uuánda ér scréib fóne fógalen.
Multusque preterea palliatorum populus studiis discrepantibus disso-
nabat. Târ gîengen nóh tánne gnûoge in chrîechiskûn
gemántelôte . dér ne-héin sô ne-iáh . sô der ánder . uuánda
10 îogelichêr féstenôta sîna sectam . dáz chît sîna lêra. *Qui*
quidem omnes inter musarum carmina concinentium . nullo potue-
re audiri rabulatu .i. altercatione . licet perstreperent.
Téro nehéines réda ne-máhta man fernémen fóre dé-
mo sánge dero musarum . dóh sie bráhtîn. *Ueniente igitur*
15 *introgressoque cyllenio . omnis ille deorum senatus . ueneratus*
uerticem ingredientis exsurgit. Sô ér dô chám únde în-
gîeng . sô êreta în gágen îmo ûf-stándo . ál dáz hêrote
dero góto. *Ipse iuppiter eum propter suum consessum . pallade a dextra*
sociata . medium collocauit. Sélbêr iouis sázta în in-ében sîne-
20 mo stûole ze zéseuuvn . únder îmo . únde únder palla-
de. D E H I N C   S P O N S A   I N T R O D V C T A.   46.
                                                        D79,1 L208,1
Nec longo interiectu . ipsa quoque philologia . ambita musis ac

---

2 *máchungâ   4 *vor* frûot] éin *rad.*   dîa = feminam; *dáz = uuîb   lóbeta
bzw. *lóbôta ér·   5 :scréib] *Rasur*   6 *tûbûn   *fógelen   7 discre̊.antib)]
                                                                pan
cre *auf Rasur; Verweisungspunkt* rad.   7/8 [dis]son[abat] *auf Rasur*   9 dér]
*déro   10 *îogelichêr   10 [lê]ra. Qui, 19/20 [sîne]mo, 22 [N]ec *durch*
Wasserschaden verwischt   17 *hêrôte   19 în ében *Punkt gehört hinter* 16
                                             in
ingredientis, 17 în. *Punkt ist zu tilgen hinter* 2 chád, 11 concinentium.

---

5 *Arcesilas

matre . pręambula corrogatur. Sâr hálto uuárd óuh tíu
brût mít íro camenis ín-geládôt . Íro mûoter fronesi
fóre íro gándero. *Qua ingrediente . ac refundente*
illam acerram olacem aromatis . ueste deum nutrici . eidemque pedis-
5 *sequę . omnis ille ordo cęlicolum . portiones sibi competentes*
attribuens . arabicis lętabatur halatibus. Sô sî dára-ín chám .
únde íro róuh ûz-scúttendo ueste geánt-uuv́rta . díu
ánderro góto mágezo uuás . únde íro dô fólgeta . ál-
lero gótelíh sâr némende téil des róuches . tér ímo
10 gefíel . sáz er frô arábiskes stánches. *Uerum uirgo ut est per o-*
mnia uerecunda . licet a ioue eius assidere confinio iuberetur . tamen
ibi potius uoluit . ubi musas conspexerat admota palladis consor-
tione residere. Únde dóh sía iouis híeze sízzen bí ímo .
uuánda sî scámelín uuás . sô uuás íro líebera . bí dien ca-
15 menis ze sízzenne . pallade bí íro uuésentero.   D O T A T U R   47.
T̄unc exsurgens uirginis mater . poscit /S E P T E M   A N C I L L I S.
de ioue . superisque cunctis . uti sub conspectu omnium . quicquid spon-
salium nomine pręparauerat maiugena traderetur . ac demvm
dos a uirgine non deesset. Tô stûont tíu mûoter ûf . únde
20 bát iouem ióh tíe ándere . dáz íro mûosi fóre ín állên
ge-ánt-vuurtet uuérden . so-uuáz íro maiugena ze
máli gében uuóltí . únde sî íro uuídemen sô bechâme.

Tuncque tabulas ac papiam popeamque sinerent recitari. Únde sie
dánne líezîn fóre în gelésen uuérden dia uuídemscríft
an tábellôn . álso iz síto uuás . únde dia uuídem-êa . nâh
tíu sô papius únde popeus sía ze romo íu fúnden. *Cuius*
5 *petitioni iustissime deorum senatus attribuit . ut in conspectu*
celitum offerenda probarentur. Tô ónda man íro dés pítentero . álso iz réht uuás . táz si dâr fóre állên gechóren
uuúrtîn. *Hic phoebus exsurgit . fratris officium non detrectans .*
ac singulas ex famulitio dilectoque cyllenio incipit admo-
10 *uere . que tam pulchre cunctis . quam ornatissime reful-*
sere. Dô stûont apollo ûf fúre den brûoder . únde
díe ér eruuéleta sínero díuuôn . ze uuídemen ze
gébenne . díe begónda er ímo éinzên bríngen. Díe
uuâren sólih . táz sie ín állên scône únde zíere ge
15 dûhtôn. E P I L O G U S .   48.
Transcursa lector magna parte fabula . que implica-   D79,20 L208,21
ta est morosis ductibus . coegit instans innitens crepus-
culum . palpitare .i. *deficere lucernam tenui lumine.*
Tero satyra nû éines mícheles téiles keságetero . uuán-
20 da nouem librorum zuéi hína sínt . tíu sélba satyra
únsémfte getân íst . mít lángemo dúnse . íh méino
uuánda nóh septem libri fóre sínt . nótet ter

---

1 Tuncͨq̨   popeamque] o *auf Rasur von* a   2 gelésen] 1 *aus* s *korr.*   3 *án
*dia   4 popeus] o *auf Rasur von* a   romo͜ fúnden   5 attribuit·   7 *siu =
offerenda *bzw.* *sie = *díuuâ   11 *Tô   12 eruuéleta] e¹ *auf Rasur*   13 *Tíe
14/15 *gedûohtôn   169,16-170,19 *lat. Text in Versen*   20 librorum *zuêne
bzw.* *bûocho zuéi   22 *hinter* ter] *gágen anrad. Punkt gehört hinter* 4 tíu,
21 méino. *Punkt ist zu tilgen hinter* 17/18 crepusculum, 21 íst.

---

1 *poppeamque; *dahinter* *legem *nach* D L Br β N-T E-T   4 *poppeus   5 conspectu *nach* Br; consessu D β N-T E-T   8 *phebus   9 *delectuque   17 *vor*
morosis] *tam   19/20 *2mal* satyra *bzw.* *satira

gágen-uuérto mórgen . únde der ána-gândo tág tímberen dia chérzûn. Ac ni-
si *aurora rosetis purpuraret culmina* . *conuenustans primo*
habitu .i. aspectu . *et nisi surgens dissecaret fenestras lumi-*
ne. Únde úbe der tágerôd scôno nefáreti den fírst . mít
5 temo êristen scímen . únde er mít líehte ne-dúrh-práche
diu fénster. *Adhuc compararet iugata pagina* . *quocumque*
ducta largiorem circulum. Sô ge-uuíteroti den ríng .
tíu átaháfta pagina . êteuuâr nóh fúrder gebréittív.
Nunc ergo mithus terminatur infiunt libelli . *qui sequentes as-*
10 *serent artes.* Nû chédent tiu fólgenten bûoh . tíu ún-
sih *liberales artes* lêrent . hína íst taz spél. Tér téil dero
satyrę dér uuâre gelíh neíst . tér íst hína. Dér héizet
grece mithus. Nam fruge uera .i. doctrina uera . *demo-*
uent omne fucum. Síe ge-ûzônt tia lúgi mít uuâre.
15 *Et disciplinas annotabunt sobrias.* Únde zéigônt
sie zímige lírnunga. *Nec uitabunt ludicra .i. fabu-*
las . *pro multa parte.* Síe nefermídent óuh tiu spél
níeht . in míchelmo téile. *Habes quid instet* . *si potestas* .
cęlitum . *et musę* . *et chelis latoia faueant.* Nv̂ hábest
20 tu *lector* fer-nómen uuáz nû zûo-gánge . úbe
iz hímel-góta sô uuéllen . únde musę . únde apol-
linis lyra.

---

1 *vor* tímberen] tág *rad.; darüber* ·únde *bis* tág *von anderer Hand;* *tímbe-
rên 5 *êresten *sonst* skímen 8 *tiu áteháfta 9/10 [asser]en[t], 10/11
[úns]ih *durch Wasserschaden verwischt* 11 lêrent. 12 *Tér 16 *lírnungâ
18 *míchelemo 21 *uuéllên *Unten die Federprobe* anima mea turbata *rad.*
Punkt gehört hinter 7 ducta, 9 terminatur, 12 satyrę, 18 Habes, 20 fer no-
men. *Punkt ist zu tilgen hinter* 7 ríng, 18 potestas. *Hoher Punkt steht
hinter* 1 mórgen.

9, 13 *2mal* *mythos 11 librales 12 satyrę *bzw.* *satirę 13/14 *dimouent
14 fucum uel fictum Br; *fictum *nach* D L β N-T E-T 16 *uetabunt 19 et
musę *gegenüber* faueantque D Br β N-T E-T *chelys

NACHTRÄGE UND BERICHTIGUNGEN

Zu Band 5 („Categoriae")

S. VIII, Z. 6	*lies:* A ist in braunes Leder ohne Schließen gebunden,
S. VIII, Z. 12	*ersetze* Voransendung *durch* Voraussendung
S. IX, Z. 12	*lies:* Verse des Lehrers Notker Balbulus *De septem liberalibus artibus* an den Schüler Salomo (* ca. 859, etwa 890-919 zugleich Bischof [Salomo III.] von Konstanz und Abt von St. Gallen) (S. 4/5),
S. XII, Z. 24/25	*hinter* Consolatio *tilge:* und der Martianus Capella
S. 13, Z. 11	*ersetze* tâz *durch* tâz
S. 60, 1. App.	*ergänze:* 18 *állero
S. 76, Z. 7	*lies:* ne uuírdet ío seruus níeht
S. 77, Z. 10	*lies:* non est dimidium
S. 154, Z. 17	*ersetze* tracturus *durch* tractaturus
S. 157, Z. 20	*hinter* G *ergänze:* Siehe auch Kurt Ostbergs Besprechung von Kings Ausgabe der „Categoriae", Medium Aevum XL (1974), S. 155-158, besonders 158.
S. 161, Z. 13	*lies:* quæ licet
S. 173, Z. 20	*ersetze* Secundum *durch* Sciendum

Zu Band 6 („De interpretatione")

S. IX, Z. 14	*lies:* Verse des Lehrers Notker Balbulus *De septem liberalibus artibus* an den Schüler Salomo (* ca. 859, etwa 890-919 zugleich Bischof [Salomo III.] von Konstanz und Abt von St. Gallen) (S. 4/5),
S. XI, Z. 22	*hinter* philosophiae *tilge:* und der Martianus Capella
gegenüber S. 5	*Es gehört folgende Legende unter die Aufnahme:* Aus dem C.Sg. 817, Boethius' kleinerem Kommentar zur Schrift „De interpretatione", S. 221 Photohaus Zumbühl St. Gallen/Schweiz
S. 131, Z. 11	*hinter* K II *ergänze:* 21 Zu meum uelle: Tuum uelle est ante prescientias .i. uoluntates .s. aliorum deorum. Tîn uuíllo gât fóre dero ánderro góto uuíllen. Nc 41,19-21

www.ingramcontent.com/pod-product-compliance
Lightning Source LLC
Chambersburg PA
CBHW060419300426
44111CB00018B/2910